The Australian Missionary in Korea Noble, Mary, Helen, Cath Mackenzie
-Busan Leper Hospital & Ilsin Christian Hospital

호주선교사 노블, 메리, 헬렌, 캐시 맥켄지
- 부산 상애원과 일신기독병원

호주선교사 노블, 메리, 헬렌, 캐시 맥켄지
- 부산 상애원과 일신기독병원

편 역 자 · 양명득
발 행 인 · 신충우
발   행 · 부산진교회 멘지북스

펴 낸 이 · 성상건
펴 낸 날 · 2025년 10월 1일
펴 낸 곳 · 도서출판 나눔사
주   소 · (우) 10270 경기도 고양시 덕양구 푸른마을로 15
           301동 1505호
전   화 · 02)359-3429   팩스 02)355-3429
등록번호 · 2-489호(1988년 2월 16일)
이 메 일 · nanumsa@hanmail.net

ⓒ 부산진교회, 2025

ISBN 978-89-7027-830-8   03230

값 18,000원
잘못된 책은 바꾸어 드립니다.

The Australian Missionary in Korea

Noble, Mary, Helen, Cath Mackenzie
- Busan Leper Hospital & Ilsin Christian Hospital

Editor & Translator: Myong Duk Yang
Date: October 1, 2025

All rights reserved.

The Australian Missionary in Korea Noble, Mary, Helen, Cath Mackenzie
-Busan Leper Hospital & Ilsin Christian Hospital

호주선교사 노블, 메리, 헬렌, 캐시 맥켄지
- 부산 상애원과 일신기독병원

양명득 Myong Duk Yang 편역

나눔사

| 축하의 글 |

빛을 보게 된 귀중한 원문

바바라 마틴 박사
(일신기독병원 호주선교사, 1964-1995)

맥켄지 가족에 관한 책을 집필한 양명득 목사님께 진심과 기쁨으로 축하드립니다. 맥켄지 가족은 한국 그리스도 선교 사역에 큰 공헌을 하였습니다. 나는 메리나 노블 맥켄지는 몰랐지만, 일신병원에서 이들의 딸인 헬렌과 캐시와 함께 일하며 그리고 선교 기록을 읽으며 알았습니다. 헬렌과 캐시가 스스로 말하기를 자신들이 의료선교사로 한국에 돌아온 주된 이유가 기본적인 의료 훈련만 받은 아버지가 나환자 마을의 거주자들을 돌보고, 어머니가 여성들에게 자녀 돌봄 가르치는 것을 보았기 때문이라 하였습니다.

헬렌과 캐시는 1952년 초 한국에 도착하였습니다. 전쟁으로 인하여 도시는 황폐하였고 병원 시작할 곳을 찾지 못하고 있었는데 부산진교회가 유치원 건물 사용을 제안하였습니다. 헬렌과 캐시는 이 교회에서 유아 세례를 받았고, 온 가족이 이 교회에 출석했습니다. 부산진교회는 그 후 오랫동안 병원을 훌륭히 지원하였습니다.

이들의 부친인 노블 맥켄지가 어떤 사랑과 존경을 받았는지 한 이야기가 있습니다. 캐시가 은퇴한 몇 년 후 나와 함께 나병에 영향받은 사람들이 사는 소록도를 방문하였습니다. 우리는 그곳에서 걷다가 병으로 얼굴이 심하게 변형된 한 남성을 만났습니다. 캐시가 매 목사의 딸인 것을 듣더니 그의 얼굴에 기쁨이 솟았습니다. 그는 심지어 그녀의 부친이 지팡이를 짚고 걷는 모습을 정확히 흉내 내 우리를 즐겁게 하였습니다. 우리가 만난 또 한 남성은 다리가 생기기 전 영도로 부친을 태워주던 뱃사공이었습니다. 오랜 시간이 지났지만, 노블은 잊히지 않고 있었습니다.

나는 개인적으로 헬렌과 캐시의 의료 교육과 수많은 환자를 치료하는 모습을 직접 보았습니다. 이들과 이들 부모의 이야기가 이제 이 책을 통하여 많은 사람에게 읽히게 되어 기쁩니다. 그러나 이들이 가족과 선교회로 보낸 편지와 보고서가 없었다면 이들의 이야기는 쉽게 잊힐 수 있었습니다. 그 귀중한 원문이 양명득 목사님의 노력을 통하여 이제 빛을 보게 되었고 누구나 접할 수 있게 되었습니다. 그의 가치 있는 작업에 깊이 감사드립니다.

| Congratulations! |

Invaluable source of Information

Dr. Barbara Martin
(Ilsin Christian Hospital, 1964-1995)

It is with great sincerity and delight that I congratulate Rev Myong Duk Yang on his book on the Mackenzie family – a family that made such an invaluable contribution to the work of Christ in Korea.

I did not know either Mary or J Noble Mackenzie but learnt much of their story when I worked with their daughters, Helen and Catherine Mackenzie, at Il Sin Hospital and also from reading Mission records. Helen and Cath said that a major reason for their return as medical missionaries to Korea was seeing their father, who only had basic medical training, giving medical care to the residents of the leprosy village and their mother, giving advice to women about care of their children.

Helen and Cath arrived in Busan in early 1952. It was a city devastated by the war, no place to set up their hospital until Busanjin Church offered them the use of their kindergarten hall. A church in which they had been baptised as children, attended as a family and which continued to give great support over many years.

A short story to illustrate the love and respect in which J. Noble was held. A few years after retirement Cath visited Korea and we went to the island of Sorokdo where there is a village for those affected by leprosy. We were walking around when we met a man whose face was severely disfigured by leprosy, but when he heard that Cath was J. Noble, Mai Moksa's daughter, his face was transfigured by joy and much to Cath's delight he mimicked her father's walk and use of cane with great accuracy. Then later we met the boatman who used to take J. Noble to Yongdo island at Busan before a bridge was built. Years had passed but J Noble was not forgotten.

I personally saw the results of Helen and Cath's ministry in medical education and direct care of so many patients, and I am delighted that their story and that of their parents, Mary and J. Noble Mackenzie, can now be known to many though this book. Their story, however, could have been so easily lost without their letters and reports to family and Mission Board, an invaluable source of information that is now available to all through the hard work of Rev Yang. A work deeply appreciated and valued.

| 축하의 글 |

영과 육을 살리는 구원의 언덕

　헬렌과 캐시 맥켄지 자매가 일신부인병원을 설립한 이후 병원은 크게 성장하여 현재 부산지역에서 활발하게 활동하고 있습니다. 이제는 원래의 병원인 좌천동 일신기독병원 외에 북구의 화명일신기독병원과 맥켄지일신재활병원 그리고 기장군의 정관일신기독병원까지 지역사회에 없어서는 안 될 의료 기관으로 확장되었습니다.

　헬렌과 캐시의 부친 노블 맥켄지는 부산 나병원을 운영하였고, 모친 메리는 환자 자녀를 교육하는 명신학교에서 봉사하였습니다. 2대에 걸친 이들의 활동은 그 시대 사회에서 가장 소외와 차별을 받던 한센병 환자와 자녀들 그리고 여성과 어린이들을 위한 헌신이었고 그리스도 사랑의 나눔이었습니다.

　본 도서를 부산진교회에서 발행하게 되어 기쁩니다. 노블과 메리 맥켄지 그리고 헬렌과 캐시 맥켄지 모두 부산진교회와 긴밀한 관계를 맺으며 일하였고, 그곳에서 영적인 힘을 얻었기 때문입니다. 그뿐만 아니라 부산진교회 유치원 건물에서 일신병원이 시작되었고, 초기 병원 직원들이 그 교회 예배와 활동에 참석하였습니다. 동시에 부산진교회 교인들도 다양한 모습으로 병원에서 봉사하여 왔습니다. 부산에서 그리고 경상남도에서 좌천동의 병원과 교회는 파트너가 되어 한국인의 영과 육을 살리는 구원의 언덕이 되었습니다.

　본 도서를 편역한 양명득 목사는 맥켄지 가족 4인이 약 70년 동안에 걸쳐 쓴 편지와 보고서를 찾아 번역 편집하는 수고를 하였습니다. 독자들이 그 내용을 한 권의 책으로 읽기는 쉬우나, 여러 곳에 흩어져 있는 자료를 찾아 편집하는 작업은 쉽지 않았을 것입니다. 그의 열정과 연구 성과에 감사와 축하를 보냅니다.

인명진 이사장
(일신기독교선교회)

| 발행의 글 |

살아 있는 도전과 감동

　제임스 노블 맥켄지 호주선교사 가족은 1900년대 초부터 두 세대에 걸쳐 부산진교회와 깊은 관계를 맺어 왔습니다. 노블은 당회장으로, 메리는 주일학교 교사로 그리고 그들의 두 딸인 헬렌과 캐시는 명예 권사로 우리 교회와 모두 친밀한 관계를 맺으며 활동하였습니다. 이들이 당시 일하며 쓴 선교 편지 전문이 본 도서를 통하여 한국 교계에 처음 소개되니 그 의미가 큽니다.

　맥켄지 선교사 가족은 한국 선교 특히 의료선교의 뿌리와 같은 가족입니다. 복음을 위해 자신의 삶을 아낌없이 드리고, 낯선 땅에서 하나님의 사랑과 선교적 사명을 헌신으로 실천한 이들의 이야기는 오늘 우리에게 여전히 살아 있는 도전과 감동을 줍니다. 이 책은 단순한 과거의 기록물이 아니라, 앞으로도 우리의 신앙과 사명을 북돋아 줄 귀한 영적 유산이 될 것입니다.

　이 책을 준비하며 양명득 선교사님께서 보여준 열정과 헌신 또한 귀한 본이 됩니다. 양 선교사님의 수고를 통하여 맥켄지 가족의 생생한 삶과 활동 내용을 읽을 수 있으며, 교회가 선교의 본질을 다시 한번 성찰할 수 있게 되었습니다.

　본 도서의 출판이 단지 한 권의 책이 세상에 나온다는 사실을 넘어, 한국 교회의 선교 비전과 그 내용을 일깨우는 계기가 되기를 바랍니다. 부산진교회에서 본 도서를 출판하게 되어 기쁘며 우리 교회에도 맥켄지 가족 같은 다음 세대 선교사가 많이 나오기를 기도합니다.

신충우
(부산진교회 담임목사)

| 편역자의 글 |

무엇(what)보다는 왜(why)

　호주선교회의 한국선교 역사에서 노블 맥켄지 선교사 가족은 특별하다. 1905년 한국에 입국한 메리 켈리와 1910년 부임한 노블 맥켄지가 결혼하여 1938년까지 활동하였고, 이들 슬하에서 태어난 헬렌과 캐시는 한국에서 성장하다 호주에서 학업을 마치고 1952년 한국에 다시 입국하여 1978년까지 활동하였다. 2대에 걸쳐 4명의 공식 선교사가 한국 사회와 교회에 공헌한 이야기는 매우 흥미진진하다.

　맥켄지 가족의 선교 활동은 또한 의료선교와 직접 또는 간접으로 관계되어 있다. 노블은 정식 의사는 아니었지만, 지역 의사로 인정을 받아 나병을 치료하였고, 메리는 나균에 감염되지 않은 아이들을 돌보며 보건 활동을 하였고, 헬렌과 캐시는 의대를 졸업하고 호주 정부의 자격증을 가진 의사와 간호사였다.

　그뿐만 아니라 이 가족이 특별한 이유는 부모와 자녀 4인 모두 책을 집필하였다는 사실이다. 노블은 'James Noble Mackenzie, missionary to the New Hebrides and Korea : an autobiography'(제임스 노블 맥켄지, 뉴 헤브리디스와 한국선교 자서전)을, 메리는 'Pictures of Korea'(한국의 모습들)을, 헬렌은 'Mackenzie, man of mission : a biography of James Noble Mackenzie'(선교의 사람 제임스 노블 맥켄지 일대기)를, 그리고 캐시는 '간호조산학'을 출판하여 기록을 남겼다.

　맥켄지 가족에 관한 책과 논문을 지금은 수 권 찾아볼 수 있지만, 이들이 선교 현장에서 일하면서 정기적으로 쓴 편지와 보고서는 본 도서를 통하여 처음으로 한국 사회에 나오게 되었다. 1910년부터 1978년까지 약 70년 동안의 분량이며 편지 한 편 한 편 속에 그 당시 이들이 경험하였을 설렘, 기쁨, 열정, 좌절, 분노 그리고 희망이 고스란히 담겨있다.

맥켄지 가족이 한국 사회와 교계에 공헌한 것이 많지만, 이들의 선교 편지는 무엇을(what) 보다는 왜(why)에 방점이 찍혀있다. 즉 무엇을 얼마나 성취하였는가 보다는 하나님의 사랑과 보편적 인류애의 정신에 기초하여 그것에 충실하고 있다. 현시대 병원에서 일하는 의료인과 해외 선교의 꿈을 꾸고 있는 기독교인에게 맥켄지 가족의 선교 편지는 큰 영감과 도전을 던져준다.

양명득
(호주선교동역자)

〈사진 출처〉
1. Presbyterian Women's Missionary Union, 『The Missionary Chronicle』, Melbourne. 1905-1978.
2. Mrs. J. Nobel Mackenzie, 『Pictures of Korea』, PWMU, 1925.
3. 헬렌 맥켄지 저, 김영동 역, 『호주선교사 맥켄지의 발자취』, 대한기독교서회, 2006.
4. 경기대소성박물관, 『호주 매씨 가족의 한국소풍이야기2』, 한호기독교선교회 & 경기대학교, 2019.
5. 정춘숙 엮음, 『맥켄지 가의 딸들』, 일신기독병원 총동문회, 2012.
6. 일신부인병원, 『일신부인병원 - 개원 20주년 기념』, 1972.
7. 일신부인병원, 『일신부인병원 - 개원 30주년 기념』, 1982.
8. 민보은 편, 『일신기독병원 40년사』, 일신기독병원, 1993.
9. 양명득 편, 『부산진교회 Since 1891』, 멘지북스, 2024.

차 례

| 축하의 글 | 바바라 마틴 • 4
| 축하의 글 | Barbara Martin • 6
| 축하의 글 | 인명진 • 8
| 발행의 글 | 신충우 • 9
| 편역자의 글 | 양명득 • 10

제1장 노블 맥켄지의 편지와 보고서

1. 한국 선교사로 승인되다 — 25
2. 한국으로 떠나는 맥켄지 — 25
3. 청소년 친구들에게 — 26
4. 엥겔과의 순회 방문 — 28
5. 부산진교회 당회장 — 29
6. 나환자요양원 — 30
7. 나의 소명 — 30
8. 가장 중요한 일 — 32
9. 저를 죽일 것입니까 — 32
10. 집에 있는 교회 — 33
11. 첫 딸의 출생 — 34
12. 순회하며 세례를 주다 — 34
13. 화전리교회 설립 — 35
14. 70명의 나환자 — 36
15. 울릉도 순회 — 36
16. 부산진교회 당회장 — 39
17. 성장하는 교회 — 39
18. 누가 우리를 구할 수 있을까 — 40
19. 평동교회 설립 — 41
20. 매크레이 병동 — 41

호주선교사 노블, 메리, 헬렌, 캐시 맥켄지

21. 1915년의 사역 ………………………………………… 42
22. 제1회 경상노회 ………………………………………… 43
23. 고열에 시달리다 ……………………………………… 44
24. 순회 동안의 잠자리 …………………………………… 44
25. 서기 김수홍 …………………………………………… 46
26. 새 치료법 ……………………………………………… 46
27. 유아와 성인 세례 ……………………………………… 47
28. 재정 부담 ……………………………………………… 48
29. 세상에서 제일 좋은 일 ………………………………… 49
30. 봉급을 위한 후원금 …………………………………… 51
31. 책임 범위 ……………………………………………… 51
32. 내리교회 설립 ………………………………………… 51
33. 새 한국의 모습 ………………………………………… 52
34. 호주 법인 설립 ………………………………………… 54
35. 믿음, 기름, 노동 ……………………………………… 54
36. 나병원 지원금 ………………………………………… 55
37. 노블 맥 ………………………………………………… 56
38. 존 머레이 여사관 ……………………………………… 56
39. 나환자 자녀들 ………………………………………… 57
40. 호주와의 차이점 ……………………………………… 59
41. 1926년 요양원 보고서 ………………………………… 60
42. 친한 친구 손양원 ……………………………………… 62
43. 가족의 근황 …………………………………………… 62
44. 가짜 약 ………………………………………………… 63
45. 목사님, 살려주세요 …………………………………… 64
46. 낡은 천이 필요함 ……………………………………… 66

13

47. 문둥이 뱃사공 ··· 66
48. 황제의 훈장 ··· 67
49. 일본의 선교 활동 ··································· 69
50. 부산 나병원 기념비 ······························· 69
51. 두 개의 교회 ··· 70
52. 의료행위를 허가하다 ····························· 72
53. 매견시 기념비를 세우다 ························ 73
54. 20주년 기념 ··· 73
55. 케네톤 대회 ··· 74
56. 나병과 정부 정책 ·································· 74
57. 남호주 여선교연합회 회원에게 ············· 77
58. 황 씨를 만나세요 ·································· 78
59. 1933년 나병원 보고서 ·························· 79
60. 고발당하다 ·· 83
61. 간첩 혐의 ·· 83
62. 그날의 비극 ··· 83
63. 선교 25주년 기념 ·································· 84
64. 1936년 나병원 보고서 ·························· 85
65. 미션 밴드의 유익 ·································· 86
66. 떠나는 맥켄지 가족 ······························· 87
67. 1937년 상애원 보고서 ·························· 88
68. 떠나는 나도 섭섭하오 ·························· 89
69. 나병 환자의 구주 ·································· 90
70. 명신학교 ··· 91
71. 어린 생도들의 송별가 ·························· 92
72. 은퇴 회의록 ··· 92

73. 찰스 맥라렌의 송별사 ·········· 93
74. 돌아온 선교사 ·········· 95
75. 신사참배 논쟁 ·········· 95
76. 새 주소 ·········· 96
77. 은퇴예배 ·········· 96
78. 총회장이 되다 ·········· 97
79. 인종차별 반대 운동 ·········· 98
80. 네 딸과의 생활 ·········· 98
81. 자서전 출판 ·········· 99
82. 필요없는 상상력 ·········· 99
83. 다시 태어나도 ·········· 100
84. 운명하다 ·········· 100
85. 추모사 ·········· 100

제2장 메리 맥켄지의 편지와 보고서

1. 청혼받다 ·········· 105
2. 약혼식 발표 ·········· 105
3. 축복 속에 떠나는 켈리 ·········· 105
4. 결혼식 ·········· 106
5. 초읍교회 ·········· 107
6. 요양원의 첫 세례식 ·········· 108
7. 부산진 통신원 맥켄지 부인 ·········· 110
8. 야학의 시작 ·········· 111
9. 울릉도에서 온 편지 ·········· 113
10. 둘째 딸이 태어나다 ·········· 115
11. 넬리와 캐시의 놀이 ·········· 115

12. 유전이 아닙니다 ·· 117
13. 선물 나누는 즐거움 ·· 118
14. 무당집 ·· 120
15. 아들의 죽음 ··· 121
16. '손님 병' ·· 121
17. 메리와 네 명의 딸 ·· 123
18. 픽쳐스 오브 코리아 ······································ 123
19. 부산의 복음화 ··· 124
20. 창문 안에서 보다 ··· 125
21. 한국 목사 부인 ·· 127
22. 표상장 ·· 129
23. 성탄 선물 포장 ·· 129
24. 맥켄지 기념 대문 ··· 130
25. 특별한 담요 ··· 132
26. 1937년 성탄절 ··· 134
27. 미감아의 집 보고서 ······································ 136
28. 오순돌과 이동원 이야기 ································ 138
29. 노회의 환영 모임 ··· 140
30. 문복숙 이야기 ··· 141
31. 나의 어머니께 ··· 143
32. 호주로 돌아와서 ·· 144
33. 위대한 여성 ··· 144
34. 에디스 커의 추모사 ······································ 145

제3장 헬렌 맥켄지의 편지와 보고서

1. 평양외국인학교 졸업 ·· 149
2. 한국으로 자원하다 ·· 149
3. 선교사로 승인하다 ·· 150
4. 중국으로 가다 ·· 150
5. 다시 한국으로 자원하다 ···································· 150
6. 입국 허가서 ··· 151
7. 멜버른 여성 한국으로 돌아가다 ························· 151
8. 파송 예배 ·· 152
9. 일본에서 ··· 153
10. 전쟁 후의 선교사 명단 ··································· 153
11. 좌천동 주소 ·· 154
12. 만 파운드를 승인하다 ···································· 154
13. 오늘의 이상한 한국 ······································· 155
14. 실망스러운 병원들 ·· 157
15. 합격증서 ··· 158
16. 병원 설립 제안 ··· 158
17. 병원의 시작 ··· 160
18. 조산원 1회 수료식 초청장 ······························ 162
19. 45명의 직원 ··· 163
20. 1953년 연례보고서(1) ···································· 164
21. 1953년 연례보고서(2) ···································· 167
22. 건축 설계도 ··· 169
23. 1954년 연례보고서 ·· 170
24. 본관 공사 ·· 173
25. 일신의 노래 ··· 176

17

26. 병원 낙성식 ······ 177
27. 지역사회를 비추는 빛 ······ 177
28. 1956년 연례보고서 ······ 179
29. 니느웨 대신 한국 ······ 183
30. 일신교회 ······ 185
31. 1959년 연례보고서 ······ 187
32. 1960년 연례보고서 ······ 190
33. 행복한 입양 가족 ······ 192
34. 포항의 한 여성 ······ 193
35. 1961년 연례보고서 ······ 193
36. 새 기숙사 개원식 ······ 195
37. 구속과 자유 사이에서 ······ 196
38. 우유병의 동전 ······ 199
39. 1964년 연례보고서 ······ 199
40. 1965년 연례 보고서 ······ 201
41. 부산시장의 감사장 ······ 203
42. 매독균의 아기 ······ 204
43. 선교사와 같이 오는 돈 ······ 204
44. 몰리 버지스의 공헌 ······ 206
45. 1969년 연례 보고서 ······ 208
46. 20주년 인사 말씀 ······ 209
47. 본 병원의 목적 ······ 210
48. 원장 자리를 넘기다 ······ 211
49. 명예 권사 ······ 212
50. 환갑잔치 ······ 213
51. 기억할만한 날 ······ 215

52. 맥켄지 기금 창설 · 215
53. 선교사 자매 시드니에 도착하다 · 216
54. 당신도 도울 수 있다 · 217
55. 일신 재단 · 217
56. '일신병원' 영화 제작 · 218
57. 송별 인사 · 219
58. 다른 보답은 필요 없습니다 · 219
59. 어리석은 여성 · 220
60. 아버지에 관한 책을 쓰다 · 220
61. 끝에는 강한 여인 · 221
62. 가장 행복한 순간 · 222
63. 장례예식 · 223
64. 추모예배 · 223
65. 국민훈장 무궁화장 추서 · 224

제4장 캐시 맥켄지의 편지와 보고서

1. 의학 공부 · 227
2. 파송예배 · 227
3. 준비된 캐시 맥켄지 · 228
4. 일본에서 돌아가다 · 229
5. 불확실한 미래 · 229
6. 부산 집으로 돌아오다 · 229
7. 기쁨의 재회 · 231
8. 이영복과 손옥순 소식 · 233
9. 유치원 건물을 확보하다 · 235
10. '일신'이란 이름 · 236

19

11. 첫 간호사 인터뷰 239
12. 침대도 없는 병원 240
13. 왜 우리를 사랑합니까 240
14. 첫 개복수술 241
15. 바빠지는 병원 242
16. 널뛰기 놀이 244
17. 영아부 간판 244
18. 과세는 잘했나? 245
19. 배돈기념병원의 후계자 246
20. 신관 준공식 248
21. 우유 급식 봉사 250
22. 비교되는 전과 후 250
23. 문을 닫지 못하는 병원 251
24. 조산사 훈련반 253
25. 세쌍둥이 255
26. 합격증 256
27. 드디어 착공하다 257
28. 거지 가족 259
29. 입양된 아기 260
30. 1954년 조산사 훈련반 보고서 261
31. 미션 밴드 선교사 262
32. 배추 사러 울산까지 263
33. 조산사 훈련 264
34. 정초식 265
35. 꿈이 이루어지다 267
36. 호주로 가다 268

호주선교사 노블, 메리, 헬렌, 캐시 맥켄지

37. 오직 육의 마음 판에 ········· 270
38. 1956년 조산사 훈련반 보고서 ········· 273
39. 각종 보고회 ········· 274
40. 비행기를 타다 ········· 274
41. 성탄절의 난민촌 ········· 276
42. 다리 밑에서 난 아이들 ········· 278
43. 현정훈과 김금련 ········· 279
44. 새 기숙사의 필요성 ········· 280
45. 납작코 정순이 ········· 282
46. 9개월 과정의 훈련 ········· 283
47. 나를 기억하시나요 ········· 284
48. 산전 클리닉 ········· 285
49. 골트 간호사의 죽음 ········· 286
50. 사랑의 영 ········· 287
51. 한 방에 한 명씩 ········· 289
52. 새 기숙사 모습 ········· 290
53. 조산사 훈련 내용 ········· 291
54. 강연회 초청 ········· 292
55. 하루 일과 ········· 292
56. 밤잠을 설친 보고회 ········· 294
57. 바바라 마틴의 부임 ········· 295
58. 치료보다는 예방 ········· 297
59. 처음 듣는 그 이야기 ········· 299
60. 김정순 이야기 ········· 300
61. 이 병원에 오지 마세요 ········· 301
62. 빅토리아인과의 연결 ········· 302

21

63. 복자 이야기 ·· 303
64. 돌아오지 않는 간호사 ······························ 304
65. 기념비적인 새 기록 ································· 305
66. 일신의 아이들 ··· 306
67. 여러분의 이름으로 ··································· 307
68. 20년의 변화 ·· 307
69. 20주년 축하 행사 ···································· 308
70. 베이비 미션 밴드 ···································· 310
71. 낡은 의료 기구 ······································· 310
72. 호랑이띠 ·· 311
73. 나이팅게일장 ·· 312
74. 훈장증 ··· 312
75. 명예 권사 ·· 313
76. 귀국하다 ·· 314
77. 간호조산학 교재 출간 ····························· 314
78. 노년의 캐시 ·· 315
79. 장례예식 ·· 316
80. 추모예배 ·· 316
81. 맥켄지 가족 묘비 ···································· 317

제1장

노블 맥켄지의 편지와 보고서

(Rev. James Nobel Mackenzie,[1] 매견시, 1865-1956)

---

1) 맥켄지는 자신의 이름을 노블 맥켄지로 서신에 기재하므로 본 도서에서도 그와 같이 표기하였다.

1. 한국 선교사로 승인되다

다섯 명의 의사 중 네 명이 나를 한국으로 보내는 것은 위험하다고 하였지만, 호주장로교회의 그 선교 현장에서 봉사하겠다는 나의 제안이 승인되었다. 1910년 나는 남쪽 지역의 수도 부산에 임명되었고 교회의 어린이선교사회[2]의 선교사로 30년을 지원받기로 하고 떠나게 되었다.

(빅토리아여선교연합회 베이비 밴드, 1908)

('James Noble Mackenzie, missionary to the New Hebrides and Korea: an autobiography'.[3] 5)

2. 한국으로 떠나는 맥켄지

노블 맥켄지 목사가 한국에 안전하게 도착하도록 우리의 독자들은 기도 요청받았다. 한국어를 배우는 어려움도 극복할 수 있도록 기도해 달라. 그는 1월 5

---

2) 빅토리아장로교회 여선교연합회 안에는 영유아선교회(Baby Mission Band), 어린이선교회(Children's Mission Band), 청소년선교회(Youth Mission Band) 등의 선교단체가 있었고, 맥켄지는 어린이와 청소년선교회의 지원을 받아 파송되어 그들에게 정기적으로 편지를 썼다.
3) 'James Noble Mackenzie, missionary to the New Hebrides and Korea: an autobiography', The Mission to Lepers, London, 1949.

일 멜버른을 떠나는 s.s. 엠파이어호를 타고 간다. 그 배에 미션 박스[4]도 함께 실려 갈 것이다.

('더 크로니클',[5] 1910년 1월 1일, 5)

3. 청소년 친구들에게

내가 한국인들에게 설교한다는 소식을 여러분이 들으려면 오래 기다려야 할 것이다. 만약 내가 영어로 설교한다면 그들은 한 마디도 못 알아들 것이기 때문이다. 마찬가지로 내가 뉴 헤브리디스에서 사용했던 언어도 소용이 없을 것이다. 바벨탑 전에 사용되었다는 갈릭어도 물론 안 통한다. 그러므로 이곳에서 전도하려면 한국어를 배우는 것 외에는 다른 방법이 없다. 한국어는 배우기 쉬운 언어가 아니다. 누구와 말하느냐에 따라서 문장의 마지막 동사가 달라진다. 어순도 영어와 완전히 반대이다.

이들의 책 첫 장은 우리 책의 마지막 장이다. 교회 안에서 남성들은 모자를 쓰고, 여성들은 벗는다. 장례식 때 우리는 검은 색 옷을 입지만, 이들은 하얀색 옷을 입는다. 많은 부분 우리와 정 반대 관습을 가지고 있다. 나는 현재 이 편지를 진주에서 쓰고 있다. 이곳 선교사들을 만나기 위하여 왔다.

부산에서 이틀을 걸려 이곳에 왔다. 60마일 기차를 타고 40마일 말을 탔다. 마산포를 지나왔는데 아담슨이 그곳에서 새 선교부를 준비하는 것을 보았다. 그곳 기독교 학교 학생들이 줄지어 나에게 인사하였다. 나는 그들에게 한마디 하였고, 아담슨이 통역하였다. 그곳에서 오는 길 풍경은 훌륭했다. 높은 산과 기름진 평야도 있었다. 사람이 살지 않는 계곡은 개간되어 일 년에 두 번 곡식을 심는다. 지금은 보리 수확 철이라 농부들이 많이 보였다.

뉴 헤브리디스[6]와 비교하면 이곳에 인구가 더 많다. 진주의 반 마일 지경에

---

4) 호주 빅토리아여선교연합회는 정기적으로 물품을 모아 미션 박스(Mission Box)라는 이름으로 경남 지역의 선교 기관에 보냈다.
5) 'The Missionary Chronicle', Presbyterian Women's Missionary Union, Melbourne.
6) 남태평양의 섬나라로 현재 이름은 바누아투이다. 노블 맥켄지는 이곳에서 15년 선교 활동하였다.

(갓 부임한 맥켄지와, 맨 위 중간, 호주선교사들, 1910년경)

최소 삼만 명이 산다. 낮은 초가집에 두 가정 이상이 들어있다. 오늘 나는 스콜스[7]의 여학교를 방문하였다. 그녀는 상급반 아이들을 가르치고 있었는데 천정이 낮아 허리를 펼 공간이 안되었다. 지금은 시내 바로 외곽 선교부가 있는 곳에 새 건물을 훌륭히 지었다.

(중략) 사랑의 우리 아버지께서 매일 아침 해를 떠오르게 하신다. 그러나 이 땅의 수많은 사람은 그 태양의 주인에 관해 전혀 모른다. 그들은 자신의 가짜 예언자들로부터 사실이 아닌 것을 많이 들어 왔다. 자신을 해한다고 믿는 귀신에 공들이고 기도에 정성이다. 여러분이 나를 이곳에 보내 예수에 관해 알리게 되어 기쁘지 않은가? 나는 이곳에 온 것을 매우 기쁘게 생각한다. 나를 위해 항상 기도해 달라. 나는 여러분의 선교사이다.

1910년 6월 22일, 진주.
('더 크로니클', 1910월 9월 1일, 2-3]

---

7) 넬리 스콜스(시넬리 선교사)로 진주의 시원여학교 교장이다.

4. 엥겔과의 순회 방문

사도행전에 바울이 동료들과 함께 교회를 방문하는 내용을 여러분은 읽을 것이다. 지난 9일 동안 엥겔과 나도 이 땅에서 그런 방문을 하였다. 뉴 헤브리디스에서 일할 때 나는 바다와 육지의 위험을 종종 경험하였지만, 이곳은 달랐다. 한국인들은 비기독교인이라도 친절하고 예의가 있으며, 대부분 사랑스러워 매우 안전함을 느꼈다.

(맥켄지 부부 집-부산 좌천동, 1912)

이곳에서 나가면 몇 마일의 길이 시장인데 사람들로 붐빈다. 그들은 판매할 온갖 종류의 물건을 가지고 있는데 남성들은 뒷짐에 여성들은 머리에 이고 나왔다. 점심때 우리는 길가의 여관에 들러 음식을 주문하였다. 낮은 밥상 위 작은 놋 주발에 음식이 담겨 나왔다. 밥, 국, 생선, 삶은 달걀 그리고 김치였다. 바닥에 다리를 접고 앉아 우리는 밥을 먹었다. 젓가락으로 밥과 김치를 집는 것은 어렵지 않았지만, 생선을 발라 먹기는 쉽지 않았다. 순회 중에 우리는 이번만 여관 밥 경험을 하였다.

우리가 방문하는 곳마다 세례받기 원하는 성인들이 있었고, 몇 시간에 걸쳐 그들이 준비되었는지 문답을 하였다. 첫 번째는 초신자를 대상으로 하는 문답으로 학습반에 들어 오려는 사람들이고, 두 번째 문답은 세례문답반에서 최소 1년 동안 공부하고 세례를 받기 원하는 교인들 대상이다. 50살이 넘은 한 남성에게 신약을 다 읽었는지 물었다. 그는 대답하였다. "예. 두 번 읽었습니다. 그러나 다 이해했는지는 물어보지 마세요. 제대로 이해하려면 몇 번 더 읽어야 합니다." 그는 문제없이 학습반에 들어 왔다.

세례받기 원하는 한 남성에게 물었다. "복음을 전한 적이 있습니까?" 그는 대답하였다. "네. 두 사람을 전도했는데 지금 믿고 있습니다." 다른 이는 10명을 전도했다고 대답하였다. 둘 다 합격하였다. 다른 곳에서는 한 부자가 세례를 위해 주기도문, 사도신경 그리고 십계명을 암송하고 있었다. 특히 아들이 열정적이었는데 엥겔이 그 이유를 설명하여 주었다. 그는 이름은 학필이로 11살 때 믿기 시작하여 12살 때 학습반 그리고 13살 때 세례를 받았다. 그 후 그는 자신의 부모와 형을 차례로 전도하였다. 그리고 이제 이들이 세례를 받게 된 것이다. 그는 가족과 함께 성찬식을 받게 되어 매우 행복해 하였다. 나는 그에게 이웃들을 전도할 쪽 복음을 줄 수 있다고 하였고, 그는 이곳까지 16마일을 걸어와 마가복음 100부를 가지고 갔다. 그 책은 청년선교회 여러분이 보내준 돈으로 구매한 것이다.

12월 12일, 부산진.
('더 크로니클', 1911년 2월 1일, 6-7)

5. 부산진교회 당회장

주후 일천구백십일년 삼월 십이일 상오 십시에 당회로 왕길 목사와 매 목사와 박신연 장로가 목사 공부방에 모여 회장이 기도함으로 개회하다. 전 회록을 낭독하고 채용하다. 피택장로 김봉명씨 장립받을 것인 고로 절차를 작정하고 예배당에 내려가서 장립위임예식을 행하고 돌아와서 신경을 인가하다. (중략)

왕길 목사가 평양신학교에서 교육시키므로 없을 동안에 매 목사가 당회의 회장이 되기로 작정하다. 회장이 축복한 후 폐회하다. 임시 서기: 왕길지

('부산진교회 당회록', 1911년 3월 12일)

6. 나환자요양원

나환자요양원[8]이 문을 연 지 이제 2년 되었다. 벌써 많은 일을 하고 있다. 'Without the Camp'란 잡지에서 그곳의 소식을 발췌하였다.

"지난 1월 첫 번째 입소자가 우리에게 왔다. 가난하고 헐벗고 발에 상처가 있는 남성이었다. 그는 잘 걷지도 못하였다. 나는 그에게 어디서 왔는지 물었다. 서울에서 왔다고 하며 구걸하며 노숙하며 이곳까지 왔다고 하였다. 그리고 이제 거의 일 년이 지났다. 그는 나선교회의 돌봄을 받으며 완전히 변한 모습이었다. 단정한 머리에 깨끗한 옷 그리고 건강도 좋아져 다른 사람이 되었다. 여성 환자들도 점점 입소하고 있다. 이들은 자신의 옷을 직접 만들며, 성경과 찬송 공부를 한다. (중략)

요양원은 항구의 끝에 있다. 배를 한두 척 구매하는 것이 필요하다 생각한다. 그러면 환자들이 노를 저어 나갈 수도 있고, 물고기도 잡을 수 있다. '동양의 나선교회'가 요양원을 세워 후원하고 있다. 그리고 엥겔이 영적으로 돌보고 있다. 이 사역을 위하여 후원을 받을 수 있다면 기쁘겠다."

('더 크로니클', 1911년 11월 1일, 8)

7. 나의 소명

얼마 전 선교사공의회가 진주에서 열렸다. 내년의 일을 함께 계획하는 모임이었다. 우리는 마산포까지 기차를 탔고, 그곳에서 배를 타고 7시간 항해하였다. 그다음 날 우리는 나귀를 타고 진주에 도착하였다.

여러분의 선교사는 배 타는 것을 제일 즐겼다. 나는 평생 바다에서 시간을

---

8) 한국 근대사에 한센병 환자만을 위한 최초의 병원. 1909년 미국선교회와 영국구라선교회가 시작하였고 1911년부터 호주선교회로 이관되므로 노블 맥켄지 목사가 '관리자'로 운영하였다. 부산 감만동에 있던 이곳은 문둥이수용소, 나환자요양원, 나환자의 집, 부산나병원, 상애요소, 상애원(相愛園) 등으로 칭하였다. 요양원 내의 교회는 상애원교회 후에는 상애교회로 불렸다.

많이 보냈기 때문이다. 17년 전 스코틀랜드의 구 헤브리디스 섬을 떠나 나는 남태평양의 뉴 헤브리디스로 갔다. 원주민들에게 복음을 전하기 위함이었다. 그 후 나는 그곳을 떠나 여러분의 선교사가 되어 한국에 왔다. 이곳에도 수천 개의 섬이 있고, 수만 명의 사람이 그곳에 살고 있다. 하나님이 이 일을 위해 나를 부르셨다는 것을 바로 알았다.

처음엔 나의 동료들이 그것을 믿지 않았다. 나는 내가 언어를 배우고 기다리다 보면 그 일을 할 기회가 올 것이라 믿었다. 그리고 이번 진주 모임에서 그 일이 이루어 졌다. 내가 그 일을 하도록 결정한 것이다. 산토섬의 교인들은 내가 그곳에서 일할 때 배를 주었었고, 내가 떠날 때 그들은 200파운드를 주며 한국에서 배를 사라고 하였다. 이제 배를 구매하면 나는 그 배 이름을 '산토'라 할 것이다.

진주에서 돌아와 한국 노회 회의에 참석하였다. 해외선교사 59명, 한국인 목사 39명, 장로 115명, 총 211명이 모였다. 동시에 우리의 토론을 들으려고 수백 명이 먼 거리에서 왔다. 내가 호주에서 참석한 그 어떤 모임보다 규모가 컸다. 주일에는 2천 명가량 모였는데 기도할 때마다 아멘 소리가 우렁찼다. 요한계시록에서 말하는 '허다한 무리의 큰 물소리'가 이런 것이 아닐까 생각하였다.

첫 선교사가 한국에 온 지 얼마 안 됐지만, 벌써 47,000명의 장로교 교인이 있다. 빅토리아 전체보다 훨씬 많다. 이들은 전도하는 것을 특별한 의무로 알고 있고, 많은 전도자를 생각하면 한국 사람 모두 곧 기독교인이 될 것으로 우리는 기대한다.

나는 곧 또 한 번의 시골 순회로 나설 것이다. 다음 편지에 그것에 관하여 쓰겠다. 여러분의 기도와 사역으로 인하여 나는 감사한다. 내가 여러분을 의지하고 있다는 것을 기억해주기 바란다. 여러분의 선교사 노블 맥켄지.

10월 3일, 부산진.
('더 크로니클', 1911년 12월 1일, 11)

8. 가장 중요한 일

　부산에 도착한 후 첫 2년 동안에 일어난 일 중 나와 나의 선교 활동을 위하여 가장 중요한 일은 메리 켈리양과 결혼한 일이었다.
　켈리양은 나보다 5년 앞서서 한국에 온 선교사였다. 그때 내가 고투하고 있던 한국어에 그녀는 아주 능숙하였으며 나의 한국어 습득과 다른 여러 가지 일들에 말로 다 할 수 없는 도움을 주었다.

('James Noble Mackenzie, missionary to the New Hebrides and Korea : an autobiography', 5)

9. 저를 죽일 것입니까

　부산의 나환자요양원은 좋은 위치에 자리 잡고 있다. 부산의 도심에서 바로 바다 건너편에 있으며 도심에서 한 시간 정도의 도보거리이다. 이곳에 입소를 원하는 사람들은 매일 정문 밖에서 기다리고 있고, 방이 준비되는 대로 나는 입소허가증을 발급하였다. 인간적으로 불쌍한 파탄자들이 최후의 힘을 다하여 우리의 요양원으로 온다. 그들 중에는 걸을 수 없을 뿐만 아니라 기지도 못하는 사람도 있다. 요양원으로 오는 길은 해변을 따라 항구를 돌아 3마일이나 된다. 이런 환자들의 수송을 위하여 병원선을 운영하여 그들의 하늘가는 마지막 길을 도와주고 있다.
　어느 날 나는 병원선의 상륙지점에서 배의 도착을 기다리고 있었는데 그곳에서 일어난 일을 도저히 잊을 수가 없다. 누가 나병을 앓고 있는 한 어린 소녀를 내 발 앞에 내려놓았다. 그 아이는 나무 잎사귀 떨듯 떨면서 얼굴을 들고 나에게 물었다. "저를 죽일 것입니까?"
　사연을 알아보니 한 여성 선교사가 건너편 길에 많은 사람이 모여 있는 것을 보고 무엇인지 알아보러 갔다. 그녀는 그곳에서 한 어린 소녀가 손과 무릎으로 기고 있는 것을 보았다. 그 소녀는 흰털 장갑과 구두 한 켤레를 가슴에 꼭 안고 있었다. 정말 눈으로 볼 수 없는 가련한 장면이었다. 그 선교사는 인부 한 사람을 고용하여 그녀를 우리의 병원선에 태워 보내었고, 내 앞까지 온 것이다.

나는 며칠 후에 요양원에 입소한 그 소녀를 다시 만났는데 얼마나 많이 변했는지 알아보지 못할 정도였다. 깨끗한 흰옷을 입고 잘 빗은 단정한 머리에 미소를 짓고 있는 행복한 아이로 변해있었다. 며칠 전의 불쌍한 그 아이가 아니었다.

우리들의 병원선은 정말 유용한 재산이 되었다. 초기에는 배가 상륙하는 데 많은 어려움을 겪었으나 우리 요양원의 나환자들이 약 50m 길이의 부두를 직접 건설하여 하선하는데 아주 편리하게 되었다.

('매견시 자서전'[9], 61-62)

10. 집에 있는 교회

최근 나는 두 번의 순회 여행을 하였다. 모두 열흘간 20개의 교회를 방문하였다. 총 56명의 성인에게 문답하여 세례를 주었는바, 그들의 생활과 신앙 활동에 관하여 잘 알게 되었다. (중략)

바울이 빌레몬서에 언급한 '네 집에 있는 교회'가 이곳에는 많다. 200명 이상이 모이는 교회도 있지만, 집에서 몇 명이 모이는 교회도 있다. 한 예로 여관 주인인 한 남성이 그곳에서 독한 술을 팔았다. 하루는 엥겔과 그의 조사가 그의 여관에 머물게 되었다. 그들은 그 주인에게 전도하였고, 그는 감동하여 성경을 읽었다. 그 후 그는 술 판매를 멈추고 자신의 여관에서 예배를 드리기 시작하였다. 내가 그곳을 방문하였을 때 그는 물론 그의 아들 둘도 세례받을 준비가 되어있었다. 그는 자신의 집에서 예배를 드리면서 여관도 그만두고 농부가 되었다. (중략)

이번 순회 기간은 매우 추웠다. 나는 옷을 몇 겹 껴입고 다녔다. 뉴 헤브리디스에 있을 때는 최소한의 옷만 걸치고 다녔는데 말이다. 나는 더위보다 추위가 더 좋다. 더 건강한 것 같다. 선교회 여러분께 안부를 전한다.

여러분의 선교사 노블 맥켄지.

---

9) '매견시 자서전', 지응업 역, 부산진교회, 2004.

12월 27일. 부산진.
['더 크로니클', 1912년 3월 1일, 13-14]

11. 첫 딸의 출생

지난 10월 6일 딸이 태어났다. 파란 눈에 어두운색의 머리카락을 가진 작은 아기이다. 이름은 넬리 펄이다. '넬리'는 진주에서 함께 일했던 맥켄지 부인의 친한 친구 스콜스 양에게서 왔고, '펄'은 그곳 지명 진주의 번역이다.[10] 그녀의 부모는 그녀를 하나님께 드렸고, 나중에 그녀가 성장하여 선교사가 되기를 희망한다. 동시에 그녀는 아이일 때에도 사람들이 하나님을 알 수 있도록 쓰이기를 바란다. 선교지에서는 '작은 아이가 그들을 인도할 것이다'라는 말이 종종 사실이다. 한국에서 백인 아기는 '구경거리'이다. 그 기회에 여성들에게 예수님을 전할 수 있다.

선교회의 여러분은 여러분의 선교사가 조선장로교공의회[11] 회장이 되었다는 소식에 기뻐할 것이다. 나는 우리 호주선교사 공의회 회장이기도 하다. 조선장로교공의회에는 100명의 목사 선교사가 회원으로 있다.

['더 크로니클', 1913년 1월 1일, 7]

12. 순회하며 세례를 주다

지난번 연례 회의에서 맥켄지 씨는 엥겔 씨가 일하던 기장과 울산 남동 지역을 맡게 되었다. 그는 현재 언어 공부에 집중하고 있지만, 네 번의 순회를 다녀

---

10) 호주로 돌아가기 전까지 그녀는 넬리라고 불렸고 후에 스스로 세례명인 헬렌으로 불렀다. 세례는 미국선교사 사무엘 마펫에게 받았다.
11) Presbyterian Council of Korea(1901년 조선에 설립된 장로교 선교부들의 협의체로 1907년 조선예수교장로회 총회를 조직하는 모체가 됨).

왔다. 그 기간에 그는 그리스도를 따르며 세례문답에 합격한 105명에게 세례를 베풀었다. (중략)

　세례를 받은 사람 중 한 명은 36년간 병석에 누워있는 남성이었다. 그는 두 다리와 오른쪽 팔 마비였다. 맥켄지는 그런데도 그가 행복하고 그리스도 안에 기뻐하는 것을 보았고, 성서공회 매서인에게 쪽 복음을 사 부지런히 읽고 있었다. 엥겔도 몇 번 그를 방문하여 성경에 관한 그의 질문에 도움을 주었으며, 한문과 한글로 된 신약성서를 보내주기도 하였다. 그의 신앙고백과 지식이 확고하므로 세례를 받게 된 것이다.

　세례받는 날 누가 그를 하나님의 집으로 옮겨왔고, 그는 다른 교인들과 함께 세례를 받았다. 그는 눈물을 흘리며 하나님을 찬양하였다. 그의 아내도 세례를 받았고, 불신하던 아들도 믿기를 작정하였다.

　올해 노회는 맥켄지에게 울릉도 목회 책임을 맡겼다. 일본해에 있는 섬으로 부산에서 170마일 떨어져 있는 곳이다. 그곳에 한국인 7,000명이 살고 있으며, 네 그룹의 신앙 모임이 있고, 전체 172명의 교인이 있다.

('Our Missionaries at Work', 1913년 1월, 9-10)

13. 화전리교회 설립

　동년[12])에 동래군 화전리교회가 설립하다. 선시에 선교사 매견시와 조사 정덕생의 전도로 양한준 전가가 귀주하고 한준이 이외 친우 수십여 인에게 전도함으로 설립하니라.

('조선예수교장로회 사기(하)', 한국기독교역사연구소, 2002, 188)

---

12)　1913년

14. 70명의 나환자

데이비스 부인이게. 나환자에게 보낸 상자가 안전하고 손상 없이 도착하였다. 보내신 7파운드 2실링도 잘 받았다. 선물을 준비하고 돈을 후원한 여러분께 나환자를 대신하여 감사드린다. 성탄절에 맞게 정확히 도착하여 이곳 사람들에게 선물로 줄 수 있었다. 상자 안의 선물들이 매우 적절하였다. 특히 재활용된 원단 모시는 이곳 사람들의 끔찍한 상처를 싸매는 데 좋다. 약품을 많이 구매하지 않은 것은 잘한 일인데 빅토리아보다 이곳에서 사는 것이 훨씬 저렴하다. 보낸 돈 일부는 이들을 위하여 성탄절에 썼고, 나머지는 우리의 70명 나환자에게 끊임없이 필요한 물품을 사겠다.

우리는 나환자 60명만 수용하여 돌볼 수 있지만, 입소를 간청하는 환자의 애처로운 간청을 물리치기 힘들다. '나환자선교회'의 지원 외에 직접 도움을 주는 사람이 있어 그 재정으로 나머지 사람들을 지원하고 있다. (중략)

18살 되는 한 청년이 모친과 함께 우리를 찾았다. 그 청년은 나병이 이미 깊은 모습이었다. 요양원에 자리가 없어 다음에 다시 와 보라고 하며 그들을 돌려보낼 수밖에 없었다. 얼마 후 그가 다시 찾아왔다. 그러나 그동안 요양원에 죽은 환자가 없어 여전히 자리가 없었다. 그는 아마 오늘 밤 추운 길거리에서 잘 것이다. 아무도 나환자를 집에 들이지 않기 때문이다. 그래도 그에게는 보살펴주는 모친이 있다. 대부분 나환자에게는 사랑해주는 부모도 친구도 없다. 여러분의 선교사 노블 맥켄지.

12월 22일.
('더 크로니클', 1914년 3월 2일, 3-4)

15. 울릉도 순회

젊은 친구들에게.
나는 흥미로운 울릉도 여행을 마치고 막 돌아왔다. 그 섬은 일본해에 있는 섬으로 8,000명의 한국인이 살고 있다. 전에 나는 작은 돛단배를 타고 나흘에 걸쳐 갔지만, 이번에는 작은 일본 증기선을 탔다. 비록 중간에 많은 곳을 들렸지만, 이틀이 채 안 되어 그곳에 도착하였다.

일본인은 매우 작은 사람들이다. 그들의 작은 체구는 그 작은 해양 증기선에 잘 맞았다. 나는 큰 사람은 아니지만, 의자에 앉거나 갑판으로 나갈 때 허리를 구부려야 했다. 그렇지 않으면 머리를 부딪칠 것이다. 나는 일본 방식으로 그들의 음식도 먹었다. 국, 물고기, 고기, 달걀 그리고 짠지가 작은 그릇에 각각 담겼고, 그것들을 쟁반 위에 가득 놓았다. 젓가락에 익숙하지 못하면 이 음식들을 입안으로 넣기 힘들다.

이른 주일 아침 나는 섬에 내렸다. 한 무리의 기독교인이 해변에서 나를 기다리다 환영해 주었다. 내가 처음 이곳을 방문하였을 때는 한 명의 기독교인도 없어 나를 환영해 주는 사람이 없었다. 그때는 한국인 여관에서 먹고 잤었다.

지난번 방문 시에 몇 명의 기독교인이 있었지만, 교회는 없었다. 지금은 교회도 있고, 교인 수도 늘었다. 한 교인이 자신의 집을 예배당으로 내놓고, 자신은 다른 집을 건축하였다. 교인들이 그 집의 방을 다 트고, 벽과 천정에 새로 벽지를 발랐다. 그리고 바닥에 새 깔개를 깔아 교인들이 앉을 수 있게 하였다. 이들은 나를 바로 교회당으로 안내하였다. 우리는 모두 무릎을 꿇고 하나님께 감사하였는바, 교인들은 선교사의 도착에 감사하였고 나는 교인들의 신앙과 열정에 감사하였다.

교인 두 명과 집을 헌납한 교인이 이날 아침 세례를 받았다. 그리고 그는 교회 인도자로 선출되었다. 그의 책임은 다음에 선교사가 올 때까지 매주 예배를 책임지는 것이다.

다음 날 아침, 나는 교인들과 함께 섬을 돌아보았다. 교인들은 나의 침구와 책 그리고 물품들을 등에 짊어졌다. 섬의 산들은 매우 높아 길이 가팔랐다. 말을 탈 수 없기에 모든 짐을 사람이 날라야 하였다. 우리가 머문 첫 번째 교회는 깊은 산자락에 있었다. 이 예배당은 한 목수가 교인들의 도움을 받아 지었는데 빚 없이 완공하였다.

18개월 전과 비교하면 매우 대조적이다. 그때는 8X8피트의 작은 방에서 모였었다. 방안의 빛은 오직 종이로 바른 문을 통해서만 들어왔다. 그때는 세례교인이 없어 성찬식도 없었다. 지금은 19명의 정회원이 있는데 이날 내가 12명에게 세례 주었다. 기독교인 부모의 아이 6명도 세례를 받았다.

이곳을 떠나 우리는 산 정상에 올랐다. 나의 나침판은 해발 2,500피트를 가리켰다. 그곳에서 하산하는 길이 매우 가팔라 천천히 내려왔다. 우리는 사화산 분화구 쪽으로 내려갔다. 그리고 그곳 평지에 흩어져 있는 부석 사이를 걸었다. 나는 울릉도의 경관을 구경하러 간 것이 아니다. 그곳 사람들에게 예수를 소개하고 그를 섬기는 것을 가르치기 위하여 방문하였다. 6일 동안 그곳에 머무르며 31명의 남녀 성인과 13명의 아이에게 세례를 주었다. 이 아이들의 부모는 수세자이다.

(울릉도 방문, 1915)

내가 18개월 전 처음 그곳에 갔을 때, 성서공회 매서인 한 사람만 수세자였다. 그는 그곳에 전도하러 갔고, 성경책을 팔았다. 지금은 67명의 남녀 수세자가 있고, 101명이 나의 세례문답반 명단에 있다. 이들은 세례받기 원하지만, 아직 문답에 합격하지 못한 사람들이다. 이들은 모두 자신들의 비기독교인 이웃을 전도하려 애쓰고 있다. 복음이 이들의 전도로 전하여지고 있지 선교사의 설교 때문이 아니다. 여러분의 선교사 사역은 일반 목사의 활동 범위를 넘어 주교와 같은 역할을 하고 있는 것이다.

6월 4일. 부산진.
['더 크로니클', 1914년 9월 1일, 4-5]

16. 부산진교회 당회장

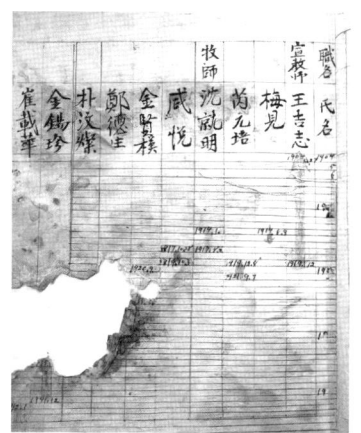

(매견시 선교사와 부산진교회 교역자교인명부)

1914년 4월 21일 이후 당회부터는 왕길지 목사를 대신하여 맥켄지 목사와 심취명 목사가 서로 번갈아 가며 당회장을 맡게 되었다. 그리고 이후에 왕길지 목사가 당회에 참석할 때도 그가 당회장이 아니라 맥켄지 목사나 심취명 목사가 종종 당회장을 맡았다.

['부산진교회 100년사', 1991, 122]

17. 성장하는 교회

맥켄지는 26개의 교회와 2개의 모임을 주관하고 있다. 이 교회들 교인 중 77명이 신앙을 고백하고 세례를 받았다. 몇 교회는 겨우 유지하고 있고, 몇 교회는 성장하고 있다. 세 개의 교회당이 새로 지어졌고, 빚 없이 완공되었다. 이 중의 두 개는 울릉도에 있는데 그곳 교회가 특히 성장하고 있다. 교인들은 열정적으로 전도하며 자발적인 헌금 생활을 하고 있다. 일본에서 온 한 교회선교협회(CMS) 선교사도 그곳에서 일본인들에게 전도하고 있다.

맥켄지는 67일 동안 시골 교회를 순회하였다. 그중 14일은 성경반을 인도하였다. 한 성경반에 참석한 학생들은 총 570일간 전도하겠다고 서약하였다. 맥켄지는 2월과 3월에 부산진에서 열린 남성성경학원에서도 가르쳤다. 올해 그는 나환자 선교에도 많은 시간을 쏟았다. 요양원에는 매일같이 새 환자가 입소를 원하고 있고, 입소자들은 음식과 의복 그리고 약품을 요청한다. 수개월 동안 새 건물 건축과 수리가 진행되었고, 그가 상세한 부분까지 지도하고 있다.

('Our Missionaries at Work', 1915년 1월, 4)

18. 누가 우리를 구할 수 있을까

후원자들에게.

그동안 매우 바빠 한동안 편지를 쓰지 못하였다. 나는 현재 몇 교회를 목회하고 있는 동시에 옷과 음식은 물론 치료가 필요한 120명의 나환자가 있는 요양원을 감독하고 있다. 또한, 나는 새집을 짓고 모터보트를 만들고 있다. 배가 완성되면 우리 집 부근의 항구 맞은 편에 있는 요양원을 지금보다 좀 더 쉽게 방문할 수 있기를 희망한다.

지난 열흘 동안 나는 몇 교회에서 성경반을 인도하고 성찬식을 집례하였다. 이 편지는 지금 산속에 있는 한 교회의 방에서 쓰고 있다. 겨우 누울 수 있는 좁은 방인데 한글 신문으로 벽과 천정이 도배되어 있다. 창문은 없고 미닫이문만 있는데 그 창호지를 통하여 햇볕이 들어온다. 한겨울임에도 방안은 온돌로 인하여 덥다.

한 교회에서 우리는 닷새간 성경반을 인도하였다. 주변 교회의 남성들이 참석하였는데 자신들이 먹을 쌀과 공부할 책을 등에 지고 왔다. 교회당은 공부할 동안 교실, 식당, 그리고 침실로 사용되었다. 나는 한쪽에 커튼을 치고 잤다. 그러나 참석자들의 코 고는 소리 때문에 제대로 숙면을 하기 어려웠다.

매일 저녁 이 마을 소녀들을 위한 반이 열렸다. 한 번도 교육을 받지 못한 아이들이다. 처음에는 이들을 조용히 시키는 것조차 힘들었지만, 점차로 나아졌고, 마지막 날에는 시험도 잘 보았다. 다음과 같은 질문에 그들은 대답하였다.

"하나님은 누구인가?" "죄란 무엇인가?" "죄로 인한 벌은 무엇인가?" "누가 우리를 구할 수 있을까?" "우리는 어떻게 죄와 벌에서 벗어날 수 있을까?" 남녀 구경꾼들도 많이 모여 아이들이 배우는 것을 그들도 다 들었다. 아마 직접 가르치는 것보다 더 효과가 좋은 것 같다. 이들에게도 물론 전도하였다.

작은 넬리 펄은 이제 15개월 되었다. 그녀와 맥켄지 부인과 나는 여러분에게 새해 인사를 전한다. 여러분의 선교사 노블 맥켄지.

1월 8일. 부산진.
('더 크로니클', 1915년 3월 1일, 14-15)

19. 평동교회 설립

동년[13]에 울산군 평동교회가 설립하다. 선시에 선교사 매견시의 전도로 추대홍 외 수십 교도가 서생교회에 래왕 예배하더니 지시하여 례배당을 건축하고 교회를 분립하니라. 조사 임성옥이 시무하다.

('조선예수교장로회 사기(하)', 191)

20. 매크레이 병동

부산 요양원은 50명의 여성을 수용할 수 있는 건물을 증축하였다. 얼마 전 사망한 존 매크레이[14]를 기념하기 위하여 이곳을 '매크레이 병동'이라 명명하였다. 존 매크레이 목사는 자신의 교회를 통하여 이 병동의 비용 큰 부분을 담당하였다.

('더 크로니클', 1915년 1월 1일, 2)

---

13)　1915년
14)　존 매크레이는 프레더릭 매크레이(맹호은) 선교사 부친으로 투락장로교회 목사였다.

21. 1915년의 사역

지난 한 해 맥켄지는 45개의 교회와 한 개의 모임을 책임 맡았다. 이것은 나환자요양원 사역을 포함하지 않은 숫자이다. 그는 또한 선교부의 또 다른 사택 건축과 행정도 돌보았다. 모든 일이 완전하였다고 그는 말하지 않지만, 만족스러운 결과도 있었다. 45개의 교회에서 일 년 동안의 세례문답 공부를 마치고 합격하여 156명의 성인이 세례를 받았다. 그의 선교지에 속한 수세자는 모두 977명이며, 주일 평균 출석 교인은 2,330명이다.

심 목사가 동사로 있는 네 개의 교회를 돌보고 있는데, 교인들은 그의 성인적인 성격을 존경하며 사랑한다. 그가 우리와 함께 일하여 감사하다. 부산항 네 개의 교회는 기장 지역에서 조사로 그리고 장로로 일한 정 씨[15]를 청빙하였었다. 그는 최근 노회에서 목사 안수를 받았고, 우리가 아는 그의 성격과 능력으로 그는 성공적인 목회를 할 것이다.

올해 시골 지역에서 4번의 성경반이 열렸다. 부산진에서 7일 동안 진행되는 연례 성경반을 제외하고 말이다. 그리고 연례 교회 직원 모임은 올해 밀양에서 3일간 열렸다. 맥켄지는 시골 교회 방문으로 75일을 썼고, 주일에 집에 있을 때는 요양원이나 부산진 부근 교회를 방문하였다.

울릉도에서의 선교 활동은 매우 고무적이다. 첫 회심자에게 맥켄지가 세례를 준비 3년도 채 안 되었는데 지금 9개의 교회가 있다. 수세자는 총 109명이고, 교인 수는 365명이다. 200마일 되는 바닷길 여정이 불편하여 조사나 선교사가 자주 방문하지는 못하고 있다.

지난여름 그곳에 태풍이 몰아쳐 많은 곡식 피해를 보았고, 그곳 사람들은 식량부족으로 힘든 겨울을 보냈다. 우리는 육지 교회에서 모금하여 그 돈으로 곡식을 사 그곳 교인들에게 보냈다. 이것으로 어떤 기독교인들은 아사를 면하였고, 안 믿는 자들은 형제애를 경험하였다. 맥켄지 부부가 봄에 그들을 방문하였는데 어떤 사람들은 산에서 나는 풀뿌리로 연명하고 있었다. 대부분 사람의 얼굴에 굶주림이 보였으나 교회 여성들은 항구에서 열린 맥켄지 부인의 성경반에 기꺼이 참가하였다. 맥켄지는 섬의 교회들을 방문하였는데 많은 교인이 먹을

---

15) 정덕생 목사로 그는 초량교회, 항서교회, 제일영도교회 그리고 조도교회의 담임이 되었다.

것을 찾으려 산속에 들어가 모이지 못하였다.

(OMW, 1916년 1월, 4-5)

22. 제1회 경상노회

(맥켄지 가족과 선교사들, 1916)

    8. 맹호은 씨가 마산지반 33명에 대한 총노회비와 매견시 씨가 풍병원과 울릉도교회에서 합 150명에 대한 총노회비가 부족하다고 보고하다.
    9. 총노회비 내지 못한 일을 조사하기 위하여 매견시, 안란애, 길야곱, 예알배 씨로 위원을 정하여 내회에 보고케 하다.
    10. 선교사 구역을 보고하니 왕길지는 23교회, 매견시는 37교회, 예알배는 42교회, 맹호은은 46교회, 안란애는 23교회, 권임함은 37교회, 왕대선은 22교회, 위대인은 8교회, 길야곱은 22교회니 조선목사 보는 교회외에 260처 교회

더라.

('경상노회 회록', 1916년 9월 20일)

23. 고열에 시달리다

지지난 주 맥켄지 씨가 열병에 걸려 우리 모두 큰 근심을 하였다. 처음에 장티푸스인 줄 알고 테일러 박사와 네피어 간호사를 급히 불렀다. 다행히 장티푸스는 아니었지만, 거의 일주일 동안 그는 고열에 시달려 매우 쇠약해 졌다. 남성성경학원에 참가하지 못하게 되어 그는 매우 실망하였다. 성경학교는 지금 부산진에서 열리고 있으며, 왓슨과 커닝햄 씨가 와서 엥겔과 라이트 씨를 돕고 있다. 강의 인원에 한국인 목사 두 명도 포함되어 있다.

마가렛 데이비스
('더 크로니클', 1917년 2월 1일, 3)

24. 순회 동안의 잠자리

여러분에게 좋은 소식이 있다. 수년 동안 신실하게 지원한 여러분의 선교사가 여러분을 만나러 집으로 돌아간다. 내년 4월 초에 떠나 5월에 빅토리아에 도착하기를 기대한다. 나는 휴가 동안 나의 옛 선교지 뉴 헤브리디스의 산토 섬을 3개월 정도 방문할 것을 제안하였다. 그곳에는 지난 몇 년 동안 거주 선교사가 없다. 만약 해외선교위원회와 지금 그곳 교회를 관할하고 있는 뉴 사우스 웨일스 위원회가 동의하면 6월에 아내와 넬리와 캐시를 두고 나 혼자 그곳을 방문할 것이다.

지난 12년 동안 나는 제대로 된 휴가를 가지지 못하였다. 나에게 좋은 쉼이 필요하다는 것을 여러분은 이해해 줄 것이다. 한 달 전 매우 힘들었던 시골 교회 방문을 마치고 돌아올 때 나는 심각한 열병에 걸렸었다. 뉴 헤브리디스에서

앓았던 것과 같은 열병이었다. 테일러 박사와 네피어가 나를 일주일 이상 돌보아 주었다. 나는 점차로 회복하였지만 두 주 이상 몸이 약하였다. 현재는 거의 정상이다. 우리 가족은 완전한 회복을 위하여 새해에 진주로 갈 것이다. 마산포까지 기차로 가 그곳에서 자동차로 진주에 갈 생각이다. 올 때는 차로 바다까지 나와 작은 증기선을 타고 통영으로 갈 것이다. 그곳에서 동료들을 만나며 이틀 정도 머물 것이다. 그 후 같은 증기선을 타고 부산에 올 계획이다.

'순회'가 무엇인지 여러분에게 설명하기 원한다. 시골 교회를 방문하는 과정을 우리는 순회라고 한다. 나는 책과 서류, 그리고 작은 상자에 약품을 챙기고, 아내와 요리사는 음식 상자를 준비한다. 내가 먼저 먹을 차, 설탕, 소금, 오트밀, 버터, 깡통 우유, 소고기 말린 것 등을 포함하여, 순회 동안 먹을 빵을 준비한다. 때로 빵에 곰팡이가 오르면 대부분 버리기도 한다. 그러나 이곳에는 밥과 달걀이 항상 있고, 다른 음식도 있다. 대부분 우리 외국인에게는 잘 맞지 않지만 말이다.

순회 동안에 음식 외에 또 다른 큰 짐이 필요하다. 침구나 깔개이다. 이것은 한국인이 등에 지고 간다. 지난번 순회 시 내가 방문한 첫 교회는 30마일 거리에 있어 하루 전날 일꾼이 짐을 지고 먼저 떠났고, 나는 그 후 자전거를 타고 갔다. 그 일꾼이 나를 위해 요리도 하고 잠자리도 봐 준다. 요즘은 얇은 이불 몇 장을 가지고 다니는데 아직 불을 안 피워 교회당 안이 춥기 때문이다. 대부분 이곳 교회당의 바닥은 온돌로 되어있다. 겨울에는 교회당 바닥이 따뜻하여 시골에서 온 교인들과 함께 자기도 한다.

한국인들은 뜨거운 온돌과 나무 베개를 좋아하고 평상시의 옷을 그대로 입고 코를 골며 잔다. 또한, 방문 여닫는 소리를 크게 내며 들락거리는데 이것이 선교사에게 매우 힘든 밤이 되게 한다. 이들은 이런 소리에 익숙해 있어 왜 선교사가 힘들어하는지 이해 못 하는 것 같다. 아침이 되면 이들은 "안녕히 주무셨습니까?"라며 예의 바르게 인사를 한다. 거기에다 대고 "잘 못 잤습니다."라고 대답할 수 있겠는가. 나도 똑같이 "안녕히 주무셨습니까?"라고 인사를 한다.

넬리는 이제 세 살이 넘었고, 캐시는 13달이 되었다. 아이들은 매우 건강하다. 이들이 우리 집을 활기차게 만든다. 맥켄지 부인과 나는 여러분 모두에게 안부를 전한다. 여러분의 선교사 노블 맥켄지.

12월 22일, 부산진.
('더 크로니클', 1917년 4월 2일, 2-4)

25. 서기 김수홍

　　맥켄지는 그의 두 번째, 그리고 세 번째 임기 동안 선교부의 회계가 되었다. (중략) 그는 재산 문제와 재단 유지기금과 선교지 서기 일에 계속 책임을 져야 했다. 맥켄지의 한국에서의 활동에서 김수홍이라는 서기는 없어서는 안 될 사람이었다. 왜냐하면 그는 모든 문서를 일본어로 작성하였고, 일본인과의 교류에서 통역을 해 줬으며, 선교를 위해 필요한 관습과 일상적인 업무에 대한 일을 잘 처리해 주었다.

['호주선교사 맥켄지의 발자취', 258-259]

26. 새 치료법

　　뮤어 여사에게.
　　얼마 전부터 나는 선교회에 편지를 쓰기 시작하였지만, 이 편지가 호주에 도착할 때쯤 선교단체들이 흩어질 것이라 편지를 보내지 않았습니다. 이 편지는 새해에 맞추어 선교회에 도착할 것입니다. 엥겔은 이제 자신의 시간 대부분을 순회 활동에 쏟고 있습니다. 라이트와 나는 시골 교회를 돌보고 있고, 선교부 행정도 하고 있습니다. 내가 맡은 교회는 39개이고, 요양원에는 165명의 나환자가 있습니다. 나는 또한 나환자 가정의 미감아를 위한 집[16]도 준비 중입니다. 비어있는 한국식 병원을 구매하였는데 많은 수리와 보수가 필요한 집입니다.
　　나환자를 위한 새 치료법은 큰 성공을 거두고 있습니다. 일 년 동안의 치료로 모두 상처가 호전되었고, 더 나빠진 예는 없습니다. 우리는 처음부터 세심하게 기록을 하여 육 개월 동안 치료받지 않은 상태와 비교하였습니다. 이제 다시 치료를 시작하였고, 시간이 지나면 온전히 치료될 것을 희망하고 있습니다. 일 년 전에 필리핀의 한 섬에 모여 사는 나환자들이 미국 정부의 같은 치료법으로 치료받아 200명 이상이 섬을 나갔다고 합니다.

---

16)　미감아의 집(Home for Healthy Children of Lepers)은 나병에 감염되지 않은 자녀를 위한 집이다.

(노블, 헬렌, 캐시, 메리 맥켄지, 1917)

셋째 딸이 태어났다는 소식을 여러분은 곧 들을 것입니다. 루시 조지아가 1918년 10월 11일 출생하였습니다. 루시는 그녀의 외할머니 이름에 따왔고, 조지아는 맥켄지 부인의 남동생 조지에서 왔습니다. 그는 안잭(ANZAC)[17]으로 자신의 생명을 나라를 위하여 바쳤습니다. 우리는 모두 잘 있으며, 맥켄지 부인과 나는 여러분 모두에게 안부를 전합니다. 여러분의 선교사 노블 맥켄지.

12월 9일. 부산진.
['더 크로니클', 1919년 3월 1일, 4]

27. 유아와 성인 세례

현재 나는 39개 교회를 책임진 목사라 할 일이 많다는 것을 여러분은 이해할 것이다. 나는 자주 주중이나 주일에 집을 비우는데 그 교회에 가서 설교하고, 가르치고, 세례주고, 성찬식을 인도한다. 세례의 대상은 때로 영아도 있지만, 대부분 성인 남녀이다. 사도 시대에 행했던 것처럼 말이다. 여러분은 모두 유아세례를 받았지만, 이곳 사람들은 우리 선교사들이 들어올 때까지 예수를

---

17) 호주와 뉴질랜드 연합군(Australian and New Zealand Army Corps)

몰랐다. 이들이 옛 방식을 버리고, 우상을 멀리하고, 공중 앞에 신앙을 고백하면 나는 아버지와 아들과 성령의 이름으로 물세례를 준다.

두세 주 전 주일, 한 교회에서 17명에게 세례 주었다. 나환자요양원의 교회이다. 교인 모두 나환자들이다. 165명의 교인이 각각 다른 단계의 나병을 앓고 있다. 어떤 이는 손가락과 발가락이 없고, 어떤 이는 몸에는 고름이 나고, 어떤 이는 온몸에 감각이 없고, 어떤 이는 눈이 거의 보이지 않는다. 그러나 이들 모두 기독교인이고 자신들이 죽으면 그리스도와 함께한다고 믿는다. 오히려 나병이 있기에 고통받는 자들의 친구 예수를 알았다고 감사하기도 한다. 여러분이 생각하기보다 이들은 행복하다. 약 100명이 이제 교회의 정회원이다.

현재 나는 미감아를 위한 집을 손보고 있다. 이 아이들이 자신의 나환자 부모와 함께 살면 병이 옮는다. 몇 주 안에 이들이 살 수 있는 집을 개소하기 희망하고 있다. 다음 편지에 그 아이들에 관하여 말해 주겠다.

여러분이 보내준 침대보, 장갑, 양말, 목도리, 가방, 비누, 바셀린 등 감사하다. 나환자와 그들의 아이들을 위하여 사용하겠다. 선물을 받고 기뻐하는 모습을 여러분이 보았으면 좋겠다. 수천 마일 거리의 교인들이 선물을 보냈다는 사실에 이들은 놀라워한다. 여러분도 예수를 사랑하고 그를 기쁘게 하기 위해서라는 것을 짐작할 뿐이다. 이곳의 모든 가족이 여러분께 안부를 보낸다. 여러분의 선교사 노블 맥켄지.

('더 크로니클', 1919년 8월 1일, 8-9)

28. 재정 부담

봉급 인상과 환율 비용으로 인한 재정적 부담을 해외선교위원회가 짊어지고 있다. 그러므로 미션밴드위원회는 맥켄지 씨의 봉급과 관계되는 추가 비용을 모두 책임 맡기로 하였다. 이 목적으로 작년에 지급된 비용은 265파운드이며, 올해는 465파운드가 필요하다.

('더 크로니클', 1920년 5월 1일, 2)

29. 세상에서 제일 좋은 일

오랫동안 편지를 쓰지 못하여 미안하다. 그동안 매우 바빴다. 나는 40개의 교회를 돌보며, 나환자요양원과 미감아 아이들을 책임 맡고 있다. 거기에 더하여 다른 일들도 적지 않다. 나는 때로 몸이 피곤하지만, 내 일에 피곤함은 절대 느끼지 않는다. 나는 26년째 선교사를 하고 있다. 지난 11년 동안 미션 밴드는 나와 가족에게 잘하였다. 여러분은 기금을 모아 우리에게 보내 훌륭하게 지원하였고, 특히 우리를 위하여 기도해 왔다. 주님은 여러분의 기도를 들어주셨다. 주님은 우리에게 항상 힘을 주고 계시다.

여러분 중에서도 나중에 선교사로 자원하기를 바란다. 내 오랜 경험에 비추어 보면 세상에서 가장 좋은 일이다. 예수의 이름을 들어보지 못한 사람들에게 전도하고, 그들이 주님을 따르는 모습을 보는 것은 큰 즐거움이다. 나환자를 돌보는 사역은 괴롭다고 생각할지 모르나, 여기에도 기쁨이 있다. 이들의 안타까운 상처와 가난을 보면 고통스럽지만, 점차로 건강해지며 깨끗한 모습을 보는 것은 큰 기쁨이다. 우리가 시행하는 치료로 병이 호전된 환자가 많다.

이 편지를 쓰는 동안에도 한 여성이 50마일을 와 치료해 주어서 감사하다고 인사하였다. 이 여성은 우리 요양원에 와 예수도 영접하였고 내가 2년 전에 세례도 주었다. 감각이 없던 이 여성의 몸이 지금은 감각이 되돌아 왔고, 구부러진 손가락도 펴졌다. 그녀는 일 년 전 우리를 떠났는데 지금 약이 다 떨어져 한 병만 더 요청하였다. 이틀 전에는 한 남성을 다른 요양원에 보내 목수의 일을 배우게 하였다. 그는 지금 나병의 흔적이 거의 없고 건강하여 목수로 일할 수 있다. 조금만 더 치료를 받으면 다 나을 사람이다.

지난주 나는 시골의 교회를 방문하였다. 일주일 동안 11명의 성인과 부모가 수세자인 11명의 아이에게 세례를 주었다. 다른 15명의 명단도 적었는데 이들도 세례받고 섬기는 일을 하기 원하고 있다. 이 기간 나는 전체 150마일을 순회하였다. 지난주일 오후에는 90명의 소년과 소녀가 주중 야학 반에서 공부하는 곳을 들렸다. 한 한국인 여성이 교사인데 봉급은 어떤 여전도회에서 받고 있다. 그곳에서 두 명의 남성과 한 명의 여성에게 세례를 주었는데 처음으로 예배 모임이 생긴 것이다. 이들은 그 여성 교사를 지원하며 전도하고 있다.

부산진에서는 이번 주 매일 집회가 있다. 매일 새벽 5시 부흥을 기도하는 교인들로 교회당이 찬다. 오전과 오후 그리고 저녁에도 집회가 있다. 이번 부흥회를 통하여 많은 사람이 전도될 것을 기대한다.

(요양원 입소를 기다리는 아이들, 1920년경)

맥켄지 부인과 넬리, 캐시 그리고 루시 다 잘 있다. 우리 모두 한국에서 예수를 위한 활동을 할 수 있도록 훌륭히 지원하는 미션 밴드 여러분에게 감사한다.

5월 19일. 부산진.
('더 크로니클', 1920년 8월 2일, 13)

30. 봉급을 위한 후원금

한국의 노블 맥켄지 봉급을 위한 후원금: 에센돈 1파운드 10, 케인즈 메모리얼 50파운드, 아라랏 10, 위클리프 7파운드 7, 머디 크릭 12파운드 10, 에베네저(발라렛) 5파운드.

('더 크로니클', 1921년 10월 2일, 8)

31. 책임 범위

노블 맥켄지 목사: 부동 동래, 기장과 울산 지역(25개 교회), 부산시 교회 중 한 곳 동역 목사, 기장교회 담임, 남성성경학원 책임자, 나환자요양원과 미감아 어린이집 감독, 부산선교부 서기.

('더 크로니클', 1921년 11월, 1)

32. 내리교회 설립

동년[18]에 동래군 월면 내리교회가 설립하다. 선교사 매견시의 전도로 박기선이 신종하고 전도하여 신자 연차 증가하더니 우동전도회에서 파송한 전도인 황보흠이 전도하여 시년 동에 교회를 설립하니 목사 임성옥이 시무하였다.

('조선예수교장로회 사기(하)', 250)

---

18) 1922년

33. 새 한국의 모습

젊은 친구들에게.

올해의 연례 회의를 즈음하여 여러분의 선교사와 그의 가족이 여러분에게 사랑의 인사를 전한다. 지난 13년 동안 미션 밴드는 우리를 훌륭하게 후원하였으며, 우리가 이곳에 살며 한국인들에게 예수님과 그의 사랑을 전하게 할 수 있게 하여 다시 한번 감사한다.

지난 13년 동안 우리는 이곳에서 발생하는 큰 변화를 보았다. 외부 사람을 거부하는 은둔의 나라에서 벗어나 세계로 나가는 큰 통로 중 하나가 되었고, 우리가 사는 부산이 그 입구가 되었다. 이 편지를 쓰는 내 책상에서 매일 큰 증기선 두 척이 들어오고 나가는 것이 보인다. 그뿐만 아니라 빅토리아에 있는 것과 같은 급행열차가 하루 세 번 우리 집 앞을 지나다닌다. 이 기차는 시베리아를 횡단하여 유럽까지 간다. 몇 분마다 오가는 전차도 우리 집에서 멀지 않은 곳에 있다. 이것들이 새 한국에 속한 것들이다. (중략)

(맥켄지 부부 여권, 1917)

변화는 물질에서만 나타나는 것이 아니라 한국인들의 마음과 정신에도 드러난다. 오랫동안 이들은 악령과 씨름하며 악령의 미움을 받지 않기 위하여 음식과 음료를 바쳐왔다. 하나님만이 하늘과 땅을 다스리시는 사랑의 아버지이고, 자녀에게 해를 주지 않는다는 사실을 모른 체 말이다. 이제 많은 사람이 악령을 섬기는 것은 잘못된 일이라는 것을 깨닫고 예수님을 사랑하며 신실하게 섬기고 있다.

이 항구 주변에만 6개의 교회당이 있고, 그중 하나는 특별히 좋은 벽돌 건물로 시내 중심의 높은 곳에 자리 잡고 있다. 항구에 들어서는 배에서 보면 이 건물을 놓칠 수 없고, 이 땅에 기독교가 있다는 사실을 알 수 있다.

최근 우리는 통영의 한 섬에서 휴가를 보냈다. 옛 한국의 모습을 볼 수 있는 곳이다. 철갑선을 처음 발명한 한 장군을 기념하기 위하여 300년 전에 세워진 집인데, 그가 일본군과 싸워 그들을 물리쳤다. 영국이 침략하는 스페인 함대를 물리친 시기와 비슷하다. 한국인들은 그 장군을 물론 존경하며 최근 그 기념관을 수리하여 일 년에 두 번 추모 행사를 연다. 그곳에서 머물 수 있도록 왓슨이 허락을 받아 왓슨 가족, 커닝햄 가족 그리고 맥켄지 가족이 두 주간의 여유로운 휴가를 보냈다. (중략)

당시는 일본군을 물리쳤지만, 지금 한국은 일본에 병합되어 있다. 한국 군대는 이제 없고 일본 군대는 많다. 지난번 부산에 입항한 일본 함대는 세계에서 제일 막강한 함대 중의 하나로 잠수함과 해양전투기가 동행하였었다. 한국인들은 그러나 지금 군대도 없고 함대도 없지만, 사탄과 밤낮으로 싸우는 주님의 강한 군대와 병기가 있다. 한국인 일꾼들이 전방에서 싸우고, 우리 선교사들은 후방에서 그들을 가르치며 훈련하며 지원하고 있다.

여러분의 미션 밴드는 그중에서도 매우 중요한 역할을 하고 있다. 여러분이 그곳에서 탄약을 만들어 보내주고 있기 때문이다. 그것 없이는 싸울 수 없다. 우리는 하나님 편에 있으므로 마침내 승리할 것이다. 최선을 다하여 계속하여 우리를 지원해 달라. 여러분의 선교사 노블 맥켄지.

9월 5일. 부산진.
('더 크로니클', 1923년 2월 1일, 6-7)

34. 호주 법인 설립

맥켄지 씨가 우리 선교회 재산 등록을 위한 법인 설립에 관하여 보고하다. 보고서를 받고 다음의 7명을 법인 매니저로 추천하다.

맥켄지 씨, 엥겔 박사, 매크레이 씨 – 1926년까지.
왓슨 씨, 알렌 씨 – 1925년까지.
맥라렌 씨, 라이트 씨 – 1924년까지.
승인되다.
선교사 공의회는 법인 설립을 위하여 수고한 노블 맥켄지 목사에게 감사하다.

부산 법원에 법인이 등록되었음을 라이트 목사가 보고하다.
부산진선교부 서기는 이 내용을 각 선교부에 알리고 각 선교부 재산을 법인으로 이관하는 절차를 밟도록 한다.

('더 레코드', 1923년 6월, 진주, 9 & 1925년 6월, 부산진, 16)

35. 믿음, 기름, 노동

(일하는 나환자 여성들, 1930년경)

'믿음', '기름', 그리고 '노동'[19] 이 세 가지는 나병 치료를 위해서 항상 함께 있어야 한다. 특히 치료 효과를 높이기 위해서 마지막 항목인 노동은 꼭 필요하다. 이렇게 우리 요양원은 열심히 일하는 근면의 벌통처럼 되었다. 이들은 모두 행복한 가족원으로 불구이든 소경이든 다 같이 '공동의 선'을 이루기 위해서 열심히 일한다. 요양원에서 실질적으로 필요한 일반적인 일은 가사일, 요리, 옷 제작과 수선, 세탁, 곡식과 채소 기르기 등이다. 이 모든 일이 간호 받아야 할 나환자의 손으로 이루어진다.

또한, 전문적인 목수가 하는 건축과 모든 종류의 수리를 우리 입주자 중의 기술자들이 하고, 그 기술을 동료들에게도 가르치며 기쁨으로 하고 있다.

('매견시 자서전', 99)

36. 나병원 지원금

두 주전 나는 '나환자선교회'의 포울러 박사와 함께 서울에 갔다. 나환자 정부 지원금을 위하여 총독과 면담하는 자리였다. 그는 한국의 세 개 선교 기관에 36,000엔이 할당되었다고 하였는데, 나환자 한 명 당 하루에 10엔꼴이다. 이것은 우리 요양원도 1000파운드 이상 받을 수 있다는 의미였다.

아비슨 박사와 나는 이 기회에 우리 선교부를 대신하여 우리 학교의 졸업생을 정부 학교 졸업생과 똑같이 인정해 주어 감사하다고 전하였다. 동시에 성경 과목을 커리큘럼에 포함하는 것을 승인해 주어 감사하였다. 새 총독 바론 사이토가 말하기를 이전의 법령은 선교사들과 대치되었지만, 지금은 협력적이라고 하였다. 정책의 변화를 공공연하게 말할 수 있어 참 다행이다. 어제 신문에는 아비슨 박사와 다른 선교사 두 명의 교육적 공헌이 특별히 인정되어 사이토 총독이 상을 주었다는 기사가 실렸다.

('더 크로니클', 1923년 8월 1일, 2)

---

19)   Faith, Oil and Work

37. 노블 맥[20]

('호주선교사 맥켄지의 발자취'[21], 283)

38. 존 머레이 여사관

발라렛에서 작고한 존 머레이 여사는 여러 나환자 선교회에 재정지원을 한 것으로 주목을 받았다. 그녀의 유언에 따라 그녀의 가족은 한국의 나환자 여성을 위한 집 건축에 큰돈을 희사하였다. 그녀의 유산은 노블 맥켄지에게 주어졌고, 그는 그 유산을 신실하게 집행하여 위 사진에서 보는 대로 훌륭한 건물을 건축하였다. 앞집에는 6개의 방과 부엌 그리고 뒤에 있는 집에는 4개의 방과 부엌이 있다. 약 100명 정도의 고난받는 여성이 부산에 세워진 이 건물에 거주할 수 있다.

위 사진이 촬영된 이후 앞마당에 세 번째 집이 세워졌고, 이제는 150명 이상의 여성을 수용할 수 있게 되었다. 머레이 여사는 1919년 2월 사망하여 발라렛에 묻혔다.

['더 메신저', 1925년 6월 12일, 242]

---
20) Noble Mac (지인들은 맥켄지를 노블 맥으로 불렀다.)
21) '호주선교사 맥켄지의 발자취', 헬렌 맥켄지 저, 김영동 역, 대한기독교서회, 2006.

(상애원 머레이 여사관, 1920년대 초)

39. 나환자 자녀들

미션 밴드 회원 여러분. 이 편지가 여러분에게 닿을 때 즈음 또 다른 해의 일이 시작될 것이다. 이제까지 여러분은 잘 해왔고, 새해에는 더 잘 할 것으로 확신한다. 여러분이 나이가 들수록 세상의 사람들을 어떻게 도와야 할지 더 잘 이해할 것이며, 여러분의 도움이 필요한 사람들을 돕는 것보다 더 큰 배움은 없을 것이다.

예수를 모르는 한국의 남녀와 소년 소녀는 여러분의 도움이 필요하며 우리는 할 수 있는 최대한 그들을 돕고 있다. 그러나 여러분이 우리를 지원하지 않으면 우리가 할 일이 별로 없다. 우리는 여러분에게 의지하고 있다는 사실을 기억해 달라.

그중에서도 가난한 나환자들이 우리와 여러분의 도움이 필요하다. 이곳의 겨울은 매우 추운데 땅이 서리와 눈으로 덮이면 많은 나환자가 우리 요양원에 와 입소시켜 달라고 애원한다. 그러면 이들을 돌려보내기가 매우 어렵다. 요양원 바닥에 단 한 칸의 공간이 없어도 말이다.

이 편지를 쓰는 와중에도 얼굴이 심히 망가진 여성 나환자 한 명이 요양원에 입소시켜 달라고 애원하고 있다. 그녀의 남편은 최근 사망하였고, 그녀는 갈

(미감아의 집, 1918)

곳이 없다. 그녀의 등에 아기가 매달려 있는데 그 아기는 아직 나병의 증세는 없다. 나는 그녀에게 말하기를 아기를 데리고 요양원에 갈 수 없다고 하였다. 그러나 그녀는 아기와 떨어질 수 없다고 하였다. 현재 미감아의 집에도 아이들이 꽉 차 있다. 나는 누가 아이를 돌보아 줄 수 있다면 그녀의 요양원 입소를 허락하겠다고 하였다. 만약 그녀가 아기를 맡아줄 누구를 찾지 못하고 돌아오더라도 우리는 어쩔 수 없이 그들을 받아야 할 것이다. "어린아이들을 용납하고 내게 오는 것을 금하지 말라." 예수님의 말씀이기 때문이다.

여러분이 보낸 미션 박스 속의 선물을 나환자들이 감사히 받았다. 호주라는 먼 나라 아동들이 이런 선물을 보내는 것을 이들은 처음에 이해하지 못했지만, 지금은 여러분이 예수님을 사랑하기 때문에 가난한 이웃을 사랑한다는 것을 배웠다. 여러분이 한국의 우리를 지원하므로 예수님을 대신하여 이들을 만지고 고친다는 것을 이들은 안다. 우리 요양원에 총명한 소년 소녀가 있는데 끔찍한 나병으로 고생한다. 그러나 지금 이들은 강하고 얼굴에 나병의 모습도 많이 사라졌다. 우리의 치료법 때문이다. 최소한 몇 사람은 곧 고향으로 돌아갈 수 있을 것이다.

우리는 이들을 위한 학교[22]도 운영하고 있다. 여러분이 공부하는 것처럼 이들도 매일 공부한다. 어떤 아이들은 어릴 때 부모에게서 병을 옮겨 받았고, 부모

---

22) 상애원의 명신학교는 주간과 야간반으로 운영되었다.

가 사망하므로 갈 곳이 없어졌다. 이들은 병이 치료되어도 갈 곳이 마땅치 않다. 병이 다시 돌을까 봐 사람들이 받아주지 않는다. 그렇다고 요양원에 남아서도 안 된다. 정부 학교가 이제 미감아들을 받아주기 시작하였다. 처음에는 이들이 학교에 가도 누가 옆에 앉지를 않았다. 나균이 옮을까 두렵기 때문이다.

미감아 아이 중 한 소년은 열쇠공이 되었고 지금은 그 수입으로 자신의 음식과 옷을 해결한다. 한번은 그가 일을 잘못하여 주인이 심하게 꾸짖었고 그는 우리 요양원으로 도망 왔다. 주인은 그 소년의 가치를 나중에 깨닫고 다시 와 달라고 소식을 보내왔다. 소년은 그곳에서 일을 계속하면서도 주일에는 다른 아이들과 함께 우리 교회와 주일학교에 온다.

넬리와 캐시는 400마일 떨어진 평양의 외국인학교에 가 있다. 루시와 실라는 집에 있는데 맥켄지 부인이 시간 날 때마다 가르친다. 집에서 영어만 쓰는데도 한국 아이들과 놀면서 한국어를 금방 배웠다. 여러분 모두에게 우리 가족이 사랑과 감사를 보낸다.

2월 10일. 부산진.
('더 크로니클', 1926년 5월 1일, 11)

40. 호주와의 차이점

친애하는 후원자 여러분. 미션 밴드의 또 다른 한 해를 생각하며 우리가 한국에서 하는 일에 관하여 나누기를 원한다. 우리의 일이 곧 여러분의 일이기 때문에 우리에 관한 여러분의 관심이 지속하기를 희망한다.

이곳의 환경은 빅토리아의 그것과 매우 다르다. 그곳은 지금 매우 덥겠지만 여기는 매우 춥다. 어제 우리 목욕탕 양동이의 물이 얼었는데 9인치나 되게 두꺼웠다. 침실의 물병도 간밤에 얼었다. 밖의 웅덩이와 호수가 어는 것은 물론 항구의 가장자리에도 얼음이 보인다. 이제 봄이 오면 그곳은 가을이 될 것이다. 여기가 여름이면 그곳은 겨울이 될 것이다. (중략)

한국의 관습 또한 빅토리아 여러분의 것과는 매우 다르다. 교회당 안에서 모자를 벗지 않고, 의자 대신에 바닥에 앉는다. 여성들은 모자를 쓰지 않고, 남성과 떨어져 교회당에 앉는다. 장례식 때는 검은 옷 대신에 하얀 옷을 입는다. 밭을 갈 때나 짐 마차를 끌 때 말 대신에 소나 황소를 사용한다. 말은 사람이 탈 때 사용하는데 말고삐는 타는 사람이 쥐는 것이 아니라, 말을 끄는 사람이 통제한다. (중략)

우리 요양원에 자리가 없어 입소하지 못하는 가난한 나환자들은 현재 얼음과 눈 위에서 괴로운 시간을 보내고 있다. 우리는 재정 지원을 받아 그들을 위한 집을 더 짓기를 원한다. 나의 휴가 기간에 어떤 사람이 나환자를 위한 새 교회당 건물 비용을 후원하였었다. 이제 교회당이 완공되었다. 나의 감독하에 나환자들이 직접 교회당을 지어 자랑스럽다. 헌당식에 총독과 시장이 참석하였으며 많은 사람이 와 나환자들에 관하여 관심을 가졌다. 선교사들이 처음으로 자신들에게 가난한 사람을 돌보라고 가르쳤고, 이제 그들은 우리를 도와 그들을 돌보고 있다.

맥켄지 부인, 넬리, 캐시, 루시, 실라가 친애하는 미션 밴드 여러분에게 사랑을 보낸다. 여러분들의 선교사 노블 맥켄지.

2월 3일, 부산진.
('더 크로니클', 1927년 5월 2일, 8-9)

41. 1926년 요양원 보고서

우리 요양원에 지금 450명의 남녀 입소자가 있다. 경상남도에는 일반 공동체를 위하여 구별되어 치료를 받아야 할 나환자가 7,000명 정도 있다. 이 일이 우선적으로 정부의 책임인 것을 우리는 안다. 그래서 정부는 우리가 하는 일에 매우 감사하고 있다. 지난 4~5년 정부가 우리의 활동을 도왔지만, 동시에 우리는 500명 이상의 나환자를 자리가 없어 돌려보내야 하였다. 입소를 원하는 세 명 중 한 명만 우리가 받는 셈이다. 경찰 위생과는 시내에서 어슬렁거리는 나환자의 수가 증가하는 것에 긴장하고 있다. 때로 그들은 거리의 나환자를 우리에게 인계하기도 한다.

지난해 요양원의 나환자 25명이 사망하였다. 대부분 말기의 환자들이었다.

거의 완쾌되어 요양원을 나간 사람은 44명이다. 대부분 자발적으로 나갔다. 몇 명은 규정을 지키지 않아 퇴소시켰다. 그러나 그들 중 절박한 경우는 없었다. 완치되어 사회로 나간 사람들 대부분 생활을 이어가기 어렵다. 사회적인 편견과 두려움 때문이다.

내가 휴가 중에 있을 때 새 교회당을 위하여 600파운드를 모금하였다. 또한, 100파운드 후원도 있었는데 이 돈으로는 구 예배당을 개조하여 더 많은 나환자를 수용하기 위한 방으로 개조하였다. 교회당은 나환자들이 벽돌을 쌓아 올렸는데 550명 정도 들어갈 수 있는 공간이다. 지붕도 없었고 안에는 나무에 석고 작업도 되었다. 동시에 화장장도 세우고 있다. 나환자 기술자를 격려하기 위하여 하루 노동에 3.5다임을 주고, 일반 노동자에게는 2.5다임을 준다. 매달 생필품 구매를 위하여 나환자 한 명 한 명에게 7다임의 수당을 준다. 그 돈으로 그들은 원하는 음식과 쌀, 소금 등을 산다. 활동할 수 없는 환자들에게는 조금 더 지원한다.

나환자 기독교인들은 자신을 구원한 복음을 전하기에 열정적이다. 나환자 전도단은 요양원 밖으로 나가 전도하게 해 달라고 몇 번 요청하였었다. 작년 내가 휴가 중에 있을 때 자신들의 전도사를 임명해 전도하겠다고 하였다. 이들은 자신의 수당을 아껴 모아 매달 3파운드로 일반 전도사를 청하였다. 그러나 이들은 그 전도사의 활동에 만족하지 못하였다. 전도사가 20명의 신자를 모아 예배 모임을 시작하였는데도 말이다. 석 달 전 우리의 성경학원 학생 한 명[23]이 요양원에서 나환자 성경반을 인도할 수 있게 해 달라고 요청하였다. 결과는 매우 좋았다. 우리가 그를 자신들을 대신하여 활동할 전도사로 제안하자 크게 기뻐하였다. 나환자 전도단이 기도와 재정으로 그를 지원하고 있어 좋은 결과가 있을 것이다.

내가 돌보는 13개의 지역교회 중에 요양원의 교회처럼 영적으로 살아있는 교회는 없다. 또한, 세례문답 시험에서 나환자처럼 만족하게 대답하는 교인도 없다. 그러므로 나의 휴가 동안 내 자리를 대신하였던 앤더슨 씨의 말을 나도 반복한다. "내가 나환자들을 위하여 한 것보다 그들이 나에게 한 것이 더 많다."

삼 주 전 나는 49명의 나환자에게 세례를 주었다. 중국에서 온 침례교 선교사가 세례식을 도와 좋았다. 그는 유익한 설교를 하였고, 내가 통역하였다. 두 주

---

23) 1926년 경남성경학원에 입학하여 상애원교회에서 외지 전도사로 일하였던 손양원 전도사로 보인다.

전에는 180명이 성찬식에 참여하여 주님의 사랑의 죽음을 기억하였다. 알렉산더 양[24]이 한 해 동안 여성 나환자들을 위하여 일을 많이 하였다. 매주 주일학교 교사반을 인도하였고, 시간 될 때마다 주일 성경반을 인도하였다.

('더 크로니클', 1927년 5월 2일, 13-14)

42. 친한 친구 손양원

복음 전도인 손 씨에 의하여 정말 놀라운 일이 성취되었다. 그가 전도한 지역에서 세 개의 교회가 새로 설립되었다. 그는 우리 나환자교회 교인들에 의하여 외지 전도자로 마지막으로 고용된 사람이다. 그는 후에 신학대학에서 공부하여 목사 안수를 받았다. 순천 지역의 선교사 윌슨 박사에 의하면 그는 그곳에 설립된 큰 나환자교회의 담임목사가 되었다. 그는 나와 개인적으로 친한 친구이며 가장 열정적이고 성공한 전도자였으며 두 아들은 고등학생이었다.

('매견시 자서전', 129)

43. 가족의 근황

미션 밴드 회원 여러분. 여러분의 연례 대회에 우리 가족도 함께할 수 있다면 얼마나 좋겠는가. 여러분도 우리를 보고 우리도 여러분을 만나고 말이다. 특히 지난 멜버른 휴가 이후 새 회원이 된 여러분이 궁금하다. 비록 우리가 멀리 떨어져 있지만, 여러분은 우리를 계속하여 훌륭하게 돕고 있다. 어른들은 자신의 선교사 지원금을 미루기도 하지만, 미션 밴드 여러분은 지난 18년 동안 한 번도 그런 적이 없다. 우리를 위한 기도도 중단하지 않았기에 하나님은 여러분

---

24) 마가렛 알렉산더(안진주 선교사)

과 우리의 기도를 들어주셨다.

우리가 무엇을 하고 있는지 소개하겠다. 실라는 한국 아이들이 가는 유치원을 다니며 그들과 노래와 놀이를 하고 있다. 한국어를 사용하지만 때로 자기만의 영어를 쓸 때도 있다. 루시는 집에서 엄마에게 교육을 받고 있다. 캐시와 넬리는 400마일 떨어진 북쪽의 선교사 자녀 학교에 다니고 있다. 맥켄지 부인은 유치원과 여학교 기숙사 그리고 미감아의 집을 담당하고 있다.

나는 500명 정도의 나환자가 있는 요양원을 맡고 있다. 그들의 음식, 의복, 약품 등도 구매한다. 나는 이 지역의 13개 교회 목사이기도 하며, 선교 행정과 다른 선교사들의 재정 필요를 돌보기도 한다. 여러분의 지원으로 이러한 모든 일을 우리가 할 수 있다. 우리가 미션 밴드의 선교사임이 매우 자랑스럽다. 성공적인 연례 대회가 되기를 희망한다. 여러분의 선교사 노블 맥켄지.

8월 29일. 부산진.
('더 크로니클', 1927년 11월 1일, 21)

44. 가짜 약

어떤 나환자는 새로운 치료 약이나 치료법이 나왔다는 소문을 들으면 언제든지 실험해보는 것을 서슴지 않는다. 어떤 경우에는 그 실험의 결과가 너무 위험하게 나타난다. 이들은 그 '확실한 약'을 시장 통의 나이 많은 한의사를 통해서 구한다.

나는 그들의 그런 요구를 거절할 뿐만 아니라 엉터리 약을 사용하는 것은 물론 그것을 가지고 있는 것도 금지했다. 그런 가짜 약을 먹고 요양원에서 죽어가는 사람을 목격한 경험이 있기 때문이다. 그런데도 13명이 가짜 약을 구입하였다. 나는 그 사실에 대해서 모르고 있었는데 환자를 돌보고 있던 일꾼이 우리 집으로 급하게 뛰어와 알렸다. 2명의 환자는 벌써 죽었고 나머지 11명의 환자도 죽어가고 있다는 것이었다.

나는 즉각 해독제를 처방하여 11명의 생명을 구할 수 있었다. 그들을 심하게 꾸중하였으나 그들은 자신들의 돈으로 샀으니 자신들이 보관하게 해 달라고 간청하였다. 다음부터는 조심해서 사용하겠다고 하나 말할 필요도 없이 그 요구를 거절하였다. 그 독약을 우리 집 정원에 깊이 묻어버림으로써 다시는 해악을 끼칠 수 없게 하였다.

('매견시 자서전', 36)

45. 목사님, 살려주세요

선교회의 사역에 나의 공헌은 매우 다양한 성격을 지닌다. 평소라면 500명이 있는 요양원의 일만도 한 사람이 온전히 해야 할 것이다. 그러나 직원의 수가 적어 두세 명이 할 일을 한 사람이 감당하고 있다.

(나환자요양원 입소자들, 1928)

동료 선교사와도 만나고 우리의 동역자인 한국인 목사와 조사들과도 상의하며 일해야 한다. 우리는 항상 선교 활동의 영적인 면을 강조하면서, 동시에 활동과 관계되는 여러 세상적인 일도 처리해야 한다. 선교 활동이 원활히 돌아가도록 하며, 재정의 수입과 지출 그리고 그 기록도 정확하게 해야 한다. 인간적인 친절함과 도움도 나누어야 하는데 이것 없이 사역이 원활히 돌아갈 수 없다.

나환자와의 상담은 문밖에서만 한다. 그곳에는 잔디가 자라지 못하고 있는

(입소를 기다리는 나환자들, 1920년대)

데 매일 나환자들이 그곳에 앉아 우는 소리로 선교사를 부른다. "목사님, 살려주세요." "목사님, 자비를 베푸세요." 입소를 원하면 자리가 날 때까지 문밖에서 기다려야 하는 규정을 내가 수차례 말해도 잘 안된다. 열 명 중의 아홉은 돌려보내야 하는데 요양원이 이미 만원이기 때문이다. 그런데도 그들은 나의 마음을 돌리려고 애처롭게 부르짖는다.

내가 돌보는 13개 교회는 대부분 바닷가와 가깝게 있어 선교 모터보트를 타고 그곳을 방문한다. 이 방문이 나에게는 휴식이기도 한데 어떤 교회는 매우 작고, 어떤 교회는 작은 마을에 있어 성장이 어렵다. 성장하는 조직된 교회도 물론 있고, 새 신자가 계속 들어오는 교회도 있다. 작년에 개척된 한 교회는 우리 선교부 전도사가 시작하였는데 이제 새 예배당을 짓고 7명이 세례를 받았다.

또 다른 교회는 노회의 전도사가 시작하였다. 지금은 집을 빌려 예배하고 있지만, 곧 자신들의 예배당을 가질 계획이다. 40명 정도의 교인이 있는데 항구에 있는 교회라 성장할 가능성이 크다. 130명 정도의 나환자가 있는 한 마을에도 예배당이 생겼다. 우리 요양원에서 치료를 받고 나간 사람들이 대부분인 마을인데 이곳에 작은 교회가 시작되었다. 이 교회에 39명의 수세자 중 대부분이 우리 요양원에서 세례를 받았다. 이제 나는 15개의 교회를 돌보게 되었고, 전체 400명 정도의 수세자가 있다.

('더 크로니클', 1928년 5월 1일, 18-19)

46. 낡은 천이 필요함

지난 4월과 5월에 부산진의 맥켄지 목사는 쓰던 옥양목[25]이 든 80개의 상자를 받았다. 그는 보내 준 모든 회원에게 감사의 편지를 쓰기 원하지만, 시간상 그렇게 하지 못하고 있다고 한다. 그는 다음과 같이 썼다.

"이런 옥양목이 더 필요하다는 것을 그곳 회원들에게 알려 주세요. 이것으로 매일 상처를 싸매야 합니다."

그는 또한 모든 종류의 옷이 필요하다. 현대 여성 스타일의 드레스만 제외하고 말이다. 내의도 많이 필요하다고 한다.

['더 크로니클', 1928년 8월 1일, 3)

47. 문둥이 뱃사공

약속한 시간인 오후 한 시에 약속한 장소인 부산진 부두로 갔을 때 세 명의 나병자가 사공이 되어 조그만 목선을 매고 구주 재림을 기다리듯이 매 씨 오기를 기다리고 있다. 그중의 한 사람을 향하여 병원에 입원한 후 병이 좀 낫는가 물으니 "하나님 은혜 많이 받았소." 한다. 그들이 독신자가 되었다는 것은 넉넉히 짐작할 수 있다.

이윽고 매 씨가 왔음으로 다섯 사람의 몸을 실은 배는 부산대안의 뾰족뾰족한 집들이 있는 라병원을 향하여 부산진을 떠났다.

"배 떠나간다 배 떠나간다.

멸망포에서 에헤 배 떠나간다.

우리 구주 사공이 되어

달 아래에 노래하고

배 위 밑에 뜀뛴다."

---

25)　나병 상처와 외상을 감쌀 수 있는 낡은 천

달 밝고 고요한 밤 물결이 잔잔할 때 문둥처녀가 삼삼오오 바닷가에 나와 월광곡을 불러서 듣는 사람의 마음을 산란케 한다는 곳이 이곳인가 하였다. 배가 닿기 전부터 양복을 입은 청년 몇 사람과 조선 옷을 입은 중년 신사가 나와서 반갑게 맞아주는데 놀라지 말아라. 모두 다 문둥이다. 산 언덕에 모여 앉아 찬송가를 노래하고 젊은이와 바윗돌에 둘러앉아 '때기'를 치는 어린이가 모두 다 이 불행한 동포들이다.

우리 일행이 배에서 내려 병원으로 들어가려 할 때 이십여 세나 되어 보이는 젊은 부인과 십사 오세나 되는 소녀가 길가에서 기다리다 매 씨를 향하여 입원을 간청한다. 밀양에 사는 여자들로서 불행이 병이 들어 이 병원까지 찾아 왔다가 병원이 만원이라는 거절을 듣자 병들은 얼굴을 하고 흘러내리는 두 줄기 눈물이 끝없이 애원하였다.

('조선일보', 1929년 11월 12일, 3)

48. 황제의 훈장

친애하는 후원자 여러분. 뮤어 여사께서 축하의 글을 보내주어서 감사하다. 이번 일본 황제의 취임식 때 그는 나에게 블루 리본 훈장을 수여하였다. 그러나 나는 이 영광을 미션 밴드의 여러 후원자께 돌린다. 여러분은 지난 20년 동안 훌륭하게 나를 지원하였다. 나환자를 돕도록 여러분이 지원하여 내가 일을 할 수 있었고, 그래서 이 메달을 받았기 때문이다.

여러분에게 좀 더 자주 소식을 전해야 하지만 여러분은 상관없이 여러분의 선교사에게 오랫동안 충실했다. 동시에 내가 잊지 않는 것은 여러분의 지도자들이 우리 선교사가 무슨 일을 하는지 여러분에게 열정적으로 알려준다는 사실이다.

몇 명의 나병 전문가와 나는 한국의 나병 치료소를 방문하며 다녔다. 모두 700마일을 다녔다. 오늘 밤 또 나는 밤 기차를 타고 서울에 가 그곳에 중국교회를 설립하는 것을 도울 것이다. 부산에도 중국인 목사가 있어 지난 일 년 동안 교회가 운영되고 있다. 우리는 그들이 한국에서 터전을 잡도록 도울 것이다.

(맥켄지 가족, 1930)

나는 누구보다도 이 일을 사랑한다. 내가 이 편지를 쓰는 동안에도 우리 집 문밖에 나환자 여성이 울부짖고 있다. "존경하는 목사님. 우리를 구해주세요." 우리 요양원에 수용할 수 있는 인원은 500명이다. 그런데 지금 521명이 있다. 매일 찾아와 간청하는 사람을 거절할 수 없는 마음이다. 주님께서 그들에게 충분한 음식을 주시기를 간구할 뿐이다.

여러분이 우리 가족도 지원하기에 가족에 관하여도 소식을 알린다. 맥켄지 부인은 나의 일 대부분을 돕고 있지만, 특별히 미감아 어린이집을 책임 맡고 있다. 그곳의 가장 나이 많은 소녀가 며칠 후 철도 일을 하는 한 남성과 결혼한다. 그녀와 그녀의 모친은 결혼식 예복 준비로 지금 바쁘다.

큰딸 넬리는 평양의 학교 2학년이다. 캐시는 9월에 고등학교에 들어간다. 10살인 루시는 보통학교에서 공부를 잘하는데 모든 과목에서 우등을 받았다. 6살인 실라는 가정에서 엄마에게 수업을 받고 있다. 자기의 한국인 친구에게는 한국말을 하고 우리에게는 영어를 한다. 여러분의 후원에 우리는 모두 감사한다. 여러분의 선교사 노블 맥켄지.

('더 크로니클', 1929년 8월 1일, 7-8)

49. 일본의 선교 활동

올해 나는 한국개신교선교회 대표로 일본 가루이자와에서 개최된 일본개신교선교회 총회에 참석하는 영광을 가졌다. 일본의 선교사들이 우리 한국선교 활동에 큰 관심을 보여 기뻤고, 우리가 한국에서 활동할 수 있는 것이 일본 선교사들의 노력 덕분이었다는 것을 깨닫게 되었다. 일본 지도자들에게 끼치는 그들의 오랜 복음 전파 영향이 조선에까지 미치고 있다.

지금 일본의 문명 대부분이 서양 기독교 국가를 모델로 하고 있는바 국가 지도자들이 선교사의 도움을 받아 이룬 것이다. 지도자 중에 주님을 따르는 기독교인도 있고, 기독교의 실제는 받아들이면서 고백하지 않는 사람도 있는데 이 모든 것이 일본과 한국에 복음을 전하는데 선하게 작용을 하고 있다.

('더 크로니클', 1930년 1월 1일, 16-17)

50. 부산 나병원 기념비[26]

"대영나병자구료회기념비"

(1930년 5월)

---

26) 오벨리스크 모양의 화강암 비석으로 2020년 국가등록문화제 제781호로 지정되었다.

51. 두 개의 교회

친애하는 미션 밴드 회원여러분께. 여러분에게 한동안 편지를 쓰지 못하였다. 많은 일로 인하여 편지를 쓰는 것이 미루어졌다. 여러분은 한국에서 내가 일하도록 돈을 보내는 것을 한 번도 미루지 않았다. 여러분은 나와 내 가족을 벌써 20년 넘게 지원하고 있다. 한 번도 여러분은 우리를 실망하게 한 적이 없다. 재정적으로나 기도로 말이다. 여러분의 기도로 이 오랜 세월 하나님이 우리와 함께하신 것을 우리는 잘 안다.

나는 이제 여러분처럼 젊지 않다. 그래서 나의 동료가 그동안 내가 책임 맡았던 시골의 교회들을 물려받아 돌보고 있다. 이제 나는 두 교회만 돌보고 있는데 둘 다 나환자교회이다. 하나는 540명이 있는 요양원 교회이고, 다른 하나는 200명 정도가 있는 나환자 마을의 교회이다. 이 교회는 2마일 정도 떨어져 있는데, 대부분 우리 요양원에서 치료받고 나간 사람들이다. 이들은 이제 도움이 필요하지 않고 자급할 수 있다.

이들을 위하여 다양한 성탄 선물을 보내주어 감사하다. 맥켄지 부인과 도와주는 사람들이 두 주에 걸쳐 선물을 구별하고 개별 포장하였다. 그리고 아이들과 성인 남녀의 이름을 일일이 선물 위에 다 적어 놓았다.

선교사 몇 명이 우리 요양원 교회 성탄 예배에 참석하였다. 예배 후에 나환자들은 주님의 재림에 관한 긴 성경 구절을 한목소리로 암송하였다. 그리고 존 데이비스 목사가 축음기를 틀어주었는데 '할렐루야 합창'도 포함되었고, 특히 녹음된 호주의 새 소리를 들려주었다. 교인들이 매우 신기해 하였다. 마지막에는 준비한 선물을 나누어 주었다. 나환자 마을 교회에서도 성탄 예배가 있었다. 맥켄지 부인과 내가 가서 인도하였고, 240여 개의 선물을 나누어 주었다. 그들은 매우 감사하였다.

성탄 예배가 한 번 더 있었다. 미감아 아이들을 위한 예배였다. 이들은 나환자 부모를 두었지만, 그 병에서 자유로운 아이들이다. 호주에서 이 아이들도 지원하고 있다. 이 아이들을 위하여 우리 집에 성탄 트리를 세웠고, 아이들과 함께 식사하며 놀았다. 아이들은 마음껏 케이크를 먹었다. 그리고 성탄 트리 아래 있는 선물을 나누었다.

(나환자요양원 21주년 기념, 1930)

(맥켄지 부부와 아이들, 1930)

내년에 호주 가는 것을 기대하고 있다. 여러분 모두 만나 각자에게 감사를 전하기 원한다. 여러분의 선교사 노블 맥켄지.

2월 10일. 부산진.
('더 크로니클', 1930년 5월 1일, 4)

52. 의료행위를 허가하다

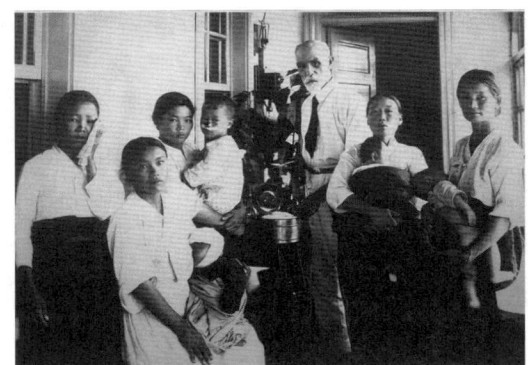

(맥켄지의 베란다 진료, 1930년대)

그 후로 나병의 신고는 의무적인 것이 되었다. 우리의 나환자요양원이 정식 병원으로 등록되어야 하고 유행성 질병의 환자는 엄격하게 격리되어야 하는 규칙이 지켜져야 했다.

나환자요양원의 총책임자로서 나는 직무를 수행하는데 어려움은 없었다. 정부가 나에게 요양원을 찾아오는 가난한 환자를 치료할 수 의료행위를 허가[27]하였기 때문이다. 그러나 이것은 지방 면허이기 때문에 타지방에서는 의사의 명칭을 사용할 수 없었다.

('James Noble Mackenzie, missionary to the New Hebrides and Korea : an autobiography', 44)

---

27)　Licence to practice Medicine

53. 매견시 기념비를 세우다

"부산 나병원 관리자 매견시 기념비"[28]

[부산진, 1930년 6월 11일]

54. 20주년 기념

부산 나병원 관리자 매견시 씨의 이십주년 기념식을 지난 11일 오후 4시 30분부터 부산진예배당에서 성대히 거행하였다고 한다.(부산)

['조선일보', 1930년 6월 15일, 6]

28) 맥켄지 한국선교 20주년을 맞아 나환자관리협회가 주도하여 현재의 부산시 동구 좌천동 정공단 옆에 세웠다.

55. 케네톤 대회

해외선교사가 6년의 활동 후에 집으로 돌아오는 일보다 더 기쁜 것은 없다. 케네톤 여름 콘퍼런스에 우리 교회의 많은 젊은 남녀가 모였는데 영적으로 충만하였다. 이것은 국내에서나 해외에서 진행하는 전진 운동의 결과이다. 많은 목사가 자신의 강단을 비우고 강사로 또는 봉사자로 이 대회에 참가한 것도 인상적이었다. 참여한 모든 사람이 영적으로 고양되고 하나님을 찬양하며 자신의 교회로 돌아갔다. 주님을 위하여 새로운 마음이 된 것이다.

이번 대회의 주제가 '성령의 역사하심'이었는데 이제까지 있었던 대회 중에 최고라고 하였다. (중략) 우리 교회 성장의 징표와 미래의 능력으로 인하여 하나님께 감사드린다.

['더 크로니클', 1932년 2월 1일, 8]

56. 나병과 정부 정책

나환자 상황에 가장 격려되는 일은 일제의 가장 높은 관리들이 이 문제에 관심을 가지기 시작하였다는 것이다. 그리고 20~30년 안에 나병을 완전히 퇴치하겠다는 정책도 그렇다. 많은 재정을 투입하여 병원과 요양원을 세우도록 하였고, 나환자들을 의무적으로 격리할 것이다. 나병을 물리친 많은 나라가 시행착오를 거치며 30여 년간 이러한 정책을 시행하여 왔다. 필리핀 섬에 10~15년 동안 격리된 나환자들의 상황을 보면 지금보다 더 많은 것이 필요하다는 것도 분명하다.

나환자를 격리한다고 하면 많은 사람이 자신의 병을 숨기려 할 것이다. 집에 나환자가 있다면 집안의 수치를 감추려 할 것이고, 그러다 보면 다른 구성원까지 병이 옮아 상황이 악화할 것이다. 이런 상황을 막으려면 적극적인 홍보가 필요한데 나병의 초기 단계는 전염이 안 돼 초기부터 적극적으로 치료하여야 한다는 것이다. 신문이나 강연을 통하여 알려야 하고 나병이 많은 마을에 집중적

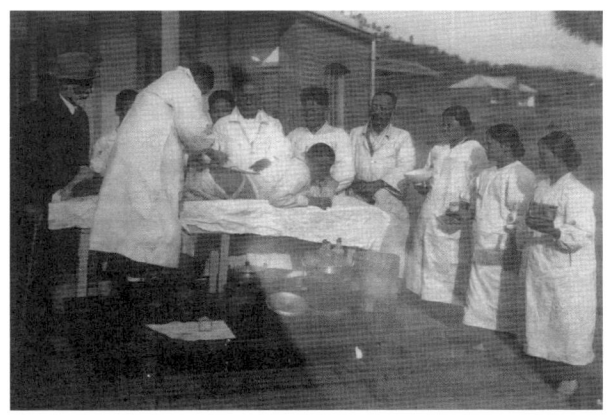
(맥켄지와 대풍자유 주사 치료, 1930년경)

으로 알려 증상이 있으면 즉시 진료를 받도록 하는 것이다.

현재 부산의 우리 집 근처에 요양원 입소를 허락받지 못하여 떠도는 나환자가 70명이 넘는다. 정부가 운영하는 한 곳과 선교회가 운영하는 세 곳에 사는 나환자는 2,500명도 안 된다. 정부가 수천 명을 더 수용하지 못한다면 건강한 지역까지 나병의 전염을 막지 못할 것이다. 떠돌거나 말기 증상의 나환자를 정부가 격리 수용하고, 우리가 나머지를 맡아 의학적으로 치료한다면 가능성이 있다.

공무원들은 우리가 하는 일에 몇 번이고 감사를 표한다. 지난 11월 나는 도쿄 왕궁 도화가 황후의 초청을 받아 우리 활동을 위한 지원금을 받았다. 그녀는 공로장과 은으로 된 화병도 수여하였다. 내무성 장관은 나환자를 위하여 일하는 대표 30명을 위한 만찬을 베풀었고, 다른 각료들도 만났다. 한국의 몇 나환자 요양원에 황후는 매년 천 엔을 약속하였다. 그리고 천황이 매년 주는 500엔도 계속 받기로 하였다.

작년에 총독은 부산의 우리 요양원에 20,220엔을 기증하였다. 이것은 요양원 운영 예산 반년 치이다. 부산시에 떠도는 나환자가 400명 정도 된다고 관리들은 보고 있다. 보건 당국자는 우리에게 제안하기를 요양원 집 12채를 더 지어 운영하면 건축비와 운영비를 대겠다고 한다. 만약 중앙 정부가 돈을 지원하지 못하면 도에서 자체적으로 모금을 하겠다고 하였다. 며칠 후에 이 안을 위한 공청회가 시청에서 열린다고 알려왔다.

마지막으로 총독은 필기시험 후 나에게 의사 면허증을 주었다. 이것으로 우리 병원의 수준이 일반인들의 눈으로 볼 때 더 높아지게 되었다. 우리는 우리 요양원 밖의 나환자도 치료를 시작하였다. 1마일 정도 떨어진 나환자 마을에서 250명 정도 주사 치료를 하였다. 우리 병원에서 주사를 맞아본 사람들이 간호사 역할을 하며 도와주었다. 최근 나는 그 마을에서 주민들이 세운 좋은 보건소 건물을 보았다. 주민들은 그것을 위하여 2년 동안 모금하였다고 한다. 800명 정도가 헌금하였는데 그중 반이 최선을 다하여 6펜스 정도 냈다. 이것은 나환자들이 나병 치료를 중시하고 있다는 분명한 증거이다.

나병원 조수는 시골에 있는 작은 나환자 동네 네 곳을 방문하였다. 그러므로 우리는 모두 900명에게 치료 봉사를 하고 있고, 우리 요양원 안에서는 580명을 돌보고 있다. 그리고 며칠 후에 요양원의 환자 40명이 퇴소를 할 것이다. 그들의 자리는 즉시 채워질 것인데 증상이 심하고 오래 기다려 온 환자들이다. 지난해에는 91명이 퇴소하였다. 이들은 완쾌되었거나 아니면 거의 완쾌되어 자신을 돌볼 줄 아는 사람들이고 전염의 위험이 없는 사람들이다.

1930년 한 해 동안 요양원의 사망률은 2%가 좀 넘었다. 우리 요양원에 입소하는 환자 대부분 심한 상태에서 들어오기에 우리의 치료법이 효과적임을 보여준다. 찰무그라 오일[29] 주사 치료 전에는 사망률이 매년 25%가 넘었다.

요양원 교회는 그 어느 때보다 성장하고 있다. 퇴소하는 교인들이 많기에 수세자의 수는 상대적으로 줄었다. 현재 수세자는 총 224명이다. 올해 세례받은 59명을 합한 숫자이다. 또 다른 60명은 세례문답반에 공부하고 있어 일 년 후 시험에 합격하면 세례를 받을 것이다. 교회는 계속하여 시골의 일반인을 전도하는 전도사를 지원하고 있다. 나환자들이 자신들의 돈을 절약하여 모아 한 달에 30엔을 지급한다. 여러분의 선교사가 책임 맡은 나환자 마을 교회에는 70명의 수세자가 있는데 그중 8명이 올해 세례를 받았다.

도와가 황후가 우리 요양원에 1,500엔을 지원하였다. 이 돈으로 우리는 나환자를 위한 잔치를 벌였고, 무선 세트, 브라스 밴드(이미 연주를 배우고 있다), 테니스와 축구를 위한 도구를 구매하였다. 젊은 환자들의 치료를 위하여 도움이 될 것이다. 활동적인 남성들은 건물을 세우거나 고치고, 여성들은 음식을 만들고 옷을 세탁하고 수선하는 집안일을 한다. 이들도 운동이 필요하다. 우리는

---

29)   대풍자나무 열매에서 추출한 기름

(부산나병원 밴드, 1930년경)

항상 신체적 활동을 치료의 한 부분으로 강조하고 있다.

　미감아의 집에는 18명의 아이가 있다. 그중 한 명은 우리 선교회 여학교 교사로 자급하고 있다. 또 다른 아이는 낮에 일하여 돈을 조금 벌고 있고, 세 번째 남학생은 평양 유니언기독대학교 자조반에서 목수 일을 배웠다. 그도 곧 자급할 수 있을 것이다. 여학생 세 명은 우리의 여학교에 출석하고, 어린아이 셋은 유치원에 다니고 있다. 나머지 7명의 소년은 부산의 사립학교에 다니고 있다. 공립학교는 나병과 관계되는 이 아이들을 받지 않는다. 반면에 사립학교는 우리의 일을 감사하고 학생들의 학비도 면제해 준다. 이제 곧 우리 가족은 호주로 휴가를 떠나므로 이곳의 일은 임시로 다른 사람이 맡아 할 것이다.

['더 크로니클', 1932년 2월 1일, 15-17]

57. 남호주 여선교연합회 회원에게[30]

　나에게 어머니인 분께 드립니다.
　친애하는 어머니. 하나님의 은혜로 평안하시고, 어머니의 일생이 축복으로

---

30)　요양원의 나환자 여학생이 자신의 호주 후원자에게 보낸 편지.

충만하기를 믿습니다. 저는 예수님의 사랑 가운데 행복하며, 치료를 받는 덕택에 많이 나아지고 있습니다. 여기에 더하여 어머니께서 나에게 선물을 보내주셨습니다. 이것을 생각할 때 예수님의 사랑을 더 느낍니다. 어머니는 저를, 저는 어머니를 볼 수 없지만, 수천 마일 먼바다를 건너 기도로 관계를 지속하기 원합니다.

당신의 자녀. 유충근.
('더 크로니클', 1932년 2월 1일, 17)

58. 황 씨를 만나세요

황 씨는 지난 18년 동안 이웃 도의 정부 학교에서 교사 생활을 하였다. 당시 그는 그리스도나 기독교에 관해서는 전혀 몰랐다. 돈을 더 벌기 위하여 그는 교사직을 그만두고 사업을 시작하였는데 자신의 친척도 투자하게 하였다. 그러나 비싸게 물건을 구매하였다가 가격이 폭락하자 사업을 단념할 수밖에 없었다.

그는 높은 계급 집안의 아들이었고, 그의 형은 황 씨 가문 종손이었다. 그는 친척에게 손해를 끼치고 사업이 망한 것을 수치스럽게 여겨 자신의 식솔을 거느리고 다른 도로 이사하였다. 그 이유로 그는 부산에 왔고, 그곳에서 생계를 유지하였다. 기독교인인 그의 장모가 그 소식을 듣고 강 전도부인에게 편지를 써 황 씨의 집을 방문하여 전도하라고 부탁하였다. 강 전도부인의 심방을 받은 황 씨 가족은 얼마 후 초량교회 예배에 참석하였다. 황 씨는 인류를 위한 하나님의 거룩한 사랑에 큰 흥미를 느꼈다.

그 후 그는 주일예배에 열심히 출석하였고, 주일에는 일하지 않니 일자리를 2년간 구하지 못하였다. 정부 학교의 일을 제안받기도 하였지만, 그곳의 세속적인 분위기 때문에 그는 거절하고 전적으로 신앙생활만 열심히 하였다. 회심 후 아라비아에서 3년을 지냈던 바울처럼 황 씨도 2년 동안 광야에서처럼 성경을 공부하며 신앙생활에 집중한 것이다. 이 기간 그의 가족은 하루에 한 끼만 먹기도 하였다. 매일 그는 교회당 안에서 홀로 성경을 읽으며, 모르는 것이 있을 때는 교회당 옆의 사택을 찾아 목사에게 질문하였다.

이년 전 우리가 여학교 교사를 찾을 때 그 목사는 황 씨를 적극적으로 추천하였다. 황 씨의 간증을 들은 후에 우리는 그를 교사로 채용하였다. 그는 자신의 교사 자격보다 우리 기독교 학교의 적은 봉급에도 만족하였다. 우리 도의 학교 장학사가 그의 동창이었는데 황 씨는 그를 부러워하지도 않았다. 오직 그는 하나님이 자신을 이 길로 인도하심을 감사하였다.

초대교회에서 그랬던 것처럼 우리의 교회도 교회 안에 잘못된 지도자를 세워 시험에 빠지기도 하는데 황 씨는 부산진교회의 기둥처럼 목사를 잘 지원하였다. 그는 자신의 원칙을 밝히기를 두려워하지 않았고, 행동에 옮기는 것도 주저하지 않았다. 자기 아들이 역에서 일하게 되었을 때 주일에 일하지 않는다는 조건으로 승낙하였다. 그로 인하여 봉급이 줄어든 것은 물론이다. 아들을 포함한 황 씨의 온 가족이 교회에 헌신하였다.

황 씨는 기독교 면려회 회장이며, 부산진교회 어른 주일학교 서기이다. 주일 오후 주일학교를 마치자마자 그는 초량으로 달려간다. 자신이 회심한 교회의 오후 예배에 참석하기 위한 것이다. 그리고 다시 부산진으로 돌아와 전도 예배와 저녁 예배에 참석한다. 그는 종종 예배를 인도하기도 한다. 그가 기독교인이 된 지 이제 4년밖에 안 되었지만, 그의 빠른 성장과 확고부동한 믿음은 앞으로 그에 대해 큰 기대를 하게 한다.

[코리아 미션 필드, 1933년 6월, 116]

59. 1933년 나병원 보고서

일본 제국 안에 문둥병 박멸을 위한 관심이 높아지고 있어 매우 기쁘다. 지난 11월 오사카에서 열린 의학대회에 나는 한국 나환자선교회를 대표하여 참석하였다. (중략) 한국 정부도 이 사업에 참여하여 1,400,000엔을 지원하였다. 이 돈으로 정부의 나환자수용소를 확장하는데 소록도에 800명이 아닌 3천 명을 수용하기로 하였다. 이것은 모두에게 반가운 소식인데 떠도는 환자 자신들에게나 요양원에 인원이 넘쳐 받아들이지 못하는 우리에게 말이다.

몇 주 전 우리 요양원에서 60명의 나환자가 퇴소하였다. 그러나 같은 날 집

(퇴소하는 나환자들, 1930년대)

문밖에 250명의 나환자가 입소를 애원하며 기다리고 있었다. 그중에서 가장 도움이 필요한 자들을 나는 받았지만, 이것은 항상 힘든 결정이다. 그뿐만 아니라 동료 선교사나 교회 지도자들이 추천한 환자도 고려해야 하는데 그들의 명단이 아직 책상 위에 있다.

나환자선교회 총무 앤더슨 씨의 방문은 매우 격려되었다. 그는 우리 요양원이 좀 더 효과적으로 되기 위하여 몇 가지 변화가 필요하다고 제안하였다. 우리는 지금 영국의 한 여성의 지원으로 병원을 새롭게 증축하고 있다. 24년 된 남성 병동을 더 큰 땅 위에 2인 1실 형태로 짓고 있다. 앤더슨 씨는 또한 항구에서 요양원까지 신속히 갈 수 있는 작은 모터보트가 필요하다고 하였다. 이것은 이미 시행되고 있어 요양원 원장의 시간을 절약하고 방문객의 편리를 담보하고 있다.

또 다른 변화는 유니온의학대학에서 훈련받은 의사 한 명을 채용하였다는 것이다. 그는 지난 6년 동안 순천 나병원에서 윌슨 박사 조수를 하였다. 그는 우리 나병원의 조수와 간호사들에게 정기적으로 의료 강의도 하여 우리 병원의 수준을 높일 것이다. 우리에게 또 윌슨 박사에게 훈련받은 완치된 나환자 조수가 있는데 그는 절단을 잘한다. 며칠 전 그는 한 나환자 여성의 두 발을 절단하였다. 그리고 요양원에서 의족을 만들어 그녀에게 주었고 그녀가 항구에서 우리 집까지 오는 데 지팡이도 필요하지 않았다. 그녀가 나에게 온 이유는 이제 자신은 문둥병이 없으니 그 자리에 자신의 친척을 받아달라는 청원이었다. 그러나 그녀는 허락 없이 요양원을 나와 규정을 어겼으므로 나는 그것을 거절할 수

(상애원교회와 호주대표단 방문, 1932)

밖에 없었다. (중략)

우리 요양원의 영적인 부분도 성장하고 있다. 지난 10년 동안 나환자 교인들은 자신들의 작은 생활비에서 일부분을 떼거나 노동을 하여 자신들이 고용한 전도사를 지원하여 왔다. 그 전도사는 인근의 마을을 다니며 전도하여 몇 개의 예배처를 설립하였다. 이들은 한 번도 그 전도사의 봉급을 미룬 적이 없다. 그 전도사는 지금 자신이 개척한 마지막 교회의 목회자가 되었다. 나환자 교인들은 이제 나의 제안으로 신학교를 막 졸업한 목회자를 지원하고 있다. 그는 자신의 시간 대부분을 나환자를 위하여 쓰고 있고, 교회를 못 나오는 나환자를 방문하며 성경을 가르치고 있다.

요양원에서 건강을 회복하고 신앙인이 된 사람들은 어디를 가던 교회 생활을 잘한다. 나환자들은 그들의 사역도 지원하며 좋은 결과가 나오도록 힘쓰고 있다. 우리 요양원 학교에 약 60명의 소년 소녀가 매일 공부를 하고 있다. 나환자 교사 3명이 가르친다.

두 주 전 나는 상애교회에서 18명에게 세례를 주었다. 그리고 200명에게 성찬을 베풀었다. 예배 후에는 주일학교가 열리는데 모든 나이의 교인 420명이 참여한다. 많은 교인이 글을 읽지 못하지만, 주일학교에서 읽기를 배운다. 나병으로 눈이 먼 한 남성은 요한복음, 요한계시록 그리고 빌립보서 전체를 암송하였다. 그의 빛나는 얼굴과 보이지 않는 눈빛은 교인 모두에게 영감적이다.

우리 요양원에서 1마일 떨어진 나환자 마을에 500~600명의 사람이 산다. 어떤 사람들은 친척이나 친구에 의하여 이사 왔는데, 완쾌된 경우는 아니다. 이들은 밭에 작물을 재배하여 자급한다. 우리 요양원에서 치료받은 사람들도 그 마을에 산다. 그중 일부는 여전히 약을 복용하고 있다. 우리 병원의 감독하에 이들에게 정기적으로 주사를 놓거나 그들 스스로 배워 주사를 놓기도 한다. 그들 스스로 그 마을에 세운 시약소는 그들의 치료 열망을 보여준다.

내가 호주로 휴가 떠나기 전 이 마을의 교회 지도자는 새 교회당 건축을 위한 후원이 가능한지 물었다. 몇 년 전 이들은 자신들의 손으로 초가집 예배당을 지었었다. 내가 모금하여 이들을 후원할 수 있다. 그 결과 250명 정도 수용할 수 있는 판자로 된 깨끗한 예배당을 세웠다. 최근 나는 이 교회에서 11명에게 세례를 주었고, 50명에게 성찬식을 베풀었다.

한 주에 한 번 우리 병원 조수는 나환자가 사는 시골의 다섯 마을을 방문한다. 이곳의 230명에게 무료로 주사를 놓아주고, 붕대를 감아주고, 치료한다. 그러므로 우리는 1,300명을 정기적으로 치료하고 570명의 요양원 환자도 계속 돌본다.

우리의 재정 반 정도를 정부에서 지원을 받는데 감사한 수치이다. 일본 황제는 몇 년 동안 자신의 지갑에서 500엔을 보내고 있다. 지난 5년 동안 황후 도와가는 천 엔을 후원하였으며, 한국 정부는 작년에 20,732엔을 지원하였다. 이것은 한 명의 나환자당 하루에 10센 정도이다.

조선예수교장로회는 한 주일의 헌금을 셋으로 나누어 세 곳의 나환자요양원에 보내도록 지도하였다. 우리 지역의 일본인도 관심을 가지고 개인 후원하고 있다. 그들 중 이곳 일본인 목사 아내 고 스즈키 여사는 살아생전 나환자 돌봄에 지대한 관심을 가졌었다.

알렉산더 양과 그녀의 전도부인이 요양원과 나환자 마을에서 여성 성경반과 주일학교를 계속 돕고 있다. 맥켄지 부인은 미감아의 집을 돌보고 있으며, 현재 그곳에 16명의 아이가 있다. 그중 세 명은 우리 요양원에 있다가 증상이 없어짐으로 그곳으로 이사하였다. 이러한 일을 우리가 할 수 있어 하나님께 감사드린다. 노블 맥켄지 원장.

['더 크로니클', 1933년 10월 2일, 8-9]

60. 고발당하다

호주장로교회 선교사 맥켄지 박사(70)가 지역의 군사 시설을 촬영하여 런던으로 보냈다는 이유로 고발당하였다. 당국은 그 사건을 조사 중이다. 맥켄지 박사는 크게 자랑스러운 인물로 나병원과 관계되어 저명한 인사이다.

('데일리 스텐다드', 1935년 1월 18일, 4)

61. 간첩 혐의

1935년 1월 8일 맥켄지가 70번째 생일을 맞는 날, 헌병에게 끌려가서 일본 헌병장에서 간첩이란 혐의가 씌여진 채 종일 취조를 받았다. (중략) 헌병은 그에게 음식을 주지 않고 아침 9시부터 저녁 8시까지 혹독하게 반대 심문을 했다.

그러나 며칠 후에 검사장 앞에서는 아주 정중하고 공정하게 처리되는 것 같은 것을 알게 되었다. 사실은 교묘하게 형량을 부과하여 그로 하여금 자의로 벌금 20엔을 내게 하고 그의 카메라를 압수하려는 것이었다. 간첩혐의는 벗겨졌다.

('호주선교사 맥켄지의 발자취', 308-309)

62. 그날의 비극

위로의 메시지를 보내 준 여러분께 감사를 전한다. 그날의 비극이 아직 생생하지만, 그 고통과 혼란의 어둠 속에 한 줄기 빛이 보이기 시작하고 있다. "왜 우리에게 이런 일이"라는 절망스러운 질문에 점차로 하나님의 목적이 드러나고 있다. 이것은 나에게도 새로운 경험이었는바 정말 어려운 시기에 우리가 어떤 하나님의 자녀인가를 보여주었다.

집 벽들이 큰 소리로 무너진 그 날 밤은 절대로 잊을 수 없을 것이다. 시편 46편이 마음속에 떠올랐다. "하나님은 우리의 피난처요 힘이시니 환난 중에 만날 큰 도움이시라. 그러므로 땅이 변하든지 산이 흔들려 바다 가운데에 빠지든지 바닷물이 솟아나고 뛰놀든지 그것이 넘침으로 산이 흔들릴지라도 우리는 두려워하지 아니하리로다."

이 말씀이 내 마음속에 있었어도 끔찍한 비극은 쉽게 끝나지 않았다. 몇 시간 계속되는 폭풍의 파괴 속에 우리 사람들은 어찌할 바를 몰랐고, 비신앙인들은 후에 우리를 비웃었다. 그러나 결국 하나님의 자녀들이 승리하였다. 고향에서 보내준 '사랑의 선물'로 교인들은 당시의 비극을 극복하고 있다. 만약에 이런 비극을 경험하지 못하였더라면 이토록 친밀한 형제애를 느끼지 못하였을 것이다.

여러분의 '사랑의 선물'은 집과 논밭의 곡식을 모두 잃어버린 이곳 어린이와 성인 남녀에게 큰 힘이 되고 있고, 이 추운 겨울에 굶어 죽을 염려에서 벗어나게 하고 있다.

('더 크로니클', 1935년 2월 1일, 4-5)

63. 선교 25주년 기념

지난 4월 11일 요양원에 큰 행사가 있었다. 맥켄지 씨가 한국에 도착한 지 25주년 되는 기념행사였다. 두 줄로 늘어선 나환자 사이를 행진하던 순간은 절대로 잊을 수 없는 감동적인 순간이었다. 모두가 종이 깃발을 흔들며, '예수 사랑하심을'을 불렀다. 맥켄지 씨가 멋진 맥켄지 기념 대문을 열었고, 우리는 함께 들어가 또 한 번의 감동적인 예배에 참석하였다. 나환자들의 많은 간증과 감사가 있었다. 이 예배에 나환자들이 봉급을 주는 '매견시 기념 전도사'도 참석하였다.

('더 크로니클', 1935년 9월 2일, 16-17)

64. 1936년 나병원 보고서

(나병원 새 건물, 1935)

　(중략) 나병원에서 치료를 받는 환자는 600명이 넘는다. 또한, 병원의 조수들이 시골의 다섯 개 나환자 마을에서 치료를 계속하고 있다. 모두 89,564명이 찰무그라 오일 주사를 근육 안에 맞았고, 정부가 주는 같은 오일의 알약 50만 개를 나누어 주었다. 나환자들은 다른 많은 증상도 감내해야 하는데 감염된 부분을 절단해야 몸의 다른 부분이 효과를 보는 때도 있다.

　다리를 절단한 한 여성이 최근 달걀을 한 바구니 들고 우리 집 앞에 나타났다. 다리를 절단하므로 그녀는 나병에서 벗어났고, 우리 요양원에서 신앙 생활 하므로 영혼도 구원받았다. 그녀가 처음 우리에게 왔을 때 그녀는 18살이었다. 그 후 그녀는 우리 요양원에서 10년을 생활하였다. 이제 그녀는 일반인과 결혼하였고, 아이를 셋 낳았다. 우리는 그녀가 다니는 교회 목사를 통하여 그녀의 가족이 신앙생활을 열심히 한다고 들었다. (중략)

　작년에 임명된 요양원의 전도사가 새로운 마을에서 전도하였고, 지금 60명 정도가 모이고 있다. 이곳에는 벌써 예배당이 세워졌다. 몇 주 전 나는 25명에게 세례를 주었고, 세례문답반에 66명을 받아들였다. 최근에 그 전도사 부부와 매니저 부부가 본인들이 임시로 거주하는 근처의 마을에서 예배 모임을 시작하였다. 지금 30명 정도가 출석하고 있고 어린이들을 위한 야학도 시작하였다. (중략)

몇 시간 전에 나는 중증인 남성과 여성 한 명 입소를 허락하였다. 여성은 요양원에서 잘 먹고 신체에 힘이 더 생기면 두 발과 두 손 일부분을 절단해야 할 것이다. 동시에 나는 신청한 다른 10명의 입소를 거절해야 하였다. 입소를 시키는 기쁨과 거절해야 하는 고통이 동시에 내 마음속에 섞여 있다.

('더 크로니클', 1936년 8월 1일, 14-15)

65. 미션 밴드의 유익

1903년 빅토리아여선교연합회는 교회의 어린이들이 우리 교회의 선교 활동에 흥미를 가지고 언젠가 그 활동에 참여할 수 있도록 청소년 미션 밴드를 조직하기로 하였다. 선교회의 목적은 소년과 소녀들이 복음을 전하는 사역에 관심을 갖게 하고, 각자가 어떻게 참여할 수 있는지 보여주는 것이었다.

빅토리아여선교연합회 총무 캠벨 양에게 그 운동을 시작하고 조직하는 책임이 맡겨졌고 그녀가 미션 밴드의 첫 책임자가 되었다. 그녀의 지도력 아래 이 운동은 큰 진보를 이루었다.

(맥켄지와 부산진교회 지도자들, 1937)

처음부터 어린이들은 선교사의 활동에 전적인 관심을 보였고, 이들을 인도하는 경험 많은 지도자를 잘 따랐다. 아이들도 선교를 위하여 무언가 할 수 있도록 돕는 계획은 유익하였고, 그래서 선교 교육과 실제적인 활동을 결합하였다. 청소년 미션 밴드 회원 수가 늘고 강해짐에 따라 재정적인 책임도 지기 시작하였다.

1910년 미션 밴드는 한국 나환자 선교사 노블 맥켄지 목사의 봉급을 책임 맡았다. 그해 회원들은 그의 봉급으로 275파운드를 후원하였다. 지금 1937년에 그들은 입소한 나환자의 수당을 비롯하여 맥켄지의 활동에 관련된 모든 비용을 지원하고 있다. 매년 400파운드 정도이다.

지난 9월 미션 밴드는 한국의 나환자들을 위하여 따뜻한 옷을 보냈고, 어린이들에게도 여러 물품을 선물로 보냈다. 1937년 빅토리아에 미션 밴드 단체가 126개가 있으며, 회원 수는 2,600명 정도이다. 소년 소녀들에게 미션 밴드의 유익함은 말로 다 할 수 없다. "어린이가 그리스도를 만나도록 하며 그를 위하여 일하게 한다."

('더 크로니클', 1937년 11월 1일, 7-8)

66. 떠나는 맥켄지 가족

한국의 맥켄지 부인이 다음과 같은 편지를 보냈다.

"맥켄지 씨가 매우 아프다. 제안된 카이로와 스코틀랜드 방문을 그가 하지 못할 것으로 생각되었다. 그러나 맥라렌 박사의 진료에 따라 그곳을 방문하기로 결정하였고, 2월 말에 한국을 떠날 것이다. 실라와 나는 카모 마루 호를 타고 호주로 갈 것이며, 3월 21일 멜버른에 도착한다."

('더 크로니클', 1938년 3월 1일, 2)

67. 1937년 상애원 보고서

한국의 나병 상황은 여전히 심각하다. 거의 6천 명의 나환자가 입원해 있지만, 분리되어야 할 나환자 수천 명이 아직 길 위에 있다. 2년 전 정부 병원이 크게 확장되어 3,800명을 돌보고 있고, 세 개의 선교병원이 2,000여 명을 나누어 수용하고 있다. (중략)

지난해 우리의 부산 나병원에 평균 605명이 함께 생활하였다. 그중 195명은 많이 나았고, 145명은 조금의 진보가 있었고, 23명은 병이 악화하였다. 29명이 기형 없이 증상이 멈추었고, 25명이 장애를 남기고 멈추었다. 81명이 여러 이유로 퇴소하였는바, 그중 반 정도는 자신보다 증상이 심한 친척에게 자리를 내주고 자신은 통원 치료를 받았다. 38명은 지난해 증상이 멈추었고, 18명은 자신의 병을 돌보는 방법을 배웠고, 나머지는 기술을 배운 사람들이다.

우리는 다섯 개의 나환자 마을에 일주일에 한 번 조수를 보내 약 500명에게 주사를 놓고 있다. 퇴소한 사람 중에 증상도 없고 전염도 없지만, 나병 흉터로 인하여 일반 마을에 살지 못하는 경우가 있다. '한번 문둥이는 영원히 문둥이'라는 말이 그래서 있는 것이다.

(맥켄지와 나환자들, 1930년대)

중요한 치료의 한 방법이 운동이다. 각 방의 입소자에게 땅을 분배하여 자신이 먹을 채소를 기르게 하는데 이런 활동에는 돈을 주지 않는다. 그러나 집을 수리하거나 요양원의 일을 하면 약간의 임금을 준다. 이것이 그들의 자존감을 높이고 목사의 일을 돕는다는 기쁨을 준다.

우리 상애교회는 목사와 직분자들로 온전히 조직되어 있다. 오래 일해 온 매니저 장로는 목사와 더불어 노회원이다. 정기적으로 성경반이 열리고, 기독교 면려회가 열정적으로 일한다. 수세자가 모두 288명인데 그중 45명이 올해 세례를 받았다. 세례문답반에 있는 70명은 아마 내년에 세례를 받을 수 있을 것이다.

찰무그라 오일 주사를 놓기 20년 전의 사망률은 25%를 넘었었다. 그 후 점차로 사망률이 낮아졌고, 지난 몇 년간 2%를 유지하고 있다. (중략) 나환자 사역 26년의 경험을 돌아보면 이보다 더 가치 있는 기독교 선교는 없을 것 같다. 우울하고 힘든 사역으로 생각하였지만, 우리는 그렇게 경험하지 않았다. 이 사역의 필요가 중대하고, 도움받는 사람들의 긍정적 반응이 높아 그 어떤 활동보다 보람이 크다. 실제로 기쁜 날의 연속이었다.

['더 크로니클', 1938년 3월 1일, 25-26]

68. 떠나는 나도 섭섭하오

사람의 건강을 위협하고 따라 생명까지를 빼앗은 수많은 병중에도 가장 사람에게 공포를 주는 불치의 천형병이란 나병 환자를 위하여 그 부모 형제 심지어 그 처자까지 이 병의 환자를 싫어하고 있음에도 불구하고... 이들의 어버이가 되어 인생의 한창인 반생을 이들 시료와 위로함으로서 삼십여 년간 이 사업에 희생한 부산 나병원 원장 매견시 목사가 오는 18일 부산 부두를 떠나 영영 이 땅과 작별을 고하게 되었다. (중략)

매 목사는 지난 12일 밤 본보 부산지국 주최의 송별회 석상에서 말한 바와 같이 "떠나는 나도 섭섭하오. 몸은 떠나도 마음은 여기 있소." 진실로 늙은 목사의 심흉에도 그가 가장 자비로서 사랑하고 인애로서 그들을 아들딸과 같이 어루만지고 시료하던 조선의 나환자를 떠남이 더욱 섭섭할 것이오. 벌써 늙어 정년이 됨이 그의 사업열에 불타는 의기가 허락하지 아니할 만큼 그 생명을 도와 쌓아오던 사업과 손을 끊게 됨이 더욱 안타까운 모양이다. (하략)

('동아일보', 1938년 2월 16일, 2)

69. 나병 환자의 구주

  매 목사가 정년으로 귀국한다는 소식을 듣자 이 부락(문현리 호곡) 환자 간에 조직되어 있는 상조회 대표 이우현 씨의 발의로 경남도 3천여 환자들에게 비격하여 '우리 아버지', '경남의 주 하나님'이 떠나신데 있어 그저 있을 수 없다 하여 한 사람에게서 5전, 10전을 거두어 모은 돈 125원을 돌아가는 늙은 목사로 하여금 일생을 마칠 동안 조선을 잊지 않도록 조선 정서가 가득찬 조선 궤 한 개를 선물했다고 한다.
  이리하여 지난 1월 15일 개최된 이 병원의 600 환자 눈물의 송별회 석상에 이들 경남도 내 부류 환자 대표로 이우현 씨 외 여러 사람이 참석하여 조선 나병 환자의 구주 매 목사를 보내기에 안타까워 통곡하던 정상은 산천의 초목이라도 눈물을 지우지 않고는 못 견디었으리라고 어느 환자 분이 말해주었다.
  이렇게 이날의 송별회는 이 병원 전 환자가 베푼 한날 부산나병원의 송별회가 아니라 전 경남 3천여 환자의 의의 깊은 송별회가 되었다고 한다. 이날 이 병원 환자 600여 명도 푼푼이 거두어 얻은 110원의 돈으로 목사의 여행 행장으로 트렁크 3개를 선물했다는데 보내는 자와 떠나는 목사와의 오직 눈물의 교차 속에서 이 선물을 받은 매 목사의 심경은 어떠했을까?

('동아일보', 1938년 2월 17일, 2)

70. 명신학교

(명신학교 교사와 학생들, 1936)

　이 소년 소녀는 그들의 앞길을 위하여 아무리 불치의 병을 가졌다고는 하나 현대 인간으로서는 알아야 된다는 모토 아래 병원 내에 명신학교라는 보통학교 4년제 정도의 학교를 세우고 이들 아동을 수용하였고, 환자 중에서 병균이 발생하기 전 사회에서 교원 생활을 하던 김명암, 박충희, 강진규, 김철원, 홍금술 등 5씨의 희생적 훈육으로 그들에게 문맹을 면하게 하고 있다.

　　이 아동들을 학년별로 보면
　　1학년 - 남 9명, 여 17명
　　2학년 - 남 10명, 여 6명
　　3학년 - 남 5명, 여 5명
　　4학년 - 남 5명 등 합이 57명으로 되어 있다.

('동아일보', 1938년 2월 16일, 2)

71. 어린 생도들의 송별가

인간 세상의 모든 병 중에 불치의 천형병으로 모든 사람이 싫어하는 나병 환자를 위하여 28년간이란 긴 동안 정성을 다하여 하루같이 노력하여 오던 부산 나병원 원장 매견시 씨(72)는 금번 정년으로 귀국하게 되었으므로 지난 18일 오전 11시 40분 부산항 출항의 관부 연락선 '창경환'으로 귀국 길에 올랐다.

이날 부산잔교에는 관민유지 교회 관계자급 일신여학교 생도 등 천여 명이 송별차 나와서 대성황이었으며 특히 어린 생도들의 송별가는 이별을 일층 애석히 하였다.

('조선일보', 1938년 2월 20일, 2)

72. 은퇴 회의록

선교회로서 그리고 개인으로서 우리는 맥켄지 씨 같은 사람을 만난 적이 거의 없는 것 같다. 노블 맥켄지 목사는 1910년 봄 한국에 부임하여 1938년 봄 한국을 떠났다. 이것이 아마 그를 이해하는 열쇠일 것이다. 뉴 헤브리데스에서 15년을 활동한 후 그는 의사의 권고로 그곳으로 돌아가지 못하였다. 그 대신 그는 한국선교사로 신청하였다. 이 말은 그가 다시 어려운 새 언어를 배워야 하고 새롭게 적응해야 한다는 뜻이다. 당시 그는 이미 40살을 넘고 있었다. 이것은 그의 큰 용기를 보여준다. 지난 28년 동안 한국에서의 활동은 그의 노동, 관심, 고생 그리고 웃음을 함축한다.

맥켄지 씨를 아는 사람들은 오랫동안 그를 생생하게 기억할 것이다. 다방면의 그의 활약상을 시간도 다 말해주지는 못할 것이다. 그는 나환자를 위하여 지혜와 큰 동정심으로 일하였다. 그는 때를 막론하고 복음을 설교하였다. 그는 교회의 모든 회의에 정기적으로 참석하였다. 한국인들은 그의 원칙주의를 잘 이해하지 못하였고 그의 두려움 없는 실천을 존경하였다.

맥켄지 씨는 한국에 오기 전 실용적인 견습 과정을 오랫동안 거쳤다. 그는 정부로부터 의료인으로 건축가로 감정인으로 인정받았고, 다른 일에도 견고하고 유용한 주장을 해왔다. 그러나 우리는 그를 한 사람으로 한 형제로 그리고 한 친구와 동반자로 생각하기 원한다. 주님을 향한 그의 따뜻한 사랑을 우리가 기억할 때 우리는 영감을 받는다.

맥켄지 부인은 우리 모두의 친구였다. 켈리 양으로 그녀는 수년 동안 험한 진주지방의 시골 교회를 사랑으로 봉사하였다. 그 후에도 그녀는 영혼 구원을 위한 열정을 이어나갔다. 아플 때만 제외하고 그녀는 항상 바빴다. 그녀는 자신의 주님을 특히 온유하고 조용한 방법으로 다양하게 섬겼다. 그녀는 그리스도 사랑의 마법으로 충만하였고, 누구든지 그녀에게 가까이 가면 그리스도의 현존을 느꼈다. 그녀가 가르친 여성들, 그녀의 집 손님들, 고아원의 아이들, 그녀가 돌본 병자들 모두 그녀의 위대한 사랑을 기억할 것이다.

그녀가 지도한 목회자 부인 수련회는 참여한 여성들 생활에 매우 진실하고 기쁜 위치를 차지하였다. 그러나 그녀가 아마 가장 즐겼던 일은 그들에게 주어진 딸들을 교육하는 일이었다. 그렇게 잘 시작된 일은 여기서 계속되기를 희망한다.

이 나라에서 하나님께 드린 맥켄지 부부의 시간은 길었다. 우리는 그들이 오랜 여생을 보내기를 희망한다. 비록 그들은 이제 우리와 멀리 떨어져 있지만, 이 땅에서의 하나님의 사역을 우리와 함께하기를 바란다.

[호주선교사 연례공의회, Vol 25, 마산, 1938]

73. 찰스 맥라렌의 송별사

거룩한 왕의 대리자로 먼저는 뉴 헤브리디스의 식인종 중에 그리고 지금은 이 땅에서 40년 이상을 섬기고 지난주 그는 한국을 떠났다. 만약 그가 승리함으로, 행복하게 그리고 영광스럽게 떠났다면 그는 제임스 노블 맥켄지일 것이다. 우리는 그의 '새로운 이름'이 무엇이 될지 모른다. 그러나 이곳에서 그를 알아왔던 우리는 그가 자신의 이름처럼 스스로 고귀함을 증명하였다.

총독부터 버려진 나환자까지 한국은 그를 칭송하고 안녕을 비는데 하나가

(떠나는 맥켄지 가족, 1938)

되었고, 한국, 일본, 외국 기독교인들의 깊은 사랑과 기도 속에 그는 떠나게 되었다. 그는 하나님과 재물을 동시에 섬기지 않았지만, 부산의 일본 다이이치은행은 그에게 500년 된 아름다운 도자기를 선물하였다. 이것으로 아마 다이이치은행은 맘몬이 아닌 것을 증명하였다!

　한국을 떠나기 며칠 전 그는 서울에서 멋진 환송식에 참석하였다. 그곳의 의학 단체들과 친교를 하였고, 'The Hundred Pipers'[31]를 함께 만족스럽게 불렀다. 그가 자신의 이야기를 들려줄 때 기차 시간 때문에 그를 재촉하여 기차역으로 데려다주었다. 그는 자신의 이야기를 반 정도밖에 못 하였지만, 우리는 그 이야기의 결말이 어떤지 이미 알고 있었다!

　일주일 후 그는 부산에서 페리를 타고 떠났다. 그의 곁에는 친애하는 부인이 있었는데 그는 그녀와 결혼한 것을 '한국에서의 제일 큰 성공'이라고 말하였다. 15살 된 실라도 자신이 태어난 땅을 슬픔 속에 떠났지만, 동시에 호주에 있는 세 명 언니와의 만남과 학업을 기대하였다.

　이 작은 가족은 항구에 있던 사람들과 배에 오른 손님들의 집중 관심을 받았다. 우리 학교 학생과 교인들의 '우리 다시 만날 때까지 하나님이 함께 계셔' 찬송 소리가 가사 내용을 넘어 감동적으로 다가왔다.

　배는 우리의 시야에서 점점 멀어져 갔다. 누가 우리 사이를 갈라놓는가? 사도는 알고 있었다. 아무도 우리를 하나님의 사랑에서 끊을 수 없다는 것을 말이다. 그리고 우리가 그 사랑에서 끊어지지 않으니 서로 떨어져 있다 하여도 우리

---

31)　스코틀랜드 민속 노래

는 하나다.

찰스 맥라렌
('더 코리언 미션 필드', 1938년 6월, 120)

74. 돌아온 선교사

지난 9월 6일 저녁 총회 회관에서 많은 교인이 모인 가운데 환영식이 열렸다. 노블 맥켄지 목사와 맥켄지 부인, 코트렐 목사 부부, 그리고 도로시 레거트 양이 연단에 올라서자 모두 일어서 큰 소리로 환영하였다.

오웬 목사, 대처 양, 남호주의 딘 목사의 간단한 환영사가 있고 난 뒤, 장로교 오라토리오 합창단이 아름다운 성가 두 곡을 불렀다. 그리고 가장 인상적인 연설이 있었는데 레거트 양, 맥켄지 씨 그리고 코트렐 씨가 차례로 연설하였다. 맥켄지 씨는 27년 전 한국에 가기 전 뉴 헤브리디스에서 15년 동안 일한 것부터 말하였고, 교회가 부른다면 어디든지 다시 갈 수 있다고 하였다.

그 후 합창단은 아름다운 성가 두 곡을 더 불렀다. 이 성가들은 이번 환영식에 가장 적절한 곡이었다.

이번 환영식은 매우 영감적이었고 도움이 되었다. 참석한 교인 모두의 가슴 속에 하나님의 선교사 종의 헌신으로 인하여 감사함으로 넘쳤다.

('더 크로니클', 1938년 10월 1일, 4)

75. 신사참배 논쟁[32]

1939년 1월의 호주선교사회의 특별회의에서 '교회와 학교에서 우리는 신

---

[32] 한국의 호주선교사회는 1936년과 1939년 두 번에 걸쳐 "신사 앞에서 절하는 것은 하나님의 진리와 반대되는 것"이란 선언문을 발표하였다.

사 참배하기를 거부한다'고 20대 4의 투표로 결정했다. 선교회가 이처럼 학생들이 신사에 가서 묵도하는 것이 좋겠다는 노회의 탄원에도 불구하고 이렇게 결정했다. 노회원들은 자신들은 양심적으로 깨끗하며 예배와는 관계없는 것이라고 말했다. 선교사회의 소수파는 다수파가 '이 문제를 강요해 왔다'고 생각했지만, 그 결정에 따르기로 동의했다.

맥켄지는 소수파의 견해에 속하였다. (중략) 그러나 그들은 다수파와 여전히 좋은 친구다.

['호주선교사 맥켄지의 발자취', 338-339]

76. 새 주소

노블 맥켄지 목사의 새 주소이다.
7 Grey Street, Balwyn, E.8. Tel. W 7433.

['더 메신저', 1939년 2월 10일, 514]

77. 은퇴예배

지난 10월 21일 미션 밴드 연례 모임이 총회 회관에서 열렸다. 많은 회원이 참석한 가운데 노블 맥켄지 목사와 맥켄지 부인의 한국 선교사 은퇴식이 있었다. 오후 2시 45분 파이프 연주가 시작되었고 맥켄지 부부가 입장하여 자리에 앉을 때까지 회원들은 일어나 경의를 표하였다.

해외선교위원회 헨리 매튜 목사가 사회를 보았다. 맥켄지 부부의 신실하고 오랜 한국선교 활동에 해외선교위원회를 대표하여 매튜 목사, 부산선교회를 대표하여 라이트 목사, 미션 밴드를 대표하여 뮤어 여사가 감사 연설을 하였다. 뮤어 여사는 맥켄지 부부에게 사랑과 자부심을 표현하며 지폐가 담긴 지갑을 선

(총회장 노블 맥켄지 목사, 1940)

물하였다. 그리고 미션 밴드와의 30년 관계를 상징하는 케이크와 30개의 촛불도 준비되었다.

맥켄지 부부도 감사 인사를 전하였다. 빅토리아 미션 밴드와의 사랑의 관계는 절대로 끊어지지 않을 것이라 하면서 자신들도 미션 밴드 회원으로 영원히 남을 것이라 하였다.

예배를 마치기 전 맥켄지 부인은 미션 밴드 연례 시험에 합격한 회원들에게 수료증을 수여하였다. 그리고 영광송을 부른 후 축도로 예배를 마쳤다.

('더 메신저', 1939년 10월 27일, 263)

78. 총회장이 되다

지난 5월 6일 월요일 총회 개회일 저녁, 노블 맥켄지 목사의 빅토리아주 총회장 취임식이 열렸다. 지금까지 그는 그 역할을 훌륭히 수행하고 있다. 많은 불편한 상황에서 그는 확고히 대처하여 총회 회원들은 드문 은사와 성숙한 지혜와 많은 이야기를 가진 지도자를 가지게 되었다고 인상 깊어하였다.

('더 메신저', 1940년 5월 24일, 241)

79. 인종차별 반대 운동

1944년 맥켄지는 아시아인을 노골적으로 차별하는 정부의 이민 정책에 어떤 조치를 해야 한다고 교회를 설득하기 시작하였다. 목표는 이민에 대한 모든 제한을 제거하는 것이 아니고, 입국 거부가 비기독교적이거나 종족과 피부색의 차이로 하는 것을 제거하자는 것이었다.

5월 9일 총회에서 맥켄지는 다음과 같이 발의하였다.

"총회는 1. 다른 국가, 특히 아시아 국민을 향한 '백호주의'에 반영된 태도에 대해 불만족과 염려를 표명한다. 2. 전국선교사회는 이 문제에 대하여 연방정부가 세계와 더불어 공존해야 하는 새로운 질서 차원에서 이민 정책의 재진술을 보장할 것을 요청한다. 3. 해외선교위원회는 교회가 문제의 해결을 위해 특별히 기독교가 공헌해야 하고 1944년 11월 총회최고위원회에 보고할 것을 지시한다."

1항을 생략하자는 개의가 부결된 후에 이 발의는 통과되었다.

['호주선교사 맥켄지의 발자취', 354]

80. 네 딸과의 생활

우리 가족은 한국에 사는 동안 큰 행복 속에 살았다. 우리의 네 딸은 초등학교와 고등학교 교육의 대부분을 한국에 있는 선교사 학교에서 받았기 때문에 많은 시간 우리와 함께 생활할 수 있었다. 딸들은 장차 한국에서 선교 활동을 같이할 계획을 세우며 어학 공부도 같이하였다.

그러나 전쟁이 일어나므로 그들의 계획은 방해를 받았다. 큰딸 두 명은 의사와 간호사로 중국에서 봉사하고 있으며, 셋째 딸은 전쟁 중에 4년 간 호주 공군에서 간호사로 일하였는데 주로 전선에서 다친 군인들을 후방의 공군기지로 이송하는 일을 하였다. 막내딸 역시 간호사로 뉴 헤브리데스의 수도 빌라에 있는 배돈기념병원에서 1년 동안 봉사한 후 집으로 돌아왔다. 그녀는 현재 하나님 나라로 갈 날을 기다리고 있는 아버지와 어머니를 돌보고 있다.

('매견시 자서전', 158)

---

81. 자서전 출판

몇 명의 친구가 이따금 나에게 해외 선교 현장에서의 활동 경험을 써 보라고 제안하였다. 그러나 나는 그것을 몇 가지 이유로 받아들이지 않았다. 마침내 스코틀랜드 나환자선교회의 총무인 맥커쳐 양이 그곳의 하이랜더 친구들이 관심이 있어 하니 한국에서의 나의 나환자 사역 내용을 써보라고 제안하였다. 그녀는 은퇴한 후 책을 출판하여 나환자 선교 재정을 도와왔다.

나는 동의하였지만, 나의 글이 이렇게 자서전으로 편집되어 발전될 줄은 기대하지 않았었다. 하나님의 은혜로 내가 한 일은 그것 자체로 나에게는 보상이었고, 만약에 내 일생에 관한 이 작은 기록을 통하여 나환자선교회를 위한 기금이 생긴다면 누구보다도 나는 기쁠 것이다. 그러나 큰 부분 그 공로는 편집인에게 돌아가야 할 것이다.

1949년 10월
('James Noble Mackenzie, missionary to the New Hebrides and Korea: an autobiography', 10)

---

82. 필요없는 상상력

1949년 12월 29일 자 멜버른의 '선(Sun)'지는 다음과 같은 논평을 냈다. '헐리우드는 딥딘의 제임스 노블 맥켄지의 삶에 대한 영화를 감동적으로 만들기 위해 상상력을 끌어낼 필요가 없을 것이다'.

('호주선교사 맥켄지의 발자취', 365)

83. 다시 태어나도

64년 전 나는 드릴 만한 재능도 돈도 없었기에 나 자신을 하나님께 바쳤다. 그분은 나를 절대 저버리지 않으셨다. 내게 만약 100번이라도 다시 생명이 주어진다면, 매번 해외 선교의 현장을 선택할 것이다.

('James Noble Mackenzie, missionary to the New Hebrides and Korea: an autobiography', 79)

84. 운명하다

1953년 6월 맥켄지 목사는 영국 여왕으로부터 대관식 훈장을 받았다.
맥켄지 목사는 여러 지병으로 병원 생활과 요양 생활을 하던 중 92세가 되던 해 1956년 7월 2일 운명하였다.

('맥켄지 가의 딸들', 2012, 65)

85. 추모사

오늘 우리가 사랑하고 존경하는 친구를 떠나보내면서 여러분의 생각을 인도하게 된 것을 특권으로 생각한다. 우리가 영광되게 높이는 한 남성의 일생으로 인하여 하나님께 감사드린다.

우리는 그의 긴 일생을 다 되돌아볼 수 없다. 다만 우리가 알았던 그 사람의 몇 부분만 생각해 볼뿐이다. 나는 그를 순수한 그리스도인, 선교사, 나환자의 친구, 그리고 교회 일꾼으로 나누어 생각해 보겠다.

순수한 그리스도인: 그의 신앙 표현에 정교한 용어는 없다. 한편으로 우리 인간은 '한 날과 한 시의 창조물'이고, 다른 편의 하나님은 영원히 살아계신 하나님, 우리 아버지, 우리의 도움자, 우리의 구원자이다. 지각이 있는 사람이라면

어떻게 하나님의 사실을 부인하는지 그는 이해 못 하였다.

맥켄지는 자신의 신앙으로 인하여 행복한 사람이었다. 인간의 죄와 세상의 문제가 그의 생각에 그림자를 드리웠지만, 주권자 하나님 안에서의 밝고 즐거운 신앙에 걸림돌이 되지는 않았다. 그는 가정 안에서 행복하였다. 그는 걷는 중에 그리고 대화 속에서 기뻐하였다. 그의 유머를 기억하지 못하는 사람이 있을까. 그는 농담을 즐겨 하였고, 즐겨 들었다. 그는 정의를 위하여 부단히 노력하였고, 동료들의 다양한 의견이나 극한 대립 속에서도 타인의 주장을 기억하였다. 그러나 그는 원한을 사거나 개인적인 미움을 가진 사람도 없었다. 기독교적 봉사에 그는 큰 기쁨을 느꼈다. 그는 애도나 실망의 슬픔을 알지만, 그것은 하나님의 내면의 빛 앞에 희미해졌다.

선교사: 거의 70년 전, 페이톤 시절의 선교 열정으로 그는 자신을 멀고 먼 뉴 헤브리데즈로 자원하였다. 1894년 그는 야만적인 산토로 갔다. 그곳의 고생과 위험과 고난과 원한을 그는 경험하였지만, 눈에 띄는 성공을 거두었다. 결국, 그는 고열로 인하여 그 섬에서의 15년간 활동을 마쳤다. 그러나 그의 불타는 정신은 그것을 마지막이라 여기지 않았다.

1910년 약간의 염려와 함께 그는 한국으로 향하였다. 그곳에서 그는 1938년 은퇴할 때까지 일하였다. 그러나 그는 선교지를 떠나 고향에서도 여전히 선교사였다.

나환자의 친구: 한국선교 활동 초기부터 그는 나환자와 관련을 맺게 되었다. 그 이후 그는 나환자들의 몸과 영을 위하여 관심과 노력을 한 번도 포기한 적이 없다. 부산 인근의 나환자요양원이 크게 성장하는 것을 그는 보았다. 그는 일상의 봉사보다 더 많은 것을 하였다. 요양원의 시설이 부족하여 도움이 필요한 환자를 받아들이지 못할 때 그는 매우 마음 아파하였다. 오히려 나환자들이 자신에게 준 것이 많다고 그는 여러 번 이야기하였다. 그들의 감사와 기독교적 신앙은 계속하여 그를 풍부하게 하였다. 얼마 전에 나는 그 요양원에서 살았던 남녀를 만났다. 그들에게 그들의 친구, 그들의 원장에 대한 기억은 여전히 생생하였다.

교회 일꾼: 노블 맥켄지 목사는 항상 교회의 올바른 질서에 관하여 관심을 가졌다. 그는 좁고 엄격한 접근에서 벗어나 진리를 위한 용기를 지녔다. 그는 1912년 조선예수교장로회가 설립되는 것을 보았으며, 은퇴하기 전까지 그 교회 일에 온전히 참여하였다. 내 기억으로 그는 한국에 있는 동안 모든 총회에 출석하였다. 빅토리아장로교회는 그를 높였고, 총회장으로 선출하였다.

그를 기억하기 위한 기념비에 관하여 언급해 달라는 요청을 받았다. 한국에는 살아있는 사람의 공적을 기념하기 위하여 기념비를 세우는 관습이 있다. 우리 선교부에서 멀지 않은 길옆에 맥켄지 기념비가 자랑스럽게 서 있다. 적대적인 전쟁 동안에 그 기념비는 옮겨졌으나 그 기념비에 새겨진 사람은 잊히지 않았다. 이 사람 같은 이야기는 돌 위에 새겨질 수 없다. '다른 사람들의 삶 속에 얽혀들어 간다'. 아직 많은 사람이 1938년 그를 '떠나보낸 날'을 추억한다.

'기념비'가 한 개 더 있다는 것을 아는가? 그의 자녀들이다. 모두 훌륭한 시민들이다. 특히 한국에서 일하는 두 명은 맥켄지와 그의 헌신적인 아내의 살아있는 서신이다.

부산진 언덕 위에 훌륭한 교회당이 서 있다. 많으면 천 명까지 그곳에서 정기적으로 예배드리고 있다. 돌로 멋지게 건축되었다. 누가 세웠는가? 그곳에서 멀지 않은 곳에 최근에 개원한 일신병원이 있다. 그것 또한 훌륭하게 세워졌다. 다시 묻겠다. 누가 세웠는가? 가난한 기독교인들의 희생과 놀라운 건축 기술을 가진 사람을 언급하지 않을 수 없다. 실제 그 건물들을 건축한 사람은 한때 미감아 어린이집 아이였다. 맥켄지 부부에 의하여 키워진 것이다. 이것도 '기념비'가 아닌가?

하나님의 아들이 십자가에 달려 돌아가시고 다시 살아나 승리하셨다는 믿음을 가진 사람이 있다. 그 신앙 속에 그의 노동은 '주 안에서 헛되지 않을 것'이다.

맥켄지의 협력자를 말하지 않고 추모사를 마칠 수 없다. 한때 나도 압박과 어려움 속에 있을 때 그녀의 도움을 받은 적이 있다. 그는 항상 말하였다. "그녀에 관한 모든 기억으로 인해 하나님께 감사드린다." 그녀 자신도 선교사로 초기에 훌륭한 선교 활동을 하였고, 후에는 남편을 신실하게 잘 돌보았다. 지난 세월 그녀는 돌봄의 무게를 인내하며 실천했다는 것을 우리는 안다. 그녀에게 존경과 사랑의 인사를 전한다.

제임스 노블 맥켄지, 평안히 가시라.

조지 앤더슨 목사
딥딘장로교회
1956년 7월 14일, 수요일.

['더 크로니클', 1956년 8월, 13-14]

제2장

메리 맥켄지의
편지와 보고서

(Mrs. Mary Jane Mackenzie (nee Kelly), 매부인[1], 1880-1964)

---

1) 맥켄지 부인의 결혼 전 이름은 메리 제인 켈리이다. 1905년 처음 한국에 입국할 당시 그녀는 독신이었다. 결혼하기 전까지의 그녀의 선교 편지는 필자의 '호주선교사 앤드류 아담슨, 벨레 멘지스, 아그네스 브라운, 메리 켈리, 엘리스 니븐'(나눔사, 2024)을 보라.

1. 청혼받다

메리는 선교사들의 활동 상황을 돌아보기 위하여 진주를 방문한 맥켄지 목사를 만나게 되어 청혼을 받고 1912년 2월 10일 홍콩에서 결혼하였다.

('맥켄지가의 딸들', 73)

2. 약혼식 발표

켈리에게서 온 편지를 읽다. 노블 맥켄지와 약혼하였다는 소식과 그녀는 선교사직에서 사직한다는 내용이다. 켈리 양과 맥켄지 씨에게 마음을 담은 축하를 전하기로 만장일치로 동의하다. 휴가 마지막 순간까지 켈리는 우리의 선교사이다.

(빅토리아여선교연합회 회의록, 1910년 12월 6일, 총회 회관)

3. 축복 속에 떠나는 켈리

지난 12일 켈리가 한국으로 떠나기 전날 빅토리아여선교연합회와 관련된 여성들이 모여 그녀의 앞날을 축복해 주었다. 많은 회원이 먼 거리에서 참여했는데 회장은 마세돈에서 부회장은 발라렛에서 왔다.

켈리와의 즐거운 만남의 시간이 있었고, 그녀와 진주에서 동료였던 스콜스를 환영하는 시간도 가졌다. 켈리는 사랑스러운 성격과 헌신 그리고 신실함으로 고향과 해외의 많은 사람에게 사랑과 존경을 받고 있다. 몇 회원은 그녀에게 여행 가방을 선물하며 그녀에 대한 자부심을 표현하였다. 회장인 하퍼 여사는 그녀가 건강이 회복되어 현장으로 돌아가게 되어 감사하며 격려하였다.

맥켄지 목사에게도 축하의 메시지를 보냈는바 오랫동안 보람되고 행복한 사역을 하도록 기원하였다. 레거트 목사가 마지막 기도를 하면서 이들의 앞날을 축복하였다. 그 후 옆 방에서 차담회를 가지며 친교하였다.

('더 크로니클', 1912년 2월 1일, 7)

4. 결혼식

(노블과 메리 맥켄지 결혼, 1912)

지난 2월 10일 메리 켈리와 노블 맥켄지가 홍콩의 샌 피터스교회에서 결혼하였다는 전보를 받았다. 우리는 맥켄지 부부를 축하하며, 오랫동안 한국에서 건강함과 능력으로 일할 수 있기를 희망한다.

('더 크로니클', 1912년 3월 1일, 9)

5. 초읍교회

지난 몇 달 동안 선교회의 많은 분이 여러분의 선교사와 나에게 축하를 보내 주었다. 여러분에게 큰 빚을 졌다는 느낌이다. 맥켄지 씨가 여러분에게 고맙다고 전하였지만, 나도 지금 감사함을 전한다.

부산에서 4마일 정도 떨어진 곳에 초읍이 있다. 수년 전 멘지스와 그녀의 전도부인이 이 마을을 매주 방문하여 여성들을 전도하고 가르쳤다. 몇 명의 여성이 믿기 시작하였고, 그중에 반신불수인 여성도 있었다. 수년간 수요일마다 멘지스는 그들을 방문하여 성경공부를 하였고, 주일에는 그들이 부산진교회를 방문하여 예배드렸다.

초읍에 교인이 늘어나자 몇 명의 남성 교인은 부산으로 가는 대신 그곳에서 예배드리기 시작하였다. 불신자 이웃에게 증인이 되기 위함이었다. 최근에 이들은 교인 집에 속한 방 두 개를 예배당으로 꾸렸다. 한 할머니의 집인데 그녀는 큰 방을 예배당으로 내어주고, 자신은 작은 방을 사용하며 예배당을 돌보았다.

지난주일, 예배당이 완성되어 예배드릴 준비가 되었다. 여러분의 선교사가 예배당 헌당식을 하기에 우리는 주일 일찍 초읍으로 갔다. 여러분도 우리와 함께하였다면 얼마나 좋았을까! (중략) 부산진교회의 교인 몇 명도 우리와 함께 갔다. 그중에 맥켄지 씨의 언어교사와 그의 아내 그리고 세 살 난 아들 요셉이 있었다.

산등성이에서 잠깐 쉰 후 우리는 교회당으로 내려갔다. 교인들은 우리를 따뜻하게 환영하였다. 예배당은 다른 한국 집과 마찬가지로 돌과 진흙으로 된 외벽과 초가지붕이었다. 그러나 방안은 매우 깨끗하였고, 예배드리기 좋았다. 교인들의 자부심이 느껴졌다. 비록 천정에는 네 종류의 종이가 얼룩덜룩 발라져 있었고, 바닥은 싼 갈댓잎 가마니로 덮여 있었지만 말이다. 이들은 최선을 다하였다. 자신의 집은 천장을 종이로 바르지 못하고, 바닥에 깔개도 없을 것이다. 마침내 하나님을 예배할 교회가 세워져 행복하고 감사하였다.

예배와 친교 후 맥켄지 씨와 나는 마을 뒷동산에 올라 조용하게 점심을 먹었다. 사실 초읍교회가 손님들을 위하여 준비한 한국 음식을 피하고 싶은 마음도 있었다. 한참 후에 우리는 다시 교회로 내려갔는데 여전히 식사는 진행 중이었고, 그들은 우리의 자리를 지키고 있었다! 우리는 자리에 앉아 먹는 시늉을 하다가 결국은 준비한 음식을 먹었다. 우리가 먹는 시늉만 할 정도로 한국 음식을 싫어하는 것은 아니다. (중략)

여러분, 초읍교회를 위하여 우리는 기도해야 한다. 이 교회에는 현재 13명의 여성과 소녀가 있고, 6명의 남성과 소년만 있을 뿐이다. 이 지역의 인구는 400명 정도이다. 아직 전도할 대상이 많다.

메리 맥켄지
7월 3일, 부산진.
('더 크로니클', 1912년 10월 1일, 8-9)

6. 요양원의 첫 세례식

구약의 이야기 중 나아만 장군 이야기가 있다. 시리아인으로 나병 환자였다. 호주에서는 나병의 참혹성을 모른다. 나병으로부터 자유로운 땅이기 때문이다. 그러나 한국이나 동양의 나라에서 나병의 희생자를 보지 못한 사람은 드물 것이다. 한국 땅 남쪽에 많은 나환자가 있고, 대부분 격리되어 거지로 살고 있다.

삼 년 전 '동양의 나환자선교회' 도움으로 부산에 그들을 위한 집을 지었다. 그곳에 60명의 환자가 있는데, 이들에게는 거주할 집이 있어 행복하다! 이곳에서 이들은 음식과 의복은 물론 아픈 몸을 위로받고 치료받을 수도 있다. 입소하는 매 사람에게 성경과 찬송을 주며, 글을 읽지 못하면 가르친다.

남성 교인 한 명이 그들과 함께 살며 돌보고 있고, 그는 맥켄지의 지도를 받고 있다. 나환자들에게 하나님의 사랑과 이 땅에 온 그의 아들은 나환자의 친구이며, 그의 이름으로 자신들이 돌봄을 받고 있다을 가르치고 있다. 맥켄지가 시간 날 때마다 주일에 그곳에 가 예배를 인도하지만, 그가 없어도 그 나환자 남성 중심으로 매주 예배를 드린다. 가정예배도 매일 아침저녁으로 드린다.

니븐도 일주일에 한 번 그곳에서 여성과 소녀들에게 성경을 가르치고 있다. 우리를 배려하여 그들은 창문을 다 열어 공기가 잘 통하도록 하고, 방 안에 백단을 태워 자신들의 상처 냄새가 덜 나도록 한다. 그들 중에 몇 명은 믿은 지 오래되어 이제 세례를 받고 교회의 회원이 되기를 원하였다.

지난주 맥켄지는 그들에게 세례문답을 하였다. 3명의 남성과 7명의 여성이 합격하여 세례받을 준비가 되었다. 그리고 주일에 요양원에서 처음으로 세례식과 성찬식이 거행되었다. 새로 온 켈리 부부와 캠벨 양 그리고 맥켄지와 나는 주일 아침 배를 타고 부산진 항구 반대편에 있는 그곳으로 건너갔다. 배는 요양원 배였고, 나병이 심하지 않은 입소자 세 명이 노를 저었다. 우리가 도착하였을 때 그곳 큰 방에 모두 모여 있었다. 우리가 그곳으로 걸어갈 때 익숙한 찬송 소리에 우리는 반가웠다.

청년 여러분, 얼마나 감동적인 예배였는지 모른다. 3명의 남성과 7명의 여성이 일어나 공개적으로 예수를 주로 믿는다고 신앙을 고백하였다. 어떤 이는 맥켄지의 질문에 쉰 목소리로 대답하였는데 나병이 목소리까지 바뀌게 하였다. 그리고 이들은 아버지와 아들과 성령의 이름으로 세례를 받았다. 그리고 예수의 죽음과 부활을 기억하며 성찬식에 참여하였다. 그들 중 빵을 잡거나 잔을 들 수 없는 사람이 있었는데 목사가 직접 그들의 입에 넣어주었다.

어떤 환자는 요양원에 살면서도 믿기를 거부하였다. 어느 날, 한 작은 소녀가 우리 집 문을 두드렸다. 그녀는 심한 나환자로 요양원 입소를 간청하였다. 우리는 자리가 있기에 그녀를 받았다. 어느 날 맥켄지가 요양원을 방문하는데 거리에서 그 아이를 만났다. 그녀는 옷 보따리를 들고 있었다. 그 속에 말린 생선도 있었다. 원래 집이 있는 대구로 간다는 것이었다. 맥켄지는 그녀가 요양원의 물건을 훔쳐 도망가는 길이란 사실을 알았고, 그녀를 다시 데리고 갔다. 요양원이 가까워지자 그녀는 도망가려고 발버둥을 쳤다. 한 입소자가 그 모습을 보며 말하였다. "목사님 그냥 두세요. 그녀는 절대 기독교인 될 수 없는 이방인입니다."

맥켄지는 먼 곳의 섬을 방문하느라 현재 집을 떠나 있다. 화요일 새벽에 출발하여 금요일 늦게 도착한다고 한다. 그곳 사람들은 처음으로 선교사의 방문을 받는다고 한다. 그 내용에 관해서 그는 나중에 여러분께 쓸 것이다. 여러분 모두에게 새해 인사를 전한다.

메리 맥켄지.
11월 9일, 부산진.
('더 크로니클', 1913년 2월 1일, 8-9)

7. 부산진 통신원 맥켄지 부인

1912년 12월 25일, 청명하지만 날카롭고 차가운 날이 밝았다. (중략) 우리의 아침 식탁 위에는 원근각처에서 온 사랑스러운 성탄 카드와 선물들이 놓여 있었고, 우리는 그것을 기쁨으로 열어보았다. 특히 고향의 가족이 생생히 생각나는 그런 시간이다.

우리는 노만 엥겔이 보고 싶다. 그 아이는 우리 집을 들락거리며 밝은 빛을 주었었다. 지금 그는 먼 호주에 가 있다. 4년의 공백을 뒤로하고 돌아온 멘지스 부인은 우리 선교부에 올해 큰 활력을 불어넣고 있다. 그녀는 여학교 기숙사와 고아원 사감을 맡고 있는데 매우 귀중하다. 지금의 한국 역사 속에 있는 소녀들에게 그런 지혜로운 통제와 지도가 필요하다.

교회 성탄 예배에 많은 교인이 참석하였고 모두 즐거운 시간을 보냈다. 남성들은 게임을 하며 놀았는데 엥겔 씨와 맥켄지 씨 둘 다 경기를 잘하지 못하였다. 아마 그들의 실패가 그 게임을 더 즐겁게 하였을 것이다. 니븐 양은 동래읍내교회에서 하루를 보내며 그곳 사람들과 어울리며 즐거운 시간을 가졌다.

맥켄지 씨와 나는 나환자요양원을 방문하기로 되어 있어서 진주의 박 조사와 함께 그곳으로 떠났다. 오후에 박 조사가 그곳 사람들에게 감동적인 설교를 하였다. 그들 모두 행복해 보였다. 성탄절 특식이 준비되고 있다는 것을 그들이 아마 알았을 것이다. 예배 후에 우리는 관리인의 방에서 그리고 봉사자들은 식당에서 점심을 먹었다.

모두 식사를 마치고 우리는 다시 모였다. 선물을 나누어 주었다. 따뜻한 목도리, 장갑 등이다. 스코틀랜드, 미국 그리고 호주에서 친절하게 보낸 준 선물이다. 어떤 선물은 미국의 소년 소녀가 만들었다고 하자 사람들은 감동하는 모습이었다. "우리를 이렇게 생각해 주다니 놀라운 은혜입니다." 말로 감사하는 사람도 있었고 말없이 눈물을 흘리는 사람도 있었다. 너무 아파 자리에서 일어나지 못하는 환자까지 일일이 만나고 우리는 집으로 돌아왔다.

그다음 주일도 기쁜 날이었다. 네 명의 여성과 두 명의 남성이 오후 예배에서 세례를 받았다. 특별히 관심을 끄는 것은 80살이 넘은 할머니와 그녀의 아들 부부가 세례받았다는 것이다. 그다음 주 더 많은 사람이 세례를 받았고, 우리는 1913년 신년예배 시 성찬식에 참여하였다.

새해에 우리 주님이 위탁하신 새 일이 시작되었다. 우리는 은혜와 능력을 간구하며 그분만 바라본다.

메리 맥켄지
(Korea Mission Field, 1913년 4월, 92)

8. 야학의 시작

여학생을 위한 우리의 야학에 관하여 들어보았는지 궁금하다. 여러분이 아는 대로 부산진에 우리의 훌륭한 주간 여학교가 있다. 8년 과정이다. 그러나 불행히도 많은 여학생이 낮에 학교에 못 나온다. 가난이 이유이기도 하지만, 소녀가 한낮에 길거리에 나가서는 안 된다는 부모의 옛 관념 때문이기도 하다. 이 점이 염려되어 우리는 지난 1월 저녁반을 시작하였다. 이 아이들도 읽기와 쓰기를 배우며 기독교 신앙을 접하고 있다.

(메리와 아기 헬렌, 1913)

나에게 자유로운 시간이 있기에 그 일이 나에게 주어졌다. 12명의 학생으로 야학을 시작하였다. 그리고 그 숫자는 계속 늘어 여름방학이 끝날 무렵 출석부에 105명이 등록되었다. 4월에 이웃의 일반 학교도 우리를 따라 야학을 시작하였다. 우리는 일주일에 이틀만 하였는데, 이 학교는 육 일을 가르쳤다. 우리의 몇 학생이 그곳으로 가기도 하였지만, 우리 야학 반에도 학생은 충분하다. 처음에는 나 혼자 하였지만, 점차로 보조 교사가 필요하였다. 그리고 주간 여학교 상급반 여학생 4명이 나를 돕고 있다. 무어[2]도 휴가에서 돌아온 이후 이 일을 함께하고 있다.

야학의 여학생 나이는 5살부터 50살이다! 시작할 때와 마칠 때는 모두 함께 앉는다. 좀 부유한 가정에서 오는 학생은 머리를 곱게 빗고 옷도 잘 입어 예쁘다. 그러나 대부분은 무언가에 충격받은 것 같은 머리칼에 돌봄을 받지 못한 모습이다. 이들의 햇볕에 탄 얼굴과 갈라진 손등 그리고 지저분한 옷은 우리의 동정과 사랑을 자아낸다. 이들은 공부가 끝날 때 항상 묻는다. "몇 밤 자고 다시 나와야 합니까?" 기쁨이 없는 이들의 일상에 야학은 손꼽아 기다리는 날이다.

이 아이들의 행동거지가 모범은 아니다. 공부 중에도 문에 친구가 보이면 소리친다. "왔어? 여기야 여기. 내 옆에 와 앉아." 다른 반 아이가 불편하게 붙어 앉으면 팔꿈치로 민다. 그러면 그 옆의 아이는 주저하지 않고 욕을 한다. "선생님. 얘가 욕해요." 또 다른 아이는 아기를 뒤에 업고 와 서서 몸을 흔들며 공부한다.

모두 읽기에 열심이지만, 내가 생각하기로는 이들이 제일 좋아하는 과목은 찬송과 성경 이야기이다. 많은 아이가 주일과 수요일 예배에도 나온다. 그러므로 우리는 아이들이 어떤 모습이라도 야학에 나오도록 격려한다. 무어와 나의 강의가 종종 맥이 끊기기도 한다. 아기를 업고 지나가다가 혹은 물동이를 이고 지나가다가 우리를 보고 다가와 인사하기 때문이다.

고향의 선교회 여러분이 모일 때 이곳 야학의 여학생들을 기억해 달라. 부산진에 소년들도 많아 우리는 이들을 위한 야학도 하기 원한다. 그러나 남자 선교사들이 시간이 없다. 이들도 하나님 앞에 나올 수 있는 길이 열리도록 기도해 달라.

메리 맥켄지.
6월 21일, 부산진.
('더 크로니클', 1913년 11월 1일, 4-5)

---

2) 엘리자베스 무어(모이리사백 선교사)

9. 울릉도에서 온 편지

청년 친구들에게. 매우 높은 산 턱에 세워진 작은 집을 상상해 보라. 집 뒤에는 가파른 산이 있고, 올려만 보아도 현기증이 날 만큼 높은 곳이다. 이 계곡에 몇 채의 집이 있는데 그중 한 집에 지금 내가 있다. 낮은 초가집인데 벽은 나무와 진흙으로 되어있다. 그러나 지붕은 짚으로 되어있는 대신에 판자로 되어있다. 이곳에는 볏짚보다 나무가 더 흔하기 때문이다. 또한, 못을 사용하여 고정하기보다 그 위에 돌을 올려 고정시켰다.

이곳 사람들은 육지보다 이곳이 더 살기 나을 것이라는 생각에 섬에 온 가난한 사람들이다. 아마 맞는 말일 것이다. 육지에서는 겨울에 비싼 땔감을 구하기 어렵지만, 이곳에서는 나무를 쉽게 벨 수 있기 때문이다. 동시에 산속에는 다양한 식물이 있어 음식으로 사용할 수 있고, 땅이 비옥하여 옥수수와 감자 등이 잘 자란다. 벼를 심을만한 평지는 없고, 보리와 밀은 낮은 산지에 심지만 규모는 작다. 아이들은 그 가파른 산을 염소와 같이 오르내리며 열매를 찾는다.

이곳에서 우리는 성경반을 인도하고 있다. 하루는 함께 온 여성과 이곳 학생들과 함께 뒷산에 올랐다. 산에서 내려올 때 육지에서 온 우리 두 명은 긴장하였지만, 이곳 여성들은 즐거운 모습이었다. 양 부인은 높이를 매우 무서워하며 뒤로 엉금엉금 기었다. 나는 예전에 경험이 있어 조심하며 내려왔다.

현재 울릉도에서 나는 이 편지를 쓰고 있다. 맥켄지 씨가 얼마 전에 여러분에게 이곳에 관하여 편지를 썼다. 4월 10일 토요일 저녁 우리는 집을 떠났다. 이날 폭풍이 있어 우리의 작은 배는 그다음 날 새벽에나 출항하였다. 파도가 여전히 높아 우리는 배에서 고생하였다. 울릉도에는 화요일 아침 도착하였다. 얼굴이 노랗고 눈에 핏기가 서린 승객 한 무리가 먼저 내렸고, 우리는 거친 파도를 헤치고 좀 더 가 노 젓는 작은 배로 갈아탔다. 그곳에서 한 번 더 수난을 당해야 하였는데 남성의 등에 업혀 해변으로 올라갔다!

그곳에서 우리를 기다리던 한 무리의 기독교인이 우리를 따뜻하게 환영하여 위안을 받았다. 고생을 감수하고 온 가치가 있었다. 그리고 그것은 이곳에서 지내는 동안 내내 증명되었다.

맥켄지 씨는 이 섬에 있는 8개의 교회를 하나씩 방문하였다. 그리고 38명에게 세례를 주는 기쁨이 있었다. 그러나 꼭 교회 일만이 있는 것은 아니다. 한

참 인사를 서로 나눈 후 한 남성이 물었다. "목사님, 혹시 눈약을 가지고 왔습니까?" "목사님, 이 아이의 등을 봐 주십시오." "이가 아픈데 이를 빼줄 수 있습니까?" 그는 식사 시간도 거르고 다음 교회로 급히 떠나야 하였다.

양 부인과 나는 맥켄지 씨와 모든 교회를 동행하지는 않았다. 우리는 도동교회에서 여성과 소녀들을 모아 따로 성경을 가르쳤다. 우리를 향한 이들의 사랑과 감사는 감동적이다. 이들과 함께하며 하나님의 말씀을 가르칠 수 있어서 매우 기뻤다. 외국 여성을 구경하러 온 사람들에게도 전도하였다. 그들이 들은 복음을 잊어버리지 않고, 그들에게 영생의 말씀이 되기를 기도한다.

우리 성경반에 이웃교회의 여성들도 참석하였다. 13살 되는 한 소녀는 안 믿는 이웃들이 자신을 어떻게 대하는지 말해 주었다. "불신자 친구는 내가 친척보다 교인들을 더 돌본다고 조롱합니다." 또 한 여성이 말하였다. "네. 우리는 친척이 죽어도 그들처럼 울거나 곡하지 않으니 사랑이 없다고 합니다." 이곳의 기독교인들이 어떤 박해를 받는지 여러분은 짐작할 수 있을 것이다.

이들은 이곳에서 태어나 육지에 간 경험이 없어 외국인을 처음 보았다. 그러므로 내가 무엇을 하던 이들에게는 큰 관심거리이다. 특히 내가 어떤 요리를 하며 무엇을 먹는지 관심을 가졌다. 또한, 나에게 예의를 다하였는바 "꼭 두 손으로 드려라"라는 말을 건너 들었다. 이들이 한 가지 아쉬워한 것이 있었다. 내가 넬리[3]를 데리고 오지 않은 것이었다. 오히려 나는 이 고단한 여행 중에도 안심할 수 있었던 것은 넬리가 멘지스의 안전한 돌봄을 받고 있기 때문이다. 이제 우리는 우리를 집으로 데려다줄 작은 증기선을 기다리고 있다. 날씨가 안 좋아 연착되고 있다. 곧 뱃고동 소리를 들을 수 있기를 바란다.

메리 맥켄지.
4월 20일. 울릉도.
['더 크로니클', 1915년 8월 2일, 3-4]

---

3) 첫 딸 헬렌을 말한다. 그녀의 어릴 적 이름은 넬리 펄 맥켄지였다.

10. 둘째 딸이 태어나다

지난 11월 캐시 맥켄지가 태어났다. 우리 선교회의 회원 수가 늘었고, 우리에게 기쁨과 밝음을 주고 있다.

맥켄지 부인이 여전히 야학을 책임 맡고 있다. 그녀는 다음과 같이 보고하였다.

"올해는 지난 2년보다 출석부의 명단이 조금 줄었다. 그러나 평균 출석률은 그대로이다. 공부하려는 이들의 노력은 놀랍다. 학생들은 물론 일반 과목을 열심히 하지만, 성경 과목이 이들의 마음에 깊은 영향을 주기를 희망한다. 네 명의 자원봉사자가 대부분 과목을 다 가르칠 뿐만 아니라 바쁜 선교사를 대신하여 학교 운영도 일부분 감당하고 있다. 주간반을 졸업한 여성들이 자신보다 처지가 못한 이들을 위하여 희생적으로 이 일을 한다. 직접 전도보다 교육 활동은 시간도 오래 걸리고 단조롭지만, 이 여성들이 다른 소녀들을 돕는 모습을 보면 큰 격려가 된다.

맥켄지 부인은 주일학교 여성반을 계속 감독하고 있다. 그녀는 다음과 같이 보고하였다. "부산진교회 주일학교 여성반은 모두 다섯 개로 매 주일 모여 성경을 공부한다. 이 중 두 개의 반은 멘지스와 맥켄지 부인이 가르치며, 나머지 세 반은 능력 있는 젊은 한국인 여성이 가르친다."

메리 맥켄지
(OMW, 1917년 1월, 2-8)

11. 넬리와 캐시의 놀이

친애하는 선교회 회원 여러분,

여러분에게 안녕을 고한지 일 년이 지났다. 여러분의 어린 선교사 넬리와 캐시는 호주에 간 지 오래되었다고 벌써 몇 번이고 말한다. 이 나이의 아이들에게 일 년은 물론 긴 시간이다. 어떤 때 아이들이 노는 소리를 듣자면 이들이 외

(헬렌, 캐시, 루시의 어린 시절, 1919)

국 땅과 이교도 사회의 영향을 받고 있음을 깨닫는다. 이 아이들이 이곳에서 하는 놀이를 소개하면 호주 여러분과 이 아이들 생활의 차이점을 아마 알 수 있을 것이다. 넬리와 캐시는 학교 친구가 없기에 자신들의 놀이를 만든다. 무엇을 흉내 내는 놀이이다.

며칠 전에 넬리가 캐시에게 말하였다. "이교도와 기독교인 놀이를 하자. 캐시 너는 이교도인이고, 나는 기독교인이야." 캐시는 대답한다. "알았어." 그리곤 그녀는 우리 집에서 멀지 않은 언덕 위의 서낭당 나무 아래서 기도하는 여인의 목소리를 흉내 낸다. 넬리는 그 여인의 신앙이 이상함을 느끼고 있었는데 다음과 같이 말한다. "캐시, 이방인과 기독교인이 무엇이 다른지 알아? 이방인은 한국인이고 기독교인은 영국인이야."

또 다른 날에 아이들은 언덕 위 서낭당 나무에서 기도하는 여성을 베란다에서 보며 대화하였다. "저 아줌마 기도 오래 해도 천당에 못 가. 하나님께 기도하는 것이 아니니까." 넬리가 말했다. "맞아. 귀신한테 기도하면 안 돼. 우리는 천당에 갈 수 있어. 하나님께 기도하니까." 캐시가 대답하고 잠시 있다가 다시 이어갔다. "우리가 죽으면 빨리 천당에 가는 것 아니야. 먼저 머리가 가고, 나중에 예수님이 오시면 우리 몸도 갈 거야." 넬리가 덧붙였다. "맞아. 그래서 우리는 한국에서 살아야 해. 아빠가 사람들에게 하나님과 예수님을 가르치니까." 캐시도 말하였다. "또 문둥이도 돌보아야 하잖아."

하루는 아빠가 먼 시골 교회를 방문할 때 누가 소경 나환자를 데리고 와 우리 집 문 앞에 내려놓았다. 내가 나가보았을 때 데리고 온 사람은 벌써 사라졌고, 나환자는 도와달라고 애원하였다. 나는 어찌할 바를 몰랐다. 요양원은 이미 만원이라 자리가 없었다. 그렇다고 그를 돌려보낼 수도 없었다. 나는 그에게 돈을 줄 테니 그것으로 음식을 사 먹으며 자리가 날 때까지 기다려 달라고 하였다. 그는 거절하였다. "부인. 나 같은 사람에게 천만금이 있다 해도 무슨 소용입니까. 그저 죽을 때까지 머무를 곳이 필요할 뿐입니다."

마침내 나는 우리의 소년 일꾼에게 그를 요양원까지 데리고 가라고 부탁하였다. 우리 집에서 3마일 떨어진 거리이다. 이 사건 후에 넬리는 종종 소경 흉내를 내었고, 캐시는 일꾼처럼 그녀를 데리고 가는 시늉을 하였다.

여러분은 신문을 통하여 이곳에 정치적 소요가 있는 것을 알 것이다. 한국인 학교의 많은 소년과 소녀가 감옥에 갔는데 자신의 나라를 사랑한다는 작은 죄명 때문이다. 그들은 거리로 나가 '만세'를 불렀는데 '우리나라여 영원하여라'라는 뜻이다. 넬리와 캐시는 자신이 알던 학교 소녀들이 잡혀간 것에 대하여 매우 힘들어하였다.

며칠 전 캐시는 손을 뒤로 한 채 묶였고, 넬리가 그녀의 얼굴 위로 천을 덮었다. 캐시가 '만세'를 부르는 한국인 학생이었고, 넬리는 일본 순경으로 그녀를 체포한 것이다! 우리는 장차 이 아이들이 자라 지금은 흉내 내는 이곳 사람들에게 그리스도의 메신저가 되기를 희망한다.

7월 12일. 부산진.
메리 맥켄지
('더 크로니클', 1919년 10월 1일, 3-4)

12. 유전이 아닙니다

나병을 앓는 부모를 가졌으나 아직 건강한 자녀들[4]을 분리 수용할 시설의

---

4) 부모에게 전염되지 않은 아이들을 말하며 이들을 '미감아'라고도 불렀다.

필요성에 대해서 맥켄지부인은 무거운 책임감을 느끼고 있었다.

휴가 기간이 돌아와 우리가 호주로 갔을 때 여러 교회를 다니며 나환자의 자녀 중 나병 증세가 없는 아이들을 위한 지원을 호소하였다. 그 결과 600파운드의 후원금이 미감아 아이들을 위한 집 마련을 위하여 모였다. 그뿐만 아니라 그곳에 수용할 아이들 개개인에 대한 지원비도 후원자들로부터 약속을 받았다.

휴가를 마치고 우리는 부산으로 돌아와 미감아 아이들을 위한 아주 적절한 가옥을 마련할 수 있었다. 그리고 드디어 1919년 일곱 명의 어린아이를 받아들여 개소식을 거행하였다.

('매견시 자서전', 74)

13. 선물 나누는 즐거움

젊은 친구들에게. 이번 편지에는 미션 박스의 도착과 그 내용물을 나누어주는 기쁨에 관하여 이야기하고자 한다. 우리는 미션 박스가 성탄절 전에 도착하지 못할 것 같아 염려하고 있었다. 여러분이 보낸 소포는 성탄절 두 달 전에 일본에 도착하여 그곳에 한동안 묶여 있었고, 그 후 부산항에 도착하여 그곳 세관 검사에 한참이 걸렸다. 비록 일본에서 부산항까지 배로 12시간밖에 걸리지 않지만 말이다. 그리고 마침내 성탄절 나흘 전에 우리에게 도착하였다.

여러분 중에는 아마 성탄절 나흘 전은 일요일인데 그때도 배달이 되는지 의아할 것이다. 이곳은 기독교 나라가 아니다. 일요일에도 일하고 배송이 된다. 이들은 '안식일을 지켜 거룩하게 하라'는 주님의 말씀을 모른다. 내가 주일학교를 마치고 집으로 오니 미션 박스가 도착하여 있었다. 다행히 우리 집에 손님 방이 하나 있어 그곳을 사용할 수 있다. 나는 월요일에 상자를 풀려고 하는데, 넬리와 캐시는 빨리 열어보고 싶어 안달하였다.

월요일 아침 일찍 아이들은 남편을 침대에서 끌어냈고, 큰 상자를 해체하는 망치 소리가 들렸다. 아침 식사를 하기도 전에 우리 집은 여기저기 물건으로 가득 차기 시작하였다. 심지어 아기 루시도 못을 집는 등 언니들을 도왔다. 멘지스, 데이비스, 호킹이 우리 집으로 왔고, 그들도 도울 수 있는 만큼 도왔다. 상자

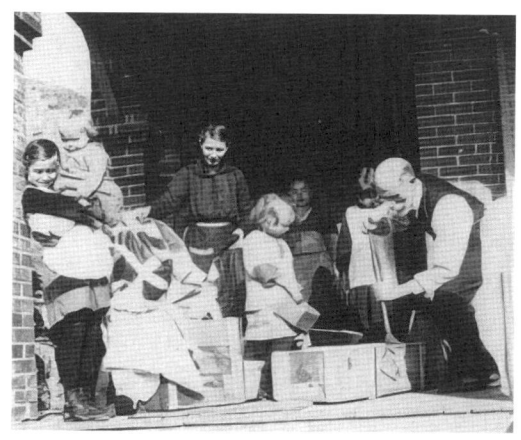
(맥켄지 가족과 미션 박스, 1924)

에서 목도리, 양말, 장갑 등을 꺼낼 때 우리는 나환자들을 생각하며 기뻤다.

여러분은 그 선물들이 어떻게 나누어졌는지 궁금할 것이다. 성탄절 낮에 호킹과 맥켄지 씨가 나환자요양원으로 가 그곳의 179명에게 각자에게 맞는 선물을 나누어 주었다. (중략) 그리고 미감아 집의 아동에게도 선물을 주었는데, 7명의 소년과 2명의 소녀 총 9명이다. 이들은 성탄절 오후 우리 집을 방문하였다. 이 아이들은 우리 집 식당 안에 세워진 아름다운 성탄 트리를 보고 신기해하는 표정이었다. 이들은 이런 장식된 나무를 처음 보았다. 아이들은 식사도 즐겼고, 넬리와 캐시도 이들과 즐겁게 대화하였다.

식사 후 우리는 거실에 앉아 놀았고, 아이들에게 성탄 선물을 나누어 주었다. (중략) 넬리는 한 한국인에게 받은 장난감 기차 선물을 한 소년에게 주었다. 캐시도 자신이 아끼던 인형을 한 소녀에게 주었다. 시간이 빨리 지나 어둠이 내릴 무렵 이들은 우리 집을 나섰는데 작년까지만 해도 나병을 앓는 부모 밑에 살며 예수라는 이름을 들어보지 못한 아이들이었다. 미감아의 집으로 인하여 우리는 하나님께 감사하였다.

이 모든 넉넉한 선물로 인하여 여선교연합회, 시니어여선교회 그리고 미션 밴드 회원들께 감사를 전한다. 1920년 새해 여러분 모두에게 기쁨과 축복이 넘치기를 소원한다. 참 시드니에서도 나환자를 위한 박스 7개를 보냈는데 내가 언급하는 것을 잊어버렸다. 이들도 우리의 선교에 동참하여 매우 반갑다.

1월 16일. 부산진.
메리 맥켄지
('더 크로니클', 1920년 4월 1일, 12-13)

14. 무당집

    최근 맥켄지 씨는 나에게 미션 밴드에 편지를 보내야 하는데 너무 바쁘다는 소리를 자주 하였다. 이곳의 많은 일로 인하여 그는 아직 편지를 못 쓰고 있다. 그의 침묵을 대신하여 내가 몇 줄 적는다.
    그제 맥켄지 씨는 이곳에서 19마일 떨어진 교회에 갔다. 한국인 목사 취임식에 참석하기 위함이다. 첫 7마일은 전차를 탔고, 그다음은 논두렁을 지나 산을 넘어 도보로 갔다. 한여름에 12마일을 걷는 것은 그에게도 쉽지 않은바, 집에 돌아왔을 때 그는 지쳐있었다.
    그러나 집에서도 그를 기다리는 일이 있었다. 나병이 심한 여성과 소년이 그를 만나기 원하였고, 맥켄지 씨는 그들을 요양원에 입소시켰다. 그리고 요양원에서 한 나환자가 들렸는데 자신의 동료를 위한 약을 얻기 위함이었다. 그 약은 좀 복잡하여 준비하는 데 시간이 걸렸다. 그 후 한 청년 전도사가 와 자신의 활동을 보고하였다. 그는 맥켄지 씨가 그 마을에 보낸 전도사다. 그가 채 돌아가기도 전에 두 명의 여성이 찾아와 이빨을 뽑아달라고 하였다!
    전화도 울렸다. 40마일 떨어진 한 교회에 문제가 생겼으니 급히 와 달라는 요청이었다. 오늘 아침 맥켄지 씨가 그 교회를 향하여 떠났다. 그가 우리 선교부 회계라 많은 서류 작업이 있는데 그것을 막 마쳤다. 그가 여러분에게 편지를 쓰지 못한 이유가 이해될 것이다. (중략)
    우리 집에서 조금 더 올라가면 무당집이 있다. 그곳을 향해 올라가는 여성들을 보면 마음이 착잡하다. 이들은 길을 잘못 든 것이다. 주님은 "나를 믿는 자는 영원히 목마르지 아니하리라"라고 말씀하셨는데 이들은 다른 것을 구하고 있다. 내가 그곳을 지나갈 때마다 그곳에 들어가 여성들에게 전도하고 싶지만, 그들은 나를 차갑고 무관심하게 쳐다볼 뿐이다. (중략)
    내가 지금 이 편지를 쓰는 동안 그 무당 신전에서 기괴하고 소란스러운 음악 소리가 흘러나오고 있다. 동시에 아래 교회당에서는 저녁 예배의 마지막 부분인 송영이 들린다. 언제나 무당 신전의 음악 소리가 멈추고 교회의 찬송 소리가 전국에서 들릴까. 만복의 근원인 하나님을 한목소리로 찬양하는 기쁨이 언제나 있을까.

1921년 7월. 부산진.
메리 맥켄지
('더 크로니클', 1921년 11월 1일, 4-5)

15. 아들의 죽음

1921년 3월 2일에 메리의 네 번째 아이이자 첫 남자아이가 태어났다. 세 번째 딸을 낳았을 때 그 두 부부를 가엾게 여기던 한국 사람들은 기뻐 어찌할 줄 몰라했다. 그 아이의 이름은 아버지, 메리의 형제, 그리고 맥켄지의 산토 영웅 제임스 고든의 이름을 따서 제임스(짐) 아더 고든으로 지었다. (중략)

처음에 짐은 감기에 걸린 줄 알았는데 디프테리아로 재진단되었다. 맥라렌 박사가 치료를 위해 왔지만, 치료하기에는 너무 늦었다. 짐은 12월 27일 세상을 떠났다.

('호주선교사 맥켄지의 발자취', 275-276)

16. '손님 병'

젊은 친구들에게. 이곳 한국에는 매우 특별한 병명이 있다. '손님 병'이다. 무슨 병인지 짐작이 가는가? 우리는 손님을 생각할 때 우리 집에 머물러도 되는 좋은 친구를 생각한다. 그런데 손님 병이라니 무슨 뜻일까. 아마 짐작이 잘 안 갈 것이다. 바로 천연두다! 매우 아프고 힘든 병에 그런 좋은 이름을 붙이다니 그 이유가 무얼까. 그 대답은 이곳의 미신에 근거해 있다.

오랜 기간 한국에는 자신을 인도할 하나님의 말씀이 없었다. 그래서 이들은 천연두[5]가 외국의 악령에게서 온다고 여긴다. 가족 중의 한 명이 이 병에 걸리면 집에 '손님'이 왔다고 생각한다. 한국인들은 예의 바른 사람들이라 비록 이 병이 끔찍하기는 해도 잘 맞이해야 한다고 한다. 그런데 천연두는 불행하게도 보통 그 집 안의 작은 아이 생명을 빼앗아 가기 원한다. 때로 아이가 그 병을 극복하면 손님을 잘 대접하지 못하여 미안하게 생각한다! 물론 부모는 아이가 생명을 보존하면 매우 감사하지만, '손님'이 무서워 아이가 병에서 낫는데도 슬픈 척을 한다.

이 '손님'이 최근 부산진에서 매우 바빴다. 우리 집에서 가까운 가정에도 왔다. 어린 소녀는 병을 극복하였고, 부모는 잔치를 열었다. 잘 차린 상 앞에 부모는 아이에게 예쁜 옷을 입혀 앉혔다. 그리고 그들은 아이에게 고개 숙여 인사를 하였다. 그 아이에게 아직 남아있을 '손님'에게 인사한 것이다. 자신의 집에서 '손님 대접'을 잘 못 하였다는 사과였다! 부친은 손님에게 용서를 구하였고, 음식을 많이 먹고 이제 떠나라고 하였다. 음식 중에 말고기 국도 있었는바 이제 대문 밖을 나서 자신의 나라로 안녕히 가시라고 인사하였다. 그리고 부친은 짚으로 만든 말을 대문 밖으로 던졌다. 자신들은 '손님'에 대한 예의를 다하였다고 만족하면서 부모는 아이와 함께 차려 놓은 음식을 먹었다!

이런 미신이 우리에게는 매우 불합리하게 보인다. 그러나 이 이야기가 우리에게 하나님에 관한 지식이나 그의 말씀을 가르치지 않는가? 어리석은 미신이 우리의 눈을 열리게 한다. 은혜를 받은 우리가 그 좋은 소식을 전해야 하지 않겠는가?

1월과 2월에 대부분의 성경반이 열린다. 농부들에게 덜 바쁜 달이기 때문이다. 알렉산더 양이 지난 두 달 동안 시골의 교회에서 여성 성경반을 인도하였고, 남성반은 라이트와 맥켄지 씨가 인도하였다. 맥켄지 씨는 40마일 떨어진 교회에서 일주일 동안 성경반을 인도하고 방금 돌아왔다. 그는 항상 여러분에게 편지를 쓸 생각을 하지만, 다른 많은 일이 그것을 가능치 못하게 하고 있다. 여러분의 지원과 후원에 감사한다. 여러분 모두에게 사랑의 인사를 전한다.

---

[5] '호환마마'로 불리던 천연두는 당시 두렵고 무서움의 대상으로 '역질', '큰 손님' 혹은 '마마신'으로도 불렸다.

메리 맥켄지.
3월 1일, 부산진.
('더 크로니클', 1922년 6월 1일, 3-4)

17. 메리와 네 명의 딸

(맥켄지 부인과 네 딸-헬렌, 실라, 루시, 캐시, 1923)

(1923년)

18. 픽쳐스 오브 코리아[6]

    1925년 메리는 '픽쳐스 오브 코리아'(한국의 모습들)라는 소책자를 출판하였다. 이 책에는 간략한 한국 역사와 문화, 한국선교, 다섯 개의 호주선교부, 나환자 선교 활동 등이 소개되었다. 호주의 미션 밴드의 회원들은 한국과 한국선교를 주제로 공부할 수 있도록 돕는 교재이다.

(1925년)

---

6)   Pictures of Korea'(Mrs. J. Nobel Mackenzie, PWMU, Melbourne, 1925)

19. 부산의 복음화

"전도는 복음 선포이기에 절대로 시대에 뒤떨어지지 않는다." 나는 이 말에 동의한다. 최근 부산의 한 큰 교회가 부흥회를 개최하였다. 매일 새벽 기도부터 시작하여 아침과 오후에 성경공부 그리고 밤에는 사경회가 열렸다.

우리는 이틀 저녁만 부흥회에 참석하였지만, 그 감동은 우리의 마음을 휘저어 놓았다. 여러분에게 그 내용을 소개하고 싶을 정도로 말이다. 우리가 그곳에 도착하였을 때 교회당은 이미 거의 차 있었다. 예배가 시작되기 전 준비 찬송을 부르는데 교인들은 잘 아는 찬송으로 자신의 마음을 준비하고 있었다. 나는 찬송을 부르며 교인들을 둘러 보았다. 모든 나이의 남성과 여성 그리고 어린이가 모두 모였다! 나이든 노인들, 하루의 일로 피곤해 보이는 중년들, 아이를 안고 있는 어머니들, 무언가 기대에 찬 소년과 소녀들이다.

강사가 강단에 올라 의자 앞에 무릎 꿇고 기도하자 예배가 시작되는 종이 울렸다. '하나님과의 친교'가 설교 제목이었다. 부흥사는 북쪽에서 왔는데 그의 말 억양이 투박하였다. 남쪽의 한국말을 배운 선교사는 그 내용을 정확히 알기 어려운 설교였다. 그러나 그것은 큰 문제가 아니었다. 교인들의 반응과 열정적인 화답 그리고 그들의 결단을 보면 은혜의 시간이었던 것이 분명하다. (중략)

(맥켄지 부인과 부산진교회 주일학교, 1930년대)

내가 어릴 적 참석하였던 부흥회를 나도 평생토록 잊지 못한다. 그때의 부흥회와 지금 이 부흥회가 아주 다르지만 동시에 놀랍게 비슷하기도 하다. 목사와 교인들의 이어지는 아멘 소리는 내가 어릴 적 이웃 농장의 교회에 참석하였던 감리교 부흥 집회와 같았다. 또한, 부흥사의 신실한 얼굴과 성령으로 가득한 모습은 학생 시절 다녔던 장로교회 목사의 모습과 닮았다. 이런 기억이 나의 어린 시절을 돌아보게 하였고, 이들에게도 평생 잊지 않는 축복이 되기를 기도한다. 이 부흥회가 성공적이었는지에 관한 평가는 우리의 몫이 아니다. 그러나 부흥회를 마치고 집으로 돌아오는 길에 승리의 감정과 이 어두운 도시를 어린 양 예수의 피로 결국 승리할 것이라는 확신이 들었다.

전차를 타고 돌아오며 다른 손님들의 얼굴을 살펴보았다. 대부분 남성이 방탕하고 죄가 서린 모습으로 우리를 우울하게 하였다. 그리고 교회당으로 올라가는 뒷길에 젊은 여성들이 열린 방에 앉아있는데 화장을 한 모습이다. 자신들의 직업이 '유혹하는 여성'이란 것을 보여준다. 또 다른 사람이 눈에 들어오는데 다리를 저는 나환자이다. 그는 잘 곳을 찾아 헤매고 있을 것이다. 무거운 마음으로 집에 도착하지만, 다시 승리의 기분이 샘솟았다. 교회에서 본 하나님을 찾는 심령들과 그 믿음의 누룩이 부산의 악행과 부도덕을 이기고 승리할 것을 믿기 때문이다.

메리 맥켄지.
('더 크로니클', 1929년 1월 2일, 19-20)

20. 창문 안에서 보다

지난 6일 동안 그녀는 선교사의 집을 기웃거렸다. 어떤 때 그녀는 절망 속에 나환자에게 금지된 공간까지 들어왔다. 그러나 그녀는 똑같은 말만 들을 뿐이었다. "도와줄 수 없어요. 요양원이 꽉 찼어요." "또 한 명을 들일 재정이 없어요." 그런데도 그녀는 희망을 버리지 않고 문밖에서 애처롭게 기다렸다. 그녀가 그 자리를 비울 때는 배가 고파 음식 구걸을 나갈 때뿐이었다. 배가 차면 그녀는 곧 다시 돌아와 호소하였다.

(입소를 애원하는 여성, 1926)

밤에도 그녀는 그 자리에 있었다. 빈 쌀자루를 깔고 덮고 있었다. 모든 것이 얼어붙은 추운 겨울이다. 따뜻한 집 안에서 우리는 북쪽의 날카로운 바람 소리를 듣는다.

아마 그녀는 낮에 문밖에서 기다리는 동안 보았을 것이다. 가족이나 친구들에 의하여 업혀 와 상담하고 입소증을 받는 모습을 말이다. 그것을 보며 그녀는 자신도 허락받을 수 있다고 믿는 모양이었다. 선교사는 나환자를 상담하며 말한다. "재정이 있거나 없거나 이 사람들을 돌려보낼 수 없어요. 어차피 오랜 기간 도움이 필요한 환자들이 아닙니다."

마침내 선교사는 그녀에게도 같은 결정을 내렸다. 그렇게 탐내던 입소 승인서를 내준 것이다. 창문 안에서 선교사의 아내가 그 모습을 지켜보았다. 기쁨과 안도의 얼굴로 그리고 손가락이 없는 손으로 그녀는 그 승인서를 받았다. 그리고 그녀는 고개를 숙이며 감사하였다!

그런데 그녀 옆에는 또 다른 나환자 모녀가 있었다. 그들도 며칠 밤낮을 그곳에 대기하고 있었다. 그들도 목소리를 높였다. "우리도 살려주세요." 선교사가 그들을 못 본체하며 문을 닫고 돌아서자 그들은 차가운 돌담에 기대어 절망적으로 흐느꼈다. 그 울음소리를 듣는 우리의 애간장이 녹았다.

입소증을 받은 그녀는 그날 저녁 따뜻한 요양원으로 들어갈 수 있었지만, 그녀는 하룻밤 대문 밖에서 더 지내며 그 모녀를 위로하였다. 그리고 나흘이 지났다. 그들은 여전히 우리 집 대문 밖에 있다. 누가 이 모녀를 도울 것인가? 누가 계속하여 오는 이 사람들을 도울 수 있도록 우리를 지원할 것인가?

메리 맥켄지
('더 크로니클', 1930년 3월 1일, 16)

21. 한국 목사 부인

"그 사람의 아내는 어떤 여성입니까?" 새 목사를 찾을 때 우리는 이 질문도 꼭 듣는다. 한국에서는 이 질문이 조금 다르지만, 그 뜻은 똑같다. 교회 목사와 부인을 몇 번 경험한 이곳 교회에서 새 목사를 구할 때 이런 말을 먼저 듣는다. "새 목사를 결정하기 전에 그의 아내가 어떤 사람인지 먼저 알아봅시다." 목사의 부인은 힘들다! 세상 교회 모두 똑같은 것 같다! 아마 목사관의 아내로 나는 그들의 고충을 잘 이해하고 돕고 싶은 마음이 있을 것이다.

이곳의 교회는 아직 초기 단계이고 여전히 같은 환경에서 남성 목사와 여성들이 결혼한다. 부모가 남성을 짝지어줄 때 여성의 목소리는 없으며, 시어머니 될 사람의 눈이 남편 될 사람의 생각보다 더 중요하다. 목사의 아내가 어떤 위치이며 어떤 특권과 책임이 있는지 모르는 상태에서 목사 남성과 결혼하는 것이다.

재작년부터 우리는 이 상황의 목사 아내들을 돕기 위하여 모임을 개최했다. 작년에 부산진에서 모였는데 매우 긍정적인 평가가 나와 올해는 부산진, 거창, 그리고 마산 세 곳에서 열었다. 각 곳에서 서로의 경험을 나누었고, 서로에게 축복 되는 시간이었다. 세 곳 모두 다른 성격의 특별함이 있었다. 부산진에서는 작년에 왔던 여성들이 더 솔직한 모습으로 참여하며 자신의 경험을 나누어 모두에게 영감적이었다.

거창은 우리 선교회의 가장 소외된 지역이다. 목사 부인 한 명과 신학생 부인 6명이 참석할 자격이 있었는데 한 명이 결석하고 모두 참석하였다. 어떤 부인은 어린 아기나 아이를 데리고 왔다. 엄마와 아내로서 서로의 고충과 필요를 이해하고 연대할 수 있었던 좋은 모임이었다.

진주와 통영의 목사 부인들은 마산 모임에 합류하였다. 이들에게 이런 모임은 처음이라 내용이 무엇인지도 잘 모르고 우리의 초청에 응한 것이다. 그러나 모임 시작되자 이들은 곧 공감대를 형성하였고, 하나님의 임재를 느끼면서 서로가 서로에게 축복이 되었다. 교육적 배경이 없는 여성도 있었고, 낮은 지적 수준의 여성도 있었고, 자신의 남편이 신학교를 졸업하면 어떤 역할을 해야 하는지 전혀 모르는 여성도 있었다. 그러나 대부분 여성이 보여준 영성은 우리 모두에게 영감적이었다.

모임을 마치기 전 몇 여성이 일어나 이 만남이 자신에게 얼마나 큰 의미가 있는지 나누었고, 그들의 신실한 모습은 한국교회 미래의 희망을 보는 것 같았다. 한 조사의 부인은 악행을 저지르는 교인들에게 회개를 부르짖다가 욕을 먹었고, 그것으로 인하여 교회가 계속 어렵다며 눈물을 흘렸다. 그녀에게 이 모임은 위안이고 새 힘이 되었다. 한 여성은 일어나 옆에 앉은 자신의 친구를 가리키며 말하였다. "이 친구는 말하지 않겠지만, 자기를 부인하고 헌신하였기에 남편이 신학교 공부를 할 수 있었습니다."

한국의 이 여성들은 이런 용감한 방법으로 이 나라 복음화를 위한 한 부분을 감당하고 있다. 이들은 헤어질 때 우리에게 염려스럽게 물었다. "내년에도 이 모임을 하는 거지요?"

메리 맥켄지
('더 크로니클', 1930년 9월 1일, 19-20)

22. 표상장

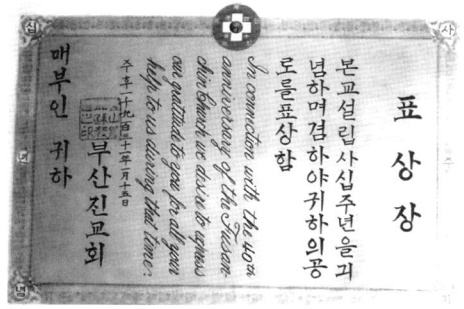

본교 설립 사십주년을 긔념하며 겸하야 귀하의 공로를 표상함.
주후 1931년 1월 15일
부산진교회
매 부인 귀하

[부산진교회, 1931년 1월 15일]

23. 성탄 선물 포장

최근 나는 가능한 모든 시간을 미션 박스의 내용물을 성탄 선물로 개별 포장하는 데 사용하였다. 요양원의 나환자를 위한 606개와 근처 나환자 마을의 사람들을 위한 507개의 선물꾸러미이다. 이것을 준비하는 데 시간이 오래 걸렸다.

메리 맥켄지
('더 크로니클', 1935년 2월 1일, 18)

24. 맥켄지 기념 대문

친애하는 미션 밴드 회원 여러분. 어제 우리 나환자요양원에서 큰 축하 행사가 있었다. 여러분의 선교사가 한국에 도착한 지 25주년 되는 기념행사였다. 여러분과 여러분의 전임자들을 다시 기억하는 기회이기도 하였다. 처음부터 지원하던 여러분은 이제 중년 남녀가 되었을 것이고, 아마 현재 회원의 자랑스러운 부모일지도 모른다. 지난 25년 동안 맥켄지 씨를 기억하며 충직하게 도와주었다.

맥켄지 씨는 이날의 행사 내용을 자신이 여러분께 자세히 쓰기를 원하겠지만, 그는 지금 편지 쓸 시간이 없다는 것을 잘 안다. 그래서 나는 이곳의 나환자들이 지난 수년 동안 지원해 온 여러분께 얼마나 감사하고 얼마나 가치 있는 일을 여러분이 하였는지 알리기 원한다.

이 행사에 최소한 한 명의 전 미션 밴드 회원이 참석하였다. 도로시 레게트 양이다. 그녀는 이번 행사가 자신이 참석한 이런 종류의 행사 중 최고였다고 하였다. 이런 훌륭한 행사는 앞으로 없을 것 같은 정도이다!

이번 행사는 전적으로 나환자들의 생각에서 나왔고, 그들이 집행하였다. 우리는 그런 계획이 진행되고 있다는 소문을 들었을 뿐이다. 이들이 직접 작업하여 만든 기념 대문을 세우기까지 몇 개월이 걸렸다. 그래서 그것을 보았을 때 매우 놀라지는 않았지만, 실제로는 압도당하였다. 여러분이 선교사라 부르는 자신들의 '아버지' 사랑에 감사하여 이들이 오랫동안 준비한 것이다.

우리가 요양원에 도착하였을 때 침대에 누워있는 환자만 제외하고 모든 나환자(약 580명)가 교회당으로 들어가는 길 양쪽에 도열해 있었다. 남성과 소년이 한쪽에 그리고 여성과 소녀가 다른 쪽에 긴 줄로 늘어섰다. 그 사이를 지나가는 경험은 절대로 잊을 수 없는 순간이다. 대부분 손이 없어 손을 잡을 수 없는 사람들이 어떻게든 깃발을 들고 흔들었고, 병으로 인하여 쉰 목소리로 찬송을 불렀고, 목이 정상인 사람도 감동 속에 울먹였다. 그리고 눈이 먼 사람의 눈에서는 눈물이 흘렀다!

말로 다 할 수 없는 감동적인 모습이었다. 회원 여러분. 이때 나에게 떠오른 것이 무엇인지 아는가. 우리 주님의 예루살렘 입성 장면이었다. 물론 이것은 그날의 행사와는 상관이 없지만, 옷을 길 위에 깔아 환영하던 그 마음 그리고 호산나를 부르며 기뻐하는 그 마음은 같은 것이었다.

(매견시 기념 대문, 1935)

우리가 교회당 근처에 세워진 아름다운 '맥켄지 기념 대문'에 다다랐을 때 우리는 먼저 옆의 작은 문을 통과하여 들어갔다. 그곳에서 대문의 열쇠가 맥켄지에게 증정되었고, 그가 그 열쇠로 대문을 열자 방문객 모두가 대문을 통하여 안으로 들어왔다.

교회당 안으로 들어가기 전 나환자들은 우리를 마당으로 안내하였다. 그곳에는 싱싱한 새 나무와 꽃들이 심겨 있었다. 그리고 팻말이 붙어져 있었는데 '맥켄지 기념'이라고 쓰여 있었다. 사람이 아직 살아있을 때 기념 판을 세우거나 기념 식수하는 것이 우리 서양인에게는 이상하지만, 이곳 동양인에게는 슬픔과는 상관없는 행위이다!

교회당 문 앞에는 소나무로 만든 큰 아치가 세워졌고, 그 위에 영어로 쓴 환영 문구가 있었다. 다른 선교사 동료들이 이것을 보고 호기심을 느끼었다. 이것을 쓴 사람은 나병이 걸리기 전 공립학교 교사였는데 그가 영문 '메리 크리스마스'를 알고 있었다. 그것을 응용하여 그는 '메리 노블 맥켄지 기념'[7]이라고 쓴 것이다!

교회당 안은 사람들로 꽉 차 있었다. 이들보다 더 기뻐 보이는 사람은 없을 것이다. 예배는 두 시간 반 동안이나 진행되었다. 어떤 방문자에게는 긴 시간이

---

7) 'A merry J. Noble Mackenzie Memorial'

었겠지만, 나환자들에게는 거의 3년이나 준비한 소중한 시간이었다. 기도하는 동안, 연설하는 동안, 찬송하는 동안 그들의 얼굴에는 지루함이 없었고, 자신들과 오랫동안 일해 온 선교사에 대한 사랑과 감사의 모습만 표현되었다.

이 모든 영광이 우리를 겸손하게 하였다. 이들이 우리에게 베푼 것에 비하면 우리가 이들에게 한 것이 매우 작고 가치도 없는 것 같은데, 우리의 노력에 보여주는 이들의 감사는 매우 귀하다.

잔치를 마치고 돌아오는 길에 우리는 대문 밖에서 입소를 기다리는 불쌍한 환자들을 보았다. 구조가 필요한 사람들이 아직 많다는 것을 그들은 우리에게 상기시킨다. 하나님은 나환자선교회의 신앙을 높여주셨고, 우리는 이 모든 일을 행하신 주님을 찬양한다.

맥켄지가 처음 이 일을 시작하였을 때 요양원은 36명만 수용하고 있었다. 지금은 600명이 돌봄을 받는 많은 방에 교회, 병원 그리고 학교도 세워져 있다. 더 많은 것을 쓰고 싶지만, 이 편지가 벌써 길어졌다. 이번 행사가 '최고의 기념' 행사였다는 것을 여러분도 모두 동의할 것이다.

이곳 나환자들이 음식과 봉급을 아껴 모아 채용한 전도사를 이들은 '매견시 기념 전도사'라 칭한다. 우리는 그를 '나환자 자기-부정 전도사'[8]로 칭하기 원하지만 말이다. 그들의 깊은 헌신 속에 전도사에게 매달 봉급을 주어 안 믿는 자들을 전도하고 있다는 것을 우리는 잘 안다. 그가 세상의 많은 사람을 전도할 수 있도록 함께 기도하자.

4월 12일. 부산진.
여러분의 친구 메리 맥켄지.
('더 크로니클', 1935년 7월 1일, 11-12)

25. 특별한 담요

여러분이 고향에서 모아 보내준 많은 미션 박스가 도착하였다. 이것을 풀어 나누는 작업을 여성들이 해왔다. 나는 나환자 선물과 유아 보건에 관련된 물품

---

8) 'The Leper Self-denial Evangelist'

을 찾아 다시 개별 포장하였다. 모든 이불과 깔개는 다시 묶어 요양원으로 보냈다. 많은 환자가 이불 없이 생활하며 선물을 기다려 왔다. 그다음으로 쓰던 옥양목과 약품을 찾아 우리 집으로 보냈다. 그리고 유아보건소를 위한 물품들도 찾아 구별하였다.

그다음 작업은 나환자 개인에게 줄 선물을 일일이 포장하는 일이다. 600개는 요양원에 400개는 나환자 마을로 보내야 한다. 몇 명의 능력 있는 한국인 도움을 받아 우리는 포장을 시작하였다. 월요일에 시작하여 금요일 낮에 모두 마치었다.

성탄절에 그 선물을 나누는 기쁨은 더 크다! 우리는 올해 몇 번의 성탄절 예배를 드렸고, 매우 감동적이었다. 베들레헴에서 태어난 아기가 이들의 삶을 이렇게 바꾸어 놓았다! 겉으로는 상처와 고름투성이지만, 속으로는 새 생명이 빛을 발했다. 예배 후 선물을 나누어주기 전, 진 목사가 교인들에게 제안하였다. 이 선물이 우리에게 오기까지 호주 기독교인의 수고와 세관을 통과시키며 수고한 맥켄지 목사와 일일이 포장을 한 맥켄지 부인과 일꾼들에게 박수하였다. 매우 감동적인 순간이었다.

(메리와 미감아의 집 학생들, 1937)

이번에 특별한 선물이 포함되어 있었다. 수년 동안 나환자를 위하여 담요를 손수 만들어 준 아델라이드의 한 성인이 있는데 그녀가 올해 94세이다. 육체적으로 힘들어 이번에 그녀는 돈을 보내주었고, 그 돈으로 멋짐 담요 2개를 샀다. 요양원에서 제일 나이가 많은 77세의 여성과 72세의 남성에게 하나씩 선물하였다. (중략)

미감아 어린이집에서도 선물을 나누었다. 성탄절 오후 23명의 어린이가 우리 집에서 파티하였다. 이들의 눈은 성탄 트리와 잘 꾸며진 테이블 앞에서 황홀해 하였다. 차려 놓은 케이크, 과자, 차 등이 금방 없어졌다! 산타클로스 할아버지도 등장하였다. 여러분이 보낸 선물로 채운 큰 가방을 메고 말이다. 개구쟁이 갑순이, 작은 모세, 귀여운 엄준이, 발달장애 널윤이, 똑똑한 의순이 등등 한때는 모두 나환자의 자녀라 버려진 아이들이었다. 지금은 잘 보살핌을 받아 행복하고 자신 있게 성장하고 있다. 이 모든 것의 이유는 하나님의 아들도 '한때는 아이'였기 때문이다!

메리 먹켄지.
('더 크로니클', 1937년 3월 1일, 10-12)

26. 1937년 성탄절

고향의 동역자 여러분. 성탄절이 지나갔다. 보통 같으면 벌써 새해의 일이 시작되었겠지만, 다음 달 한국을 떠나기 전 우리 요양원 일을 마무리하는 일과 다른 준비로 마음이 바쁘다. 앞으로 몇 주 안에 많은 일을 마쳐야 하기에 나의 편지도 간단하겠지만, 미션 박스를 보내준 여러분에게 감사의 말을 생략할 수는 없다. 아마 올해 말쯤 나는 여러분을 모두 만나 이곳의 나환자들이 여러분에게 얼마나 고마워하는지 직접 말할 수도 있을 것이다.

이곳의 성탄 예배는 즐거우면서도 슬플 수밖에 없다. 우리의 마지막 성탄절 예배이기도 하다. 늘 그랬던 것처럼 우리는 배게 보에 성탄 선물을 담아 준비하였고, 예배 후 82개의 방 대표들에게 그 선물을 나누도록 전달하였다. 선물을

(맥켄지 부부와 한국에서의 마지막 성탄절, 1937)

받아든 모습과 교회당 안에 가득한 교인들의 모습도 사진으로 담았다. 여러분도 이 사진을 볼 수 있으리라 생각한다. 나환자들은 자신들의 상처를 보여주기 싫어 사진 찍기를 피한다. 그래서 건강한 사람들이 앞에 앉았고, 그들은 잘 안 보이게 뒤에 앉았다.

예배 후 우리가 떠날 때 문밖에 기다리는 나환자들이 있었다. 그들은 입소를 간청하며 호소하였다. 23명 중의 다섯 명만 받아들일 수 있었는데 어린 소녀들이었다. 문 안으로 들어갈 때 그들의 표정에 안도와 기쁨이 있었지만, 동시에 남겨진 환자들에게 미안해하는 모습도 있었다.

12월 26일 주일, 우리는 나환자 마을에 갔다. 그곳에서 392명의 환자에게 준비한 선물을 나누어 주었다. 우리 요양원에서보다 이곳의 경험은 더 힘들고 어렵다. '거리의 나환자'가 더는 없는 날이 속히 오기를 바랄 뿐이다. 이 마을의 나환자는 모두 거처가 있고 돌봄도 받지만 말이다.

성탄절 오후에는 미감아 어린이집 아이들이 우리 집에 모여 파티를 하였다. 몇 달 전 사감과 이들과 함께 찍은 사진을 여러분이 볼 수 있도록 함께 보낸다.

새해 인사를 여러분 모두에게 전한다.

(메리와 미감아의 집 학생들, 1930년대)

1월 7일. 부산진.
메리 맥켄지
('더 크로니클', 1938년 3월 1일, 7-8)

27. 미감아의 집 보고서

　서울의 구세군 산업반에서 공부하는 우리 상급반 아이가 매우 아프다 하였다. 우리는 그의 공부를 중단시키고 부산 요양원으로 돌아와 치료받도록 준비하고 있는데 3일 전에 그가 죽었다는 소식이 왔다. 늑막염이 폐까지 망가트린 것이다. 그의 사망 소식은 미감아의 집 아이들과 서울에서 공부하고 있는 우리 아이들에게 충격이었다.
　그의 자리는 빠르게 채워졌다. 최근 미감아의 집에 세 명의 소년과 두 명의 소녀가 새로 들어왔다. 모두 24명이 되었다. 더 받아들일 수 없는 숫자이다. 구종이는 부산시에서 사회봉사 일을 하는 송 박사를 돕고 있다. 두 명의 여학생은

(맥켄지 부인과 미감아의 집 출신
이말준, 김칠봉, 변종택, 1937년경)

3월에 보통학교를 졸업할 것이다. 멜버른의 후원자가 이 중 한 명을 후원했는데 그 학생이 졸업하면 동래의 중등학교 학비도 지원하겠다고 약속하였다. 우리 학생 한 명은 지금 이 학교 졸업반에 있다. 이 아이들은 어릴 때 나환자로 우리에게 왔다가 3~4년간 치료를 받고 다 나아 학교에 다니고 있다.

우리 미감아의 집에서 성장하여 자급하는 청년 중에 결혼 소식이 있다. 지난 6년 동안 자급해 온 김칠용이다. 그는 우리 선교 학교를 졸업한 여학생과 결혼하여 자신보다 못한 아이들을 위하여 봉사하고 싶다고 하였다. 이들은 자신들이 선교 활동의 혜택받은 것을 감사하며 갚기를 원한다.

우리 집에 온 이 아이들은 어린 시절 큰 어려움을 겪다가 이곳에 왔다. 몸에 핸디캡이 남았다는 이유로 오히려 나쁜 길로 빠지는 예도 있다. 우리에게 종종 걱정을 주는 아이들이다. 그러나 그런 환경에서도 잘 자라 자신보다 더 못한 아이들을 사랑하고 돌보려 하는 이들을 볼 때 큰 기쁨과 감사가 있다.

메리 맥켄지
('더 크로니클', 1938년 3월 1일, 26-27)

28. 오순돌과 이동원 이야기

이제 우리에게는 '기쁨과 고통'의 추억만 남았다. 문밖에서 우리를 기다리던 수백 명 나환자의 눈을 보는 느낌을 이 종이 위에 다 쓸 수 없다. 부산의 나환자 선교사역에 함께하였던 지난 26년 동안은 우리에게 특권이자 기쁨이었다.

맥켄지 씨가 요양원을 시작하였을 때 있던 나환자는 36명이었다. 그런데 지난 2월 우리가 떠날 때 600여 명의 나환자가 우리에게 '안녕히 가세요' 인사하였다. 지난 세월 동안 훌륭한 믿음으로 지원하여 온 나환자선교회 본부에 감사하며, 이 선교회와 연관되어 일한 것을 우리는 영광으로 특권으로 여긴다. 나환자와의 관계 속에서 우리가 그들에게 준 것보다 우리가 받은 것이 훨씬 많다고 느낀다.

우리 요양원에 있던 수백 명의 남성과 여성 그리고 어린이들은 아직 우리에게 영감적이다. 나환자 모두가 성인이라고 말할 수는 없다. 어떤 사람은 우리에게 많은 염려와 슬픔을 주었다. 그러나 우리의 기억은 가치 없는 것은 잊어버리고, 아름다웠던 것만 남게 한다.

오순돌 이야기: 오순돌은 둘째 아이를 낳기 전에 요양원에 왔다. 그녀의 남편과 가족은 기독교인이 아니었고, 그녀가 나병에 걸리자 아기와 함께 내쫓았다. 그녀의 부모도 교인은 아니지만, 딸을 불쌍히 여겨 한 칸 방에 받아들였다. 이웃에게는 그녀의 병을 숨기고 말이다. 그러나 오래가지 못하였다. "그녀를 쫓아내라." 이웃들은 항의하였다. 그 집은 우리 요양원과 멀지 않은 곳이라 그곳의 교인이 그 사실을 우리에게 알렸다. 그러나 당시 요양원에 자리가 없었다. 얼마간의 시간이 흐르고, 그 교인은 다시 우리에게 청원하였다.

"이제는 이웃만이 아니라 경찰까지 그녀를 쫓아내려 합니다. 만약에 그곳에서 안 나가면 그 집을 불 지르겠다고 합니다."

그녀가 부모 집을 나가면 길거리를 떠도는 문둥이가 될 것이었다. 우리는 그녀의 절망적인 소식에 사람을 보내어 우리 집에 와 병을 보이라고 하였다. 그날 밤 그녀의 부친은 그녀를 업고 우리 집에 왔다. 그녀는 이미 손가락을 잃었고, 발에도 병이 있었고, 입은 비뚤어져 창백한 얼굴이었다. 돌려보낼 수 없는 상황이었다. 요양원 입소를 승인하자 그녀와 그녀의 부친이 감사하다는 말을 하는데 나는 눈물을 감추려 고개를 돌렸다.

새벽이 오기 전 그녀의 부친은 그녀를 요양원으로 데리고 갔다. 그녀는 중증인 여성과 한방을 썼다. 그 후 그녀는 병든 발을 절단하고 의족을 사용하였다. 또한, 다른 치료도 병행하였다. 몇 달 후 그녀는 방에서 교회당까지 걸어 나올 수 있게 되었다. 곧 그녀의 얼굴에 그리스도를 영접한 모습이 보이기 시작하였고, 건강도 점차 회복되었다. 그는 손가락 없는 양손으로 신약을 펼쳐 읽는 것을 배웠고, 그곳에서 참된 평화를 얻었다. 우리가 떠난다고 인사하자 그녀는 슬퍼하며 '감사합니다'를 반복하였다.

한 남성 환자 이야기: 지난 몇 년 동안 우리는 나환자 인터뷰를 우리 집에서 하지 않고 요양원 문밖에서 하여 왔다. 이 규정이 필요하였던 것은 도시 안의 우리 집 문밖에서 기다리는 환자들로 인하여 이웃과 관리까지 문제로 삼기 때문이었다. 그런데도 때로 '나환자를 돕는 외국인' 집을 찾아 우리 집 마당에까지 데리고 와 무작정 놓고 가는 사람들이 있었다. 우리가 처음 그 남성의 존재를 안 것은 "살려주세요. 살려주세요."라고 외쳤던 그의 목소리 때문이었다. 그는 우리 마당에 버려진 환자였다.

한겨울에 그는 마당의 한쪽 땅 위에 누워있었다. 한 여 교인이 그에게 가마니를 깔아 주었고, 다른 여성은 물과 밥을 주었다. 그녀는 밥을 그의 입안에 넣어주었는데 손이 없었기 때문이다. 마침내 우리는 그를 요양원으로 보내기로 하고 지게꾼을 불렀다. 그렇게 그는 다른 나환자들이 '천당'으로 부르는 상애원에 입소하였다.

이동원 이야기: 정부 학교 교사였던 그에게 나병이 생기자 학교는 그를 쫓아냈다. 그의 집은 통영이었고, 커 양[9]의 도움으로 그는 우리 요양원에 입소하였다. 그의 병은 초기 단계의 증상이라 우리의 치료에 그의 몸이 빨리 반응하였다. 그리고 2년 후 그에게서 나병의 증세가 모두 사라졌다. 그는 한동안 나환자 자녀들을 가르쳤고, 마침내 그가 나환자였다는 사실을 모르는 지역의 한 학교에 취직하였다.

그가 우리 요양원에 있을 때 그의 아내는 커 양의 농업실수학교에 있었다. 그는 출소하여 마침내 자신의 아내를 만났다. 그리고 그들은 새로운 삶을 시작하였다. 그가 커 양과 우리에게 감사하며 부부의 사진을 보냈는데 베드로전서 1~3장 말씀이 쓰여 있었다.

---

9)   에디스 커(거이득 선교사)

이 편지를 시작하며 나는 요양원에서의 기억이 우리 마음속 깊이 남아있다고 하였다. 그들을 기억하며 기도로 아직 그들을 도울 수 있고, 그들의 기도도 우리를 도울 수 있다. 트루딩거 부부[10]가 요양원 일을 맡아 계속하게 되어 우리는 안심하며 이 일을 내려놓을 수 있었다. 그곳의 친구들이 우리를 기억하고 기도하는 것처럼 우리도 그들을 기억하고 잊지 말자.

메리 맥켄지
('더 크로니클', 1938년 11월 1일, 4-6)

29. 노회의 환영 모임

지난 토요일 왕가레타(Wangaratta)주일학교 강당에 비치워스(Beechworth)노회 대부분의 미션 밴드 지부가 모였다. 한국 선교 현장에서 은퇴하고 고향으로 돌아온 노블 맥켄지 목사, 맥켄지 부인 그리고 딸 실라를 환영하는 모임이었다.

영센 부인의 사회로 '성도여 다 함께 할렐루야 아멘' 찬송가를 부르며 모임이 시작되었다. 그리고 우동가(Wodonga)의 렌프류 목사가 기도하였다. 미션 밴드 출신 영센 부인이 성경을 읽고 회원 점명을 하였다. 대표 회원을 보내지 못한 한두 지부에서 사과를 전하였다. 각 지부는 무언가 좋은 것 하나씩을 맥켄지 가족에게 수여하였다.

제임스 부인은 맥켄지 부인과 실라에게 노회의 여러 지부를 대표하여 꽃다발을 주었고, 미션 밴드 조직가 니콜 부인은 이들을 공식적으로 환영하고 그들의 선한 일을 소개하였다.

심슨 목사는 배넬라(Benalla)노회를 대표하여 참석자들을 환영하였다. 그는 흥미로운 연설을 하였는바 맥켄지 씨는 선장이고 밴드 회원들은 선원이라 하였다. 서로에게 꼭 필요한 사람들이라 하였다.

맥켄지 부부가 각각 한국에서의 경험을 이야기할 때 회원들은 모두 따뜻하

---

10) 마틴 트루딩거(추마전 선교사)

게 박수를 하였다. 맥켄지 씨는 미션 밴드가 어떤 훌륭한 일을 하였는지 설명하였다. 미션 밴드는 맥켄지 가족의 선교 활동과 학비를 전적으로 지원해 왔다. 그 후 맥켄지 가족 3인은 한국어로 '예수 사랑하심을'을 불렀다. 이날 실라가 한복을 입고 나와 모두 관심이 많았다.

예배는 찬송과 축도로 마쳤다. 그리고 긴 식탁 위에 어린이들을 위한 많은 음식이 준비되어 있었다. 어른들도 차와 다과를 먹으며 대화를 즐겼다. 사진을 촬영한 후 즐거웠던 오후 시간을 모두 마쳤다.

맥켄지 부인은 전에 보웨야(Boweya)의 메리 켈리로 그 지역에 잘 알려진 인물이다.

('Benalla Standard', 1938년 9월 27일, 5)

30. 문복숙 이야기

40년~60년 전 빅토리아여선교연합회와 관련된 회원은 부산의 고아원[11]이 먼 기억 속에 있을 것이다. 지금의 회원들은 아마 잘 모르는 일이다. 최근에 그 활동의 열매가 훌륭한 방법으로 우리에게 돌아왔다.

1905년 내가 부산에 갔을 때 고아원에는 2살~15살까지의 소녀들이 있었다. 이들은 당시 나에게는 큰 의미가 있었는바 그들은 매우 흥미로운 아이들이었을 뿐 아니라 내가 한국어를 연습할 수 있는 좋은 상대이기도 하였다. 그들은 때로 나의 한국어에 웃음을 터뜨리며 마루를 구르기도 하였다! 내가 부산진에서 진주로 이사하였을 때 나는 이들을 매우 그리워했었다.

그해 내가 휴가에서 돌아왔을 때 무어 선교사는 나에게 고아 한 명을 소개하였다. 그 아이의 이름은 복세기[12]였다. 선교사들과 한국인 사감은 그 아이의 열성과 지성을 보고 신뢰하며 심부름을 시켰고, 후에 그녀는 학교에서 우수한 학생이 되었다. 내가 결혼하게 되므로 나는 부산으로 다시 전근하였다. 내가 아기를 낳자 복세기가 큰 관심을 가지고 예뻐하였다.

---

11) 호주선교회가 부산진에 운영하던 미우라고아원이다.
12) 당시 선교사들은 문복숙을 복세기로 불렀다.

당시 멘지스가 고아원과 합한 여학교 기숙사 사감이었다. 학생들은 따뜻한 온돌에서 아기와 같이 놀았고, 한국식으로 업기도 하였다. 헬렌과 캐스는 이 학생들의 아이로 컸고, 복세기의 등에서 잠들기도 하였다.

학교를 졸업한 후[13]에 그녀는 학교 교사가 되었다. 그녀는 통영과 부산진에서 가치 있는 교사 활동을 하였다. 그리고 그녀는 사랑에 빠졌다. 맞다. 부모의 중매가 아니라 양 씨[14]와의 자유연애였다. 둘 다 교회에서 활동적인 일꾼이었다. 29년 전 조지 앤더슨 목사가 한국에 도착하였을 때 양 씨는 그의 한국어 선생이 되었다. 그는 다른 일과 마찬가지로 이 일에도 마음을 다하였다. 그 덕분에 앤더슨 씨의 한국어는 일취월장하였고, 한국인 목사들은 그를 초청하여 설교 듣기를 좋아하였다.

복세기는 다른 활동에도 활발하였다. 우리가 한국을 떠날 때 그녀는 한국교회 연합여전도회 회장이었다. 그녀는 우리에게 안녕을 고하며 말하였다. "넬리와 캐시에게 속히 한국으로 돌아오라고 전해주세요. 이곳에 할 일이 많습니다."

그 후 세월이 흘렀다. 헬렌과 캐스는 전쟁으로 인하여 한국에 가지 못하였다. 하나님의 섭리 속에 그 대신 그들은 중국으로 갔다. 그곳에서 거의 5년 동안 일을 발전시키고 있었는데 그곳도 떠나야 하였다. 그곳 상황으로 떠나 달라고 요청받은 것이다. 그리고 한국의 문이 열렸다! 전쟁 후에 한국은 의료인이 필요했고, 비자를 내주었다!

이때 양 씨는 능력 있는 경상남도 도지사가 되어있었다. 부산시는 이곳의 수도이다. 헬렌과 캐시가 한국으로 돌아갔을 때 환영나온 옛 친구 중 한 명이 양 씨의 아내 복세기이다. 양 도지사와 복세기는 우리 네 명의 선교사를 자신의 집에 초청하여 함께 식사하였다. 그때 부산에 어떤 의료 활동이 필요한지 활발한 논의가 되었다. 양 씨는 우리 선교사와 한국인 위원회가 함께 일하는 것에 동의하였고, 한국인 교인을 추천하여 준비하는 위원회가 꾸려졌다. 그리고 복세기는 병원 건물 후보지 한 곳을 언급하였다. 그 후 몇 주가 지났다. 그리고 병원을 어떻게 시작할 것인가 하는 질문은 악몽이 되기 시작하였다. 복세기가 조용하게 알아보았고, 6월 17일 위원회는 병원 매입을 돕기로 결정하였다.

복세기의 비참한 어린 시절, 우리가 작은 도움을 주었다. 물 위에 던진 작은

---

13) 문복숙은 부산진일신여학교와 동래일신중등여학교를 졸업하고 통영의 진명여학교에서 일하였다.
14) 양성봉은 후에 경상남도 도지사와 부산시 시장을 지냈다.

빵[15]이 오랜 시간이 흘러 큰 덩어리로 우리에게 돌아왔다!

메리 켈리
('더 크로니클', 1952년 8월, 8-9)

31. 나의 어머니께

예수님 때문에 나를 사랑하는 참으로 훌륭한 어머니!

우리 주님의 사랑을 보이시고 문둥병자를 아들로 택하셨으며 거의 죽게 된 나의 몸을 도와주셨고 생명을 주시는 예수님을 알게 해 주심으로써 죽어가는 나의 영혼을 살 수 있도록 인도해 주셨고 하나님의 위대한 사랑을 알도록 해 주신 그 은혜를 생각하면서 저는 마음으로부터 깊이 감사를 드립니다.

어떻게 먼 나라 영국에 사시는 귀부인께서 나같이 미천한 사람을 아들로 택하시고 사랑하실 수 있습니까? 나는 그것이 오로지 예수님의 사랑이라고 믿습니다. 한국에서는 아버지 어머니일지라도 그들이 나병에 걸리면 사랑을 끊고 돌보아 주지 않습니다. 왜냐하면 그들은 아들이 문둥이가 되었다는 것을 부끄럽게 생각하기 때문입니다. 그러나 나의 어머니가 되신 당신은 이런 비참한 상태에 빠진 나를 사랑해주십니다. 어떻게 그 큰 은혜를 갚아 드려야 합니까?

내가 예수님을 믿고 천국에 갔을 때 어머니에 대하여 예수님께 말씀드려야겠습니다. 동양과 서양은 너무나 멀리 떨어져 있어 지금 우리가 서로 볼 수 없지만 우리들의 마음과 영혼은 함께 있을 것입니다.

당신의 아들 박윤선 올림
부산 나환자의 집에서
('매견시 자서전', 138)

---

15) "너는 네 떡을 물 위에 던져라. 여러 날 후에 도로 찾으리라." 전도서 11장 1절.

32. 호주로 돌아와서

(노년의 맥켄지 부인, 1960)

맥켄지 목사가 은퇴하고 호주로 돌아왔을 때 메리의 나이는 58세였다. 그녀는 호주에서 강연을 다녔고 때로는 글로서 선교 활동을 계속하였다. (중략) 맥켄지의 건강이 나빠졌을 때 그녀는 남편을 사랑으로 간호하였다. 1956년 남편이 세상을 떠난 후 그녀는 손자 손녀들과 시간을 보냈으며, 말년에는 거동이 불편한 채 여생을 보냈다.
1964년 1월 11일, 메리는 84세 되던 해 하나님의 부르심을 받았다.

['맥켄지 가의 딸들', 2012, 74]

33. 위대한 여성

교회의 위대한 여성 중 한 명인 노블 맥켄지 부인이 지나 1월 11일 84세의 나이로 세상을 떠났다. 그녀는 결혼 전후에 일하였던 호주와 한국 교계에 잘 알려져 있다. 그녀를 알던 친구들은 그녀를 은혜가 넘치고, 현명하고, 온화한 기독교 여성이라고 말한다. 그녀가 가진 은사 중의 하나는 '성화된 상식'이었다.

사람들은 존경 속에 그녀의 의견과 자문을 들었다.

메리 켈리 양은 디커니스 훈련을 마치고, 1905년 한국에 가 진주에서 일하였다. 첫 휴가 때 그녀는 노블 맥켄지 목사와 결혼하였고, 그들은 한국의 나환자를 위하여 함께 일하였다. 맥켄지 목사는 그 일로 인하여 일본 황제의 훈장도 받았다.

1940년 그녀의 남편이 총회장이 되었을 때 그들은 많은 교회를 방문하였는데 맥켄지 부인은 교인들에게 훌륭한 인상을 주었다. 이들은 26년 전 한국에서 은퇴하여 딥딘에서 살았으며, 그녀는 딥딘교회에서 활동적으로 일하였다. 그녀의 특별한 관심은 미션 밴드로 이 단체를 인도하였고, 여선교연합회 일도 참여하였다. 그녀는 마지막 순간까지 교회에 관한 관심을 놓지 않았다.

그녀의 네 명의 딸 중에 두 명이 결혼하였다. 다른 두 명은 잘 알려진 의료선교사로 헬렌과 캐스 맥켄지이다. 이들은 둘 다 자신들의 봉사로 한국과 호주 정부의 훈장을 받았다. 캐시는 몇 주 전 한국으로 돌아가기 전에 자신의 모친과 작별 인사를 하였고, 헬렌도 한두 주만 있었으면 모친을 만날 수 있었을 것이다.

('더 크로니클', 1964년 2월, 2)

34. 에디스 커의 추모사

고린도 전서 13장의 '사랑은 오래 참고, 사랑은 온유하며...'는 우리 대부분이 도달하고픈 완벽한 기준이다. 그러나 대부분에게는 너무 자주 실패하여 도달할 수 없는 삶의 기준이기도 하다.

그러나 맥켄지 여사에게 그것은 매일의 삶이었다. 부산진 언덕 위 그녀의 집에서든, 그 후 여기 멜버른에서든 (중략) 그녀는 항상 오래 참았고 정말 친절했다. 늘 판단을 더디 했고, 최선의 것을 믿고 싶어 했고, 교만하지 않았고 상냥하였다. 그러나 진실과 정직, 순수함과 사랑에 대해서는 매우 강하고 확고부동했다. 그래서 그녀와 함께 있으면 옛 제자들처럼 '그녀는 예수님과 함께 있다'는 것을 느끼게 한다.

맥켄지 여사는 뛰어난 지성과 많은 재능을 가진 여성이었다. 그러나 무엇보다도 그녀는 위대한 선교사였다. 나는 어디에선가 본국에서나 해외에서나 모든 선교사역의 비밀은 오직 '활활 타오르는 가슴'이라는 것을 읽은 기억이 있다. 이것이 맥켄지 여사의 힘과 성공이었다. (중략)

그것은 의무감에서가 아닌 그리스도를 위한 열정이다. 다른 사람의 영혼을 얻기 위해 그리스도의 사랑을 적극적으로 나눈다. 그것은 깊은 연민으로 주린 자와 목마른 자를 품는 바로 그 사랑이다. 한국에는 그녀를 축복하고 사랑하는 목소리가 많이 있다!

이제 그녀는 교회의 승리를 찬송하며 많은 동료가 이미 가 있는 그 거룩한 무리에 합류하러 갔다. 비록 이땅에서 그녀를 다시 볼 수 없음에 우리는 아쉽지만, 사도 바울의 말이 얼마나 진실인지 그녀를 통하여 알고 있다.

"우리가 살아도 주를 위하여 살고 죽어도 주를 위하여 죽나니 그러므로 사나 죽으나 우리가 주의 것이로다."(로마서 14:8)

1964년 3월 21일.
['호주선교사 맥켄지의 발자취', 393-394]

제3장

헬렌 맥켄지의 편지와 보고서

(Dr. Helen P. Mackenzie, 매혜란, 1913-2009)

1. 평양외국인학교 졸업

입장	에디스 블레어
기도	로버츠 박사
찬송	다같이
성경봉독	노블 맥켄지 박사
연설 '우리의 사회 유산'	제임스 크로더스
노래	8학년
설교	프란시스 킨슬러 목사
피아노 솔로	헬렌 맥켄지
고별사	조세프 로믹
졸업생 소개	번헤이젤 박사
졸업장 수여	파커 박사
축도	로데스 박사
퇴장	에디스 블레어

*1931년 세 명의 우등생은 조세프 로믹(1등), 헬렌 맥켄지와 제임스 크로더스(2등)

[평양외국인학교, 1931년 6월 9일]

2. 한국으로 자원하다

　헬렌과 캐서린 맥켄지가 한국선교를 자원하다. 헬렌은 1939년 말 의학 공부를 마칠 것이고, 캐시는 1938년 말 간호학 공부를 마칠 것이다. 임원회는 이들의 자원에 매우 만족하다.

['빅토리아여선교연합회 정기 모임 회의록', 1936년 9월 15일]

3. 선교사로 승인하다

선교사 후보위원회와 임원회는 헬렌 맥켄지를 한국선교사로 승인함을 추천하다. 그녀는 의과 4학년을 통과하였다. 한국 파송 날짜는 나중에 결정하도록 하다.

헬렌 맥켄지를 선교사로 승인하기로 캠벨이 동의하고 샤우가 제청하다. 만장일치로 통과되다.

('빅토리아여선교연합회 정기 모임 회의록', 1936년 12월 8일, 8)

4. 중국으로 가다

10월 24일 수요일 저녁, 멜버른 스코트교회당에서 헬렌 맥켄지 박사와 캐시 맥켄지 양 그리고 크랜스톤과 왓킨스 양이 중국으로 가는 파송 예배가 있었다. 네 명의 선교사는 곧 자신들이 선택한 선교지로 떠날 것이다. 이들은 증기선을 타고 인도로 가 그곳에서 비행기로 남서쪽 중국[1]으로 향할 것이다.

('더 크로니클', 1945년 11월, 2)

5. 다시 한국으로 자원하다

헬렌 맥켄지 박사와 여동생 캐시 맥켄지 양은 한국의 시급한 구호 프로그램을 위하여 자원하였다. 이것은 훌륭한 태도로 이들은 아직 휴가가 몇 개월 남

---

1) 헬렌과 캐시는 이때 한국으로 가지 못하고 대신에 중국 운남성 쿤밍에서 진슈이병원을 설립하여 활동하였다.

아있기 때문이다.[2] 이들이 한국으로 들어갈 수 있도록 입국 비자를 확보하는데 노력할 것이다.

('더 크로니클', 1951년 4월, 12)

6. 입국 허가서

헬렌 맥켄지 박사와 여동생 캐서린에게 한국 입국 허가서가 나올 수 있을 것 같다. 조지 앤더슨 목사는 1952년 1월 일본에 가서 한국 입국을 위한 개별 신청을 할 생각이다.

('더 크로니클', 1951년 11월, 10)

7. 멜버른 여성 한국으로 돌아가다

한국에서 태어난 멜버른의 여성 의사와 간호사가 전쟁으로 고통당하는 한국인을 돕기 위해 떠난다. 이들은 헬렌 맥켄지와 캐시 맥켄지 자매로 호주장로교선교회 소속이다. 일본에서 일할 르네 왓킨스 양과 함께 이들은 브리즈번에 있는데 타이핑호를 탈 것이다. 이 세 명은 중국에서 함께 일하다 작년에 공산당에게 잡히지 않기 위하여 버마 로드를 통하여 중국을 떠나 왔다.

맥켄지 박사는 어제 말하기를 자신과 자신의 동생이 한국으로 돌아가는 이유는 한국을 고향으로 기억하기 때문이라 하였다. 이들의 부친 노블 맥켄지 목사는 장로교 선교회 나환자요양원 책임자였다.

"우리의 한국 친구들은 지금 의료 지원이 필요합니다." 그녀는 말하였다. 브리즈번의 타이핑호는 성탄절을 맞는 한국의 호주 군인들을 위하여 5천 파운드 가치의 물품을 싣고 떠날 것이다.

('The Courier Mail', 1951년 11월 16일, 3)

---

2) 헬렌과 캐시는 1950년 9월 중국에서 돌아와 호주에서 휴가를 보내고 있었다.

8. 파송 예배

　　10월 27일 토요일 총회 회관에서 열린 영감적인 '파송 예배'에 참석한 사람은 네 명의 여성 중국선교사 중에 3명을 만났을 것이다. 이들은 11월 7일 또 다른 선교 현장인 한국으로 떠났다. 한국에서 태어나 자란 헬렌과 캐시에게는 그곳이 물론 새로운 땅은 아니다. 르네 왓킨스도 그곳에서 2년 일하다가 일본과의 전쟁으로 인하여 떠나왔다. 중국에서 일하던 이들은 중국의 문이 닫힌 것을 알고 한국으로 돌아갈 길을 찾고 있었다.

(한국 파송 직전의 가족사진, 1950)

　　한동안 이들은 '세이브 더 칠드런'을 위하여 일할 것으로 생각하였지만, 기쁘게도 한국 입국 승인이 나와 우리 선교회의 대표로 한국으로 가게 되었다. 왓킨스는 의료선교사가 아니어서 일단 일본까지만 가게 되었다. 일본에서 그녀는 한국어 공부를 계속하며 기회를 기다릴 것이다. 위더스, 던 그리고 맥납[3]과 함께 한국 입국 승인이 나기를 우리는 희망한다.

---

3)　한국전쟁으로 인하여 이들은 당시 일본에 피신해 있었다.

그동안 맥켄지 자매와 왓킨스는 휴가 기간에 우리 교회(특히 여선교연합회와 여성친교연합회) 단체들을 위하여 여러 봉사를 하여 왔다. 여러 대회와 모임에서 연설하였고, 이들의 훌륭한 연설은 해외 선교에 관한 열정을 불러일으켰다. 이제 이들은 호주 친구들의 기도와 사랑을 받으며, '주님의 힘'에 의지하여 한국으로 간다. 많은 격려의 편지가 있었지만 일일이 다 답장 못 하는 것에 양해를 구하였다.

('더 크로니클', 1951년 12월, 2)

9. 일본에서

도쿄에 있는 우리 여성 선교사들에 관한 소식이 있다. 헬렌과 캐스는 2월 9일쯤 마침내 한국으로 건너갈 것 같다. 왓킨스는 그곳에서 한국어 공부를 열심히 하고 있고, 위더스, 던 그리고 맥납도 자신이 맡은 일을 계속하고 있다.

('더 크로니클', 1952년 3월, 3)

10. 전쟁 후의 선교사 명단

한국: 조지 앤더슨 목사, 해럴드 레인[4] 목사, 헬렌 맥켄지 박사, 캐시 맥켄지 양.
일본: 뮤리엘 위더스 양, 엘리자베스 던 양, 알비나 맥납 양, 아이린 왓킨스[5] 양(이들은 한국 비자를 기다리고 있음.)

('더 크로니클', 1952년 5월, 16)

---
4) 안다손과 나예인 선교사
5) 위대서, 전은혜, 맥비나, 왕영혜 선교사

11. 좌천동 주소

이제 한국으로 물품을 보낼 수 있다. 헬렌과 캐시는 말하기를 아기 옷을 비롯하여 아기 비누, 파우더, 기저귀 등과 어머니를 위한 파자마와 내복이 필요하다고 한다. 돕기를 원하는 여선교회 지부는 헬렌이나 캐시에게 직접 물품을 보낼 수 있다.

주소: 호주장로교선교회, 471 좌천동, 부산, 한국

소포 위에는 다음과 같이 써야 한다. "구호물자. 판매용 아님"

의학이나 간호 교재 혹은 의료 저널 등도 환영한다. 소포 위에 반드시 P.P.9. 세관 양식과 P.P.10. 발송 표를 붙여야 한다. 이것은 우체국에서 할 수 있다. 다른 문의 사항은 총회 회관의 여선교연합회로 하면 된다.

['더 크로니클', 1952년 6월, 2-3]

12. 만 파운드를 승인하다

장로교여선교연합회는 헬렌 맥켄지 박사와 간호사 캐시가 일하는 한국 부산에 병원 매입을 위한 기금 10,000파운드를 승인하였다. 이것은 연합회가 한 사업을 위하여 한 번에 결정한 가장 큰 금액이다. 이것은 이번 주에 열린 분기 모임에서 결정되었다.

이 기금은 원래 병원으로 지어지고 설비가 갖춰진 건물 매입을 목적으로 하고 있다. 총 12,000파운드 비용 안에는 설비와 수리 비용 900파운드가 포함된다. 나머지 2천 파운드는 장로교 선교회가 지원할 것이다.

헬렌 박사와 캐시 간호사는 올해 초 부산에 도착하였고, 한국인 의사와 간호사들의 도움을 받을 것이다. 병원은 한국인 간호사 훈련학교로 사용될 것이며 두 개의 반에서 30명의 학생이 수업을 받을 것이다. 매켄지 자매는 조산과 훈련을 위한 가장 좋은 자격을 가지고 있다. 입원환자를 위한 20개의 병상과 아기 침대 10개에 더하여 외래 환자 진료와 산전 산후를 위한 왕진도 병행할 것이다.

한국은 전쟁의 참화 속에 의료 지원이 절실히 필요하다. 이것은 고참 선교사 엘리자베스 던 양의 편지에서 아이디어를 얻은 것인바 그녀는 한국에서 일본으로 피신하여 있었다. 그녀는 호주로 돌아오기 전 두 주 동안 한국 방문을 허가를 받았다. 그 짧은 두 주 동안 그녀는 피난민 캠프들을 방문하였는데 그중에 한 곳이 불교의 절로 580명이 속한 119개의 가족이 머물고 있었다. 이들은 한 달에 열흘 치의 배급만 받고 있다고 한다.

"부모를 잃고 도움이 필요한 수많은 고아를 어디서든 볼 수 있습니다. 이곳에 헬렌 박사와 캐시 간호사가 와 매우 기쁩니다. 한국은 현재 세상에서 가장 황폐된 곳입니다. 이곳 사람들은 생존을 위하여 매일 싸우고 있습니다. 매일 600명 정도가 자살하고 있고, 나머지 사람들은 외부의 사랑과 도움에 의존합니다. 이것이 이들에게는 삶과 죽음을 가를 수 있습니다."

('The Age', 1952년 6월 21일, 12)

13. 오늘의 이상한 한국

두 달 전 캐시와 나는 한국 땅을 밟았다. 지난 20년의 공백기 동안 가장 길었던 순간은 부산항에 입항을 기다리던 36시간이었다! 비자를 받지 못하는 동료들이 있는데 우리는 어떤 특권으로 한국 땅에 올 수 있었을까? '여성'에게 아닌 의료인들에게만 비자를 준다는 것이다. 한국 땅에는 지금 14명의 개신교 여성 선교사가 있다는데, 그중 한 명만 '여성'이고 나머지는 의사나 간호사이다. '의료인이 아닌' 루트 양은 모두가 일본으로 피신할 때 한국 땅을 떠나지 않았고, 전쟁 때는 산에 숨어 있었다고 한다.

대조: 어떤 한국으로 우리는 돌아왔을까? 전쟁으로 참혹하게 찢겼지만, 무너진 담 안의 채소밭은 정성스럽게 가꾸어져 있었다. 만나는 사람 대부분 피난민이고 가족 중 한 명 이상을 전쟁 통에 잃었지만, 거리에는 웃는 아이들로 가득하다. 학교 건물을 군인이 통제하며 병원으로 쓰지만, 학생들은 언덕 위에서 공부를 계속하고 있다. 미래 설계가 불가능하게 보이지만, 청년들은 교육에 목

말라 있다. 850명의 이화여자대학교 학생들은 텐트 아래 작은 나무 의자에 앉아 수업하고 있다.

우리가 마지막으로 본 인구 15만 명의 그 부산이 어떻게 바뀌었을까? 우리의 옛집은 내가 기억하던 규모에서 반으로 줄었지만, 부산시는 그렇지 않았다. (중략) 우리 운전사에게 한 달에 20파운드를 주었더니 떠나 버렸다. 그것으로 아내와 아기를 돌볼 수 없다는 것이다. 물가가 그만큼 높다. 그러나 이화여자대학교의 가장 높은 봉급이 15파운드이다. 환율도 지난 9개월 동안 두 배로 뛰었고, 쌀값은 네 배로 뛰었다. 이 말은 작년 이맘때 호주 돈으로 살 수 있었던 것을 이제는 반 밖에 못산다는 것이다. 두 명이 먹고 살 수 있었던 값어치로 이제는 한 명밖에 못 산다. (중략)

교회: 또 다른 이상한 점은 목사의 봉급이 이 지역에서 가장 높다는 것이다! 거의 매주 이 도시에 새 교회가 생기고 있다. 이곳에 7개의 교회가 있었던 시절이 생각난다. 지금은 100개 정도라 한다. 우리가 어린 시절 예배드렸던 교회는 이제 아름다운 석조 건물이 되었는데, 엄마가 운영하던 미감아의 집 출신 남성이 세웠다고 한다. 그곳 출신의 한 남성은 교사인데 50명의 어린이가 있는 고아원을 운영하고 있다. 나병원은 현재 국가가 운영하고 있다. 천 명의 환자가 그곳에서 잘 돌봄을 받고 있고, 그곳 교회도 성장하였다 한다. 그런데 100명의 아이가 아직 나환자 부모와 같이 있다고 한다. 격리되지 않으면 그들도 언젠가는 나병에 걸릴 것이다. 그중 60명은 대구로 보낸다고 하고, 나머지 40명은 우리가 도울 방법을 찾기를 희망한다.

한국교회는 신학의 차이와 일제 강점기 신사참배 문제로 갈라져 있다. 큰 부분 해외선교사에게 책임이 있다. 그런데도 한국교회는 살아있고, 활동적이다. 동방에서 처음으로 군대에 군목이 생겼고, 100명 정도가 있다고 한다. 이들의 봉급은 군대에서 나오는 것이 아니라 교회 안의 전도회에서 지원한다고 한다. (중략) 해외의 많은 교회가 한국교회를 지원하며 나서고 있다. 불행하게도 돈은 종종 도움보다 해악이 되고 있다. 돈보다 필요한 것이 많다. 지금의 비상상황에서 한국교회를 도와야 하겠지만, 목사 봉급과 교회 건물의 자급 원칙이 진정 위험에 처하고 있다. 한때는 이 나라 교회의 힘이었던 이 원칙이 이제는 없어질 것이다. 사람처럼 교회도 구걸하면서 동시에 자긍심을 지킬 수 없을 것이다. 그러나 오늘날 많은 거지가 자신의 잘못으로 인함도 아니다.

4월 13일.
(「더 크로니클」, 1952년 6월, 9-10)

14. 실망스러운 병원들

현재 한국의 상황에서 우리는 무엇을 할 수 있을까? 우리는 매일 열심히 한국어를 공부하고 있다. 내 나이에 언어 공부는 추천하고 싶지 않다. 옛날에 알던 단어를 다시 끄집어내 내 혀가 그것을 자연스럽게 말하게 하는 것은 별로 희망적이지 못하다. 처음에는 중국어가 입에서 먼저 나오더니 이제 한국어가 조금씩 나오고 있다. 빨리 언어를 습득하여 의료 활동을 시작하여야 한다.

우리는 이곳에서 12개 정도의 병원을 방문하였다. 그런데 대부분 실망이다. 환자를 간호하는 모습은 없고, 가족들이 모여 병상에서 요리하고 김치 등 반찬을 침대 아래나 환자 발치에 둔다. 환자가 평상복을 그대로 입고 있고, 침구도 어떤 곳은 본인이 가져와야 한다. 군대 담요를 제공하는 병원도 있지만 빨지 않아 더러운 모습이다. 간호사는 환자 침대 옆에서 약을 나누어주고, 그 약은 가족이 알아서 관리해야 한다. 동방에서는 주사를 남용하고 있다. 간호사는 그저 의사를 기다리거나 기록철을 작성한다.

이곳에는 간호사보다 의사가 더 많은데 의사 두 명에 간호사 한 명 정도이다. 2,500명(때로 5,000명)의 환자가 있는 군인 병원에 40명 정도의 간호사가 있다. 병동에서 간호사를 찾아보기가 어렵고, 대부분 수술실이나 재고 창고에 있다. 간호사의 부족과 불청결은 일본 강점기 제도에서 비롯하는바 한국인 간호사 훈련과 재정 부족에 있다. 만약 의사가 환자가 내는 작은 비용에 의지하여 살려면 간호사나 일꾼을 고용할 수 없다. 그래서 비싼 주사를 맞도록 유도한다. 수술 후에 수술실을 비누와 물로 청소하기보다 환자와 직원에게 페니실린을 준다. 의대생에게 의료 설비, 실습, 교재 등 모두 부족하다.

우리는 이미 있는 기독교병원을 도우려 하였지만, 근본적인 개혁을 할 힘이 없다면 큰 의미가 없다. 결국은 한국인 조산사와 간호사 그리고 의사를 많이 배양하는 것이 우리의 궁극적인 희망이다. 지금 우리에게 없는 것은 병원 건물과 직원에게 봉급을 줄 수 있는 돈이다! 선교병원을 할 생각은 없고 처음부터 한국 병원이어야 한다. 시작은 우리가 할 수밖에 없지만 말이다. 이것을 위한 과정을 밟고 있다. 그러나 속도는 매우 느리다. 기초를 놓아야 하는 지금 여러분의 기도가 어느 때보다 절실하다.

('더 크로니클', 1952년 6월, 10-11)

---

15. 합격증서

　　제128호
　　합격증
　　본적 호주국
　　맥켄-지
　　단기 4246년 10월 6일생
　　우자 단기 4285년 7월 시행
　　제1회 의사국가시험에 합격하였음을 증함
　　단기 4285년 7월 20일
　　보건부장관 최재유

(1952)

---

16. 병원 설립 제안

　　고향에서 병원에 관한 소식이 왔을 때 우리가 얼마나 설렜는지 모른다. 우리가 설레었던 이유는 마침내 우리가 일할 수 있다는 것보다 고향의 여러분이 이 도전에 믿음으로 응답했다는 사실 때문이었다. 우리가 여러분에게 병원 설립을 제안하였을 때 너무 부담되는 것이 아닌가 하는 느낌이었다. 동시에 고향의 교회가 스스로 결정해야 한다는 생각을 하였고, 그 결과는 기적적이다.
　　이제 나는 계획을 분명히 세울 수 있으니 여러분이 우리를 도울 수 있는 몇 가지 방법을 제시하겠다. 신생아와 영유아를 위한 물품이 필요하다. 아이들 옷을 비롯하여 안전핀, 파우더, 비누, 올리브유, 양모, 망사, 여성 가운, 잠옷 등등은 계속하여 필요할 것이다. 여성 옷은 꼭 새것이 아니라도 된다. 우리는 또한 다량의 아마포가 필요하다. 내가 중국에 있을 때 이것이 큰 문제였다.

(헬렌과 미군부대 방문자들, 1952)

이것들 외에 병원을 매력적으로 보이게 할 수 있는 것은 다 환영이다. 예를 들어 일반 그림, 성화, 어린이 그림 등등 병동이나 아기방을 위해 필요하다. 플라스틱으로 된 제품은 비싸지만, 식탁보, 커튼, 스크린 등등은 다양한 색이고 청소도 편리하다. 가구를 위한 페인트 등도 필요하다. 누가 약과 병원 물품, 비타민, 철분, 아스피린, 살균제 등을 보내주면 유용하겠다. 깨지지 않는 컵과 접시 그리고 세제도 항상 쓴다. 물품을 포장할 때는 옥양목으로 하는 것도 잊지 말라. 그 방법이 안전하고 또 그것을 바닥 깔개로 사용할 수 있기 때문이다. 아이 무게를 재는 저울도 필요하다. 한국인들도 자신의 아이 몸무게를 알기 원한다.

우리 병원이 아직 준비되지 않았지만, 첫아기를 받았다. 나에게 다행히 산모에게 줄 잠옷이 있어서 그것으로 아기를 감쌌다. 이들은 출산 준비를 전혀 못했는데 산모에게 돈이 없었기 때문이다. 헬렌은 이들의 사정을 우연히 전해 듣고 가서 분만을 도와주었다. 이들은 매우 감사해하였고, 우리도 그 순간을 즐겼다. 우리는 압력솥에 기구들을 멸균시켰고, 분만 과정은 간단하고 쉬웠다.

산모의 방은 매우 작았다. 산모의 모친과 우리가 그 방에 들어서자 아기를 받을 공간조차 없었다. 한 가지 좋은 점은 구경꾼들이 들어올 수 없다는 점이다. 그때가 저녁이었고 그 방엔 전기가 없으므로 우리의 랜턴을 사용하였다. 분만이 거의 끝나갈 무렵 옆방에서 벽에 구멍을 뚫어 전구를 넘겨주었다. 모든 것이 잘 진행되었다. 한가지 문제점은 아기가 딸이었다는 것이다. 그것도 둘째 딸이었다. 아기가 태어났을 때 침묵이 흘렀는데, 그것으로 엄마는 딸인 것을 알아챘다. 물어볼 필요도 없었던 것이다.

7월 7일.
('더 크로니클', 1952년 9월, 5)

17. 병원의 시작

지금의 일신유치원과 부산진교회 중간쯤에 문을 열면 삐끄덕하는 소리가 제법 크게 나는 낡은 대문이 있었고 안으로 들어가자마자 바로 오른편에 온돌방 하나와 좁은 마루청과 뒤편에 부엌이 있는 아담한 기와집 한옥이 있었다.

(개원 예배, 1952)

여름이면 시원한 물이 가득한 샘이 부엌 뒤에 있어 그때 몇 안 되는 직원들이 수박을 그 샘에 담가두었다가 오후에 쪼개어 즐겁게 먹곤 했었다. 안으로 더 들어가면 확 트인 넓은 놀이마당이 있고 약간 경사진 왼편에 부산진교회를 높게 배경으로 하여 큰 방 하나와 작은 방 3개가 있는 옛날 일신유치원이었던 건물이 있다.

이 건물엔 6.25사변으로 부상한 군인들을 얼마간 수용하고 있었기 때문에 옛날의 깨끗했던 그 유치원이 아니었다.

1952년 9월 17일 큰방을 말끔히 치워 부산진교회 성도 몇 분과 김성여 목사님의 설교와 기도로 일신부인병원이 개원되었다. 그때의 직원은 매혜란 원장, 매혜영 간호과장, 유경순 간호원, 방필수 사무장 그리고 한옥에서 어린아이 하나 데리고 상주하면서 병원을 관리하게 되었던 한용이 엄마 이렇게 다섯 사람이었다.

(유경순, 캐시, 헬렌, 방필수, 1952)

그때 원장님은 두 주일 후면 의사 한 사람과 간호사 둘이 더 올 것이라고 했었다. 그리고 10월 1일 이흥주 박사[6]와 간호사 현정훈 그리고 나였다. 그리고 한 달쯤 후에 김금순 간호사가 들어왔다. (중략)

---

6) 이흥주 박사는 이화여자대학교 의과대학 출신으로 서울 적십자병원 인턴으로 있었다.

외래환자가 점점 많아짐에 따라 드디어 입원 환자가 있게 되었는데 첫 환자가 가정에서 분만한 7개월 조산아였다. 그 아기는 매 선생님 댁에서 며칠간 간호를 받다가 체온조절이 제대로 되어 병원으로 옮겨 온 것이다. 이 아기 한 명을 위하여 우리 간호사들의 3부 교대 근무가 시작되었다. 아기는 보육기가 없어 나무 침상에서 강제 급식과 정성스러운 간호로 잘 자라주어 우리는 하나님께 감사드렸다. (후략)

김금련
('일신기독병원 40년사', 1993, 216)

18. 조산원 1회 수료식 초청장

추풍이 이옵는데 홍은중 도전대안하심을 송축하나이다.
지난해 화염속에서 일신병원이 이땅에 첫 발거름을 내놓은건 천조와 경향제현의 두터우신 편달 아래 한돐을 맞이하옵고 이에 강습 제1기생을 배출하게 된것 감사해 맞이 않흡니다.
오는 31일(토) 오후 4시 부산진교회(아래층)에서 일신병원 조산원 강습 제1호 수료식을 간소히 거행하고자 하오니 다망하신 중 죄송하오나 저희 사업을 격려하시는 뜻으로 참석해 주시기 바랍니다.[7]

1953년 10월 20일
일신부인병원장
매혜란
('한국소풍이야기2'[8], 85)

---

7) 한문만 한글로 고치고 철자법과 띄어쓰기 원본 그대로임.
8) '호주 매씨 가족의 한국소풍이야기2', 한호기독교선교회 & 경기대학교, 2019.

19. 45명의 직원

친구 여러분. 지난 한 해 동안 여러분들의 관대한 후원과 기도에 특별 성탄 감사를 전할 생각을 하고 있었다. 늘 그랬던 것처럼 우리의 인사는 늦었지만, 멜버른의 사무실 직원 여러분께도 감사한다. 성탄절을 맞아 우리는 병원의 직원과 수백 명의 부모와 더불어 하나님께 진심으로 감사드린다. 이들 부모 중 처음으로 하나님의 사랑을 알았다는 사람들이 있다. 하나님이 독생자를 보내 자신을 구원한다는 사실 말이다.

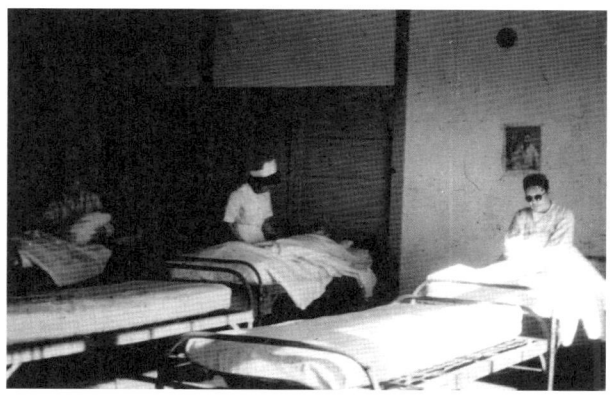

(초기 병실, 1952)

한 여성이 두 주 전에 와 아기를 사산하였다. 그녀는 전에 다른 병원도 찾았지만, 의사들이 다 포기하였다고 하였다. 지금 그녀는 회복 중이다. 그녀가 입원해 있는 동안 하나님의 사랑에 관하여 들었다. 그 후 그녀는 처음으로 신약 성서를 읽기 시작하였다. 그녀는 퇴원하면서 전도부인에게 성경과 찬송가 책을 샀다. 자신의 고향으로 돌아가 신앙을 잘 지키고 전도할 수 있도록 기도한다.

1953년 우리가 기대한 것보다 병원의 일이 많이 발전하였다. 지난 성탄절에 우리는 병원에서 출산한 어머니를 모두 초청하여 파티를 열었다. 당시 병동에서 50~60명 정도는 크게 비좁지 않게 행사를 할 수 있었다. 올해 태어난 아이는 거의 800명이다. 이번 성탄절에는 어떻게 할까? 우리는 아직 생각 중이다.

작년에 병원 직원 수가 10명이었다. 올해는 45명 정도이다. 모든 아기와 산모와 함께 축하하는 성탄절의 모습을 상상할 수 있을 것이다.

여러분의 수고와 기도가 없었다면 이만큼 발전할 수 없다는 것을 여러분이 알기를 원한다. 새해를 맞아 우리가 여러분을 기억하는 것처럼 우리를 기억해 달라. 하나님의 나라를 위하여 열매 맺는 한 해가 되기를 기원한다.

헬렌과 캐시

P.S.- 11월에 받은 14개의 소포에는 보내는 사람 이름이 없었다. 그래서 그들에게는 감사의 편지를 쓰지 못한다.

['더 크로니클', 1954년 3월, 3]

20. 1953년 연례보고서(1)

(일신병원 뒤편의 판자촌, 1953)

일신부인병원[9]은 작년에 시작되었다. 올해 병원이 너무 빨리 발전하고 있

---

9) 일신부인병원은 1982년 일신기독병원으로 그 이름이 변경된다.

어 마치 아기가 막 걸어 다니는 모습과 같다. 이것은 자랑이면서도 걱정이고, 기쁨이면서도 근심거리이다.

외래환자: 7,318명이 내원하여 17,784번의 다양한 진찰을 받았다. 1월에는 매일 평균 16명이었지만, 7월 이후에는 평균 70명과 80명 사이가 되었다. 하루에 140명의 환자를 본 날도 있다. 9월에는 영양이 부족한 아기들을 위하여 우유 방을 열었는데 46명의 아기에게 2,657일분의 분유를 먹였다. 56번의 예방 접종도 있었다.

입원 환자: 입원진료실에 1,175명이 입원하였고, 이들의 입원일 수는 모두 7,389일이다. 매일 평균 20.2명이다. 이것은 병원에서 태어난 아기 수 제외이다. 1월 평균 10.9명에서 12월 평균 30.9명이 되었다. 병원에는 공식적으로 20개의 침대가 있다. 이것 외에 10개의 간이침대와 2개의 작은 침대가 있는데, 이것도 모자라면 환자들이 외래병동의 소파에서 잔다. 한 번에 34명의 성인과 그들의 아기 그리고 11명의 특별 아기가 머물기도 하였다.

769번의 분만이 있었고, 이 중 57번은 그들의 가정에서 이루어졌다. 지금은 매일 평균 3명씩 출생하고 있다. 수술은 684번 진행되었고, 그중 70번은 대수술이었다. 우리 산과의 매우 높은 부분이 비정상 분만인데 주로 독혈증 때문이다. 집에서 분만하는 경우는 우리가 생각한 것보다 적다. 정상적인 분만도 병원 침대가 필요한데 첫째는 부산의 집에 많은 사람이 살고 있고, 둘째는 집이 먼 거리에 있기 때문이다.

환자 종류: 모든 종류의 환자들이 온다. 병원이 만원이어도 부자들이 오는데 우리의 전문적인 돌봄의 가치를 그들이 알기 때문이다. 매우 아픈 어떤 부자 여성은 잘못하면 자기도 아기도 모두 죽을 상황인데 우리 병원을 보더니 입원을 거절하였다. 어떤 중상층의 여성은 자신의 집에 식구가 너무 많아 우리 병원에 왔다. 난민촌과 판자촌에서 오는 사람도 많고, 기차역 부근에서 노숙하는 사람도 온다.

우리 병원 근처 난민 창고에서 사는 한 소경 여성도 입원하였다. 이곳에서 7마일 떨어진 온천의 난민촌에서도 온다. 이곳에 큰불이 나 7만 명이 집을 잃었는데 군대가 창고를 내주어 이들이 머물고 있다. 그곳에서 여성이 산고를 시작하면 군인이 구급차로 우리에게 데리고 온다. 때로 가족이 누구인지도 모른 채 말이다.

(개원 1주년 기념, 1953)

한 여성이 구급차로 왔다. 그러나 그녀는 아프지 않다고 하며 입원을 거부하였다. 자기 아이들이 있는 곳으로 다시 보내 달라 주장하였다. 그러나 그녀는 10분 만에 분만하였다. 우리가 중국말을 하기에 이 지역의 중국인들도 온다. 이들 중 한국말을 한마디도 못 하는 여성들이 있다. 우리 병원이 시골에까지 소문이 났다. 8일 동안 산통을 하던 여성이 기차를 타고 부산에 와 자기 발로 병원까지 걸어왔다. 대부분 산과의 경우 수술이 필요하다. 그러나 그들은 빨리 아기를 낳고 다음 날 기차를 타고 다시 고향으로 돌아가기 원한다.

신생아 돌봄: 신생아 양육은 우리에게 중요한 일이다. 미숙아 출생은 이따금 있는 일이다. 비록 호주보다는 이들이 잘 돌봄을 받지 못하지만, 대부분 건강하다. 정말 보람을 느끼는 것은 영양부족에 작고 생명이 없는 듯한 아기가 돌봄을 받고 웃는 모습으로 피어날 때이다. 엄마가 죽거나 모유가 없을 때 아기의 생명은 위태롭다. 지금 한 명이 입원해 있는데 6파운드밖에 안 나가는 6개월 된 아기이다.

고아나 버려진 아기도 항상 우리 병원에 몇 명은 있다. 우유를 먹이며 그들이 건강해질 때까지 기다렸다가 입양할 부모를 찾는다. 순수 한국 혈통의 아이들은 모두 입양에 성공하였다. 그렇지 못한 아이들은 고아원에 보내졌다가 서양 부모에게 입양된다.

병원 직원: 1월에 병원 직원은 모두 11명이었다. 의사 1명, 비즈니스 매니저 1명, 간호사 5명, 잡부 4명이다. 12월이 되자 모두 52명이 되었다.

의사 – 이홍주(1952년 10월부터), 박숙정(1953년 5월부터), 무명 레지던트 (6개월, 세브란스), 무명 인턴(3개월, 세브란스)

간호사 – 4명의 선임,[10] 2명의 직원(병동과 우유급식방 각 1명씩), 20명의 대학원 조산사 학생,[11] 3명의 의학과 학생, 약제사, 실험실 기술자, 창고 매니저, 전도부인 사회복지사, 식당 감독, 12명의 잡부.

캐시는 병원의 간호사를 감독하고, 간호사 훈련을 책임진다. 1월부터 미국 회중교회 에디스 골트[12] 양이 부임하였다. 그녀는 우리 상황에 맞는 간호 경험이 있어 가치 있는 공헌을 하고 있다. 병원의 직원들은 행복한 관계와 봉사의 정신 속에 일을 잘하고 있다. 이들과 같은 기독교인 여성 직원들이 있다는 것은 축복이다. 환자의 몸과 마음에 건강과 평화가 오도록 모두 노력하고 있다.

〔'더 크로니클', 1954년 4월, 9-11〕

21. 1953년 연례보고서(2)

훈련학교: 조산사 훈련은 시작부터 우리의 주요 목표 중 하나이다. 그러나 가르칠 수 있는 교사를 먼저 배양해야 한다. 우리의 선임 간호사 4명에게 현재 훈련을 집중하고 있다. 첫 정식 반이 지난 5월 7명의 간호학과를 졸업한 대학원생을 대상으로 시작되었다. 그리고 10월에 그들은 6개월의 과정을 이수하였다. 이 중 5명은 서울, 대구 그리고 전주에 속한 간호학교 간호사들이다. 한 명은 우리 직원이고 다른 한 명은 결혼하였다.

---

10) 유경순, 현정훈, 김금련, 김금지('일신기독병원 40년사', 36)
11) 간호학과를 졸업하고 조산과 과정을 밟는 교육생을 말한다.
12) 고미옥(Edith Galt)

두 번째 반은 10명의 학생으로 8월에 시작되었고, 세 번째 반도 10명으로 11월에 시작될 것이다. 우리의 현재 시설로 한 해에 40명의 조산사를 훈련할 수 있고, 각자 20번의 분만 실습을 할 수 있다. 교육생들은 간호학교 졸업생인데 대부분 분만을 해 본 경험이 없고, 그것을 본 적도 없다. 이들은 전국의 일반 병원과 선교병원에 속해 있는데, 지금까지 12개의 간호학교에서 왔다. 우리 학교가 조산사를 훈련하는 대학원 과정으로 한국에서 유일하다. 이것 외에 우리는 서울대학교 간호학과에서 3명의 학생을 한 달씩 받아 실습시킨다. 이것으로 부족하지만, 그 학교는 가치 있다고 생각한다.

재정: 여러분의 관대한 후원과 국제기구들의 도움으로 큰 잔액을 남기며 한 해를 마쳤다. 환자들이 내는 비용은 보통의 병원 운영에 쓰이고, 외부의 후원금은 모두 건물이나 시설 구비를 위하여 사용된다. 유엔한국재건단과 다른 기관이 많은 양의 약품과 설비를 지원하였다. 정확한 값어치는 모르나 그것들을 다 구매하려면 지출을 감당하지 못하였을 것이다.

큰 잔액이 남은 것에 관하여 설명이 필요하다. 그 돈은 주로 새 설비 구매를 위하여 후원받은 것이다. 그러나 설비 구매를 연기한 것은 새 건물이 곧 생기면 그것에 맞게 사려고 남긴 돈이다. 임시 건물을 위하여 5천 달러를 지원하여 4월에 우리가 환자를 두 배로 받을 수 있었다. 그리고 500달러는 훈련학교를 위하여, 1,500달러는 캐나다연합교회가 기숙사 보수공사를 위하여 후원하였다. 유엔한국재건단과 한미재단은 가치 있는 시설과 약품을 후원하였다. 미국의 회중교회 봉사위원회와 세계교회봉사회는 설비 지원 외에 골트 양을 보내주었다. 호주의 여러 교회 친구들도 많은 선물을 보내주었다. 계속 날아오는 소포로 엄마들 모두 아기 옷을 선물 받아 퇴원하였다.

무료 치료: 입원 환자 40%와 외래환자 12%가 무상으로 치료를 받았다. 무료로 지원된 약은 무료로 나누어 주었고, 우리의 치료비는 일반 의사들보다 매우 낮다. 그러므로 무료 진료의 비율은 보이는 수치보다 훨씬 높을 것이다. 우유 급식소는 전부 무료로 운영된다.

건물: 우리가 당면한 가장 큰 도전은 영구적인 건물의 필요이다. 유치원 건물에서 병원이 시작되었는데 이곳에서 2년 정도만 운영한다는 이해가 서로 있었다. 올해 초부터 유치원은 우리의 이전을 요청하는 압박을 가하기 시작하였다. 그뿐만 아니라 이런 종류의 병원이 유일하기에 넘쳐나는 환자를 감당할 수 없을 정도가 되었다. 4월에 임시 건물이 세워졌지만, 그곳도 벌써 사람들로 넘

쳐난다. 우유 급식소는 바람이 통하는 천막에서 운영한다. 적당한 땅을 찾으면 건물을 세울 수 있을 것이다.

마지막으로 앞으로 우리 병원이 어떻게 될까. 우리에게 요구되는 사명을 우리가 감당할 수 있을까? 그에 대한 대답 대부분은 우리의 훈련프로그램 속에 집중되어있다고 나는 믿는다. 지금 우리는 한 해에 우리 직원 외에 40명의 조산사와 6명의 의사를 훈련하고 있다. 이들 중 많은 인원이 장차 다른 이들을 가르칠 수 있을 것이다.

노력의 가치: (중략) 분만 후 심한 감염으로 입원한 마음 강퍅한 죄인이 있었다. 그녀는 담배를 피우며 병원의 규정들을 무시하였다. 모든 이에게 민폐를 끼치는 상황이었다. 그러나 그녀가 퇴원할 때 그리스도의 사랑을 어렴풋이 경험하였고, 지금은 자신의 지역에서 교회를 다니고 있다. 우리 병원에서 몇 명의 사람이 그리스도를 만났는지 가늠이 안 된다. 그들의 삶의 변화는 수치로 매길 수 없다. 아기를 안고 감사하며 떠나는 그들의 얼굴에서만 볼 수 있는 표현이다.

['더 크로니클', 1954년 4월, 11-12]

22. 건축 설계도

현재 병원 건축에 관한 소식은 없다. 언제 시작할 수 있을지 모르겠다. 건축 설계도의 세부 사항으로 인하여 정지된 것이다. 동시에 병원의 기록은 계속 깨지고 있다. 몇 주 전 네 번째 세쌍둥이가 태어난 것이다. 모두 건강하다. 여성은 초산모였다!

두 명의 아기가 더 나올 것이라고 내가 처음으로 그녀에게 말하였다. 그녀는 믿기지 않는다는 듯이 놀랐다. 사람들이 세쌍둥이에 감탄하자 그녀는 곧 자랑스러워하였다. 기록에 의하면 세쌍둥이는 8천 번의 출산 중 한 번 생긴다.

어제 난소 종양 절개 수술이 있었다. 환자는 시골에서 왔고, 그녀는 돈이 없었다. 이틀 정도 입원하며 그녀는 수혈하였다. 다음날 내가 수술하겠다고 하니 그녀는 말하였다. "수술하지 마세요. 돈이 없습니다." 어쨌든 나는 수술 진행을 하였다.

('더 크로니클', 1954년 10월, 2)

23. 1954년 연례보고서

일신부인병원이 설립된 지 만 2년이 되었다. 그동안 임시 건물은 완전히 사용되었고, 수용 한계를 넘었다. 올해 초부터 우리가 이 건물에서 감당할 수 있는 한계에 다다랐던 것 같다. 그러나 우리는 그 한계를 올해 여러 번 극복하였다. 특히 여름에 더 그랬다. 직원들은 새 건물이 세워진다는 것을 알기에 지금의 환경을 이겨내고 있다. 지금 부지 위에 흙을 고르고 있고, 곧 건축이 시작될 것이다.

의료 활동: 외래진료실에는 11,996명이 내원하여 31,199번의 다양한 진찰과 치료를 받았다. 매일 평균 102명으로 작년과 비교하면 두 배이다. 1952년 9월 개원 이래 2만 명 이상의 다양한 환자를 보았다. 부산 인구 50명당 1명이다. 가장 많았던 달은 7월로 일 평균 120명이었다. 어떤 날은 179명까지 환자를 보았다. 의자가 하나씩 있는 작은 두 개의 방에서 환자를 보는데 우리 환자 95%가 진료가 필요하다.

우유 급식소에서는 아기 81명에게 14,425일분의 우유를 주었다. 예방 접종은 166명에게 주었다. 나나 우리 직원들이 이 방면의 활동을 더 발전시켜야 하는데 그렇지 못하고 있다. 지난여름 급식소 텐트가 날씨를 이기지 못하고 쓰러졌다. 그래서 포장 방을 만들면서 그곳을 사용하였다. 마지막으로 간호사 기숙사에 방 하나를 추가하였다. 영구적인 장소가 확보될 때까지 이 방을 현재 우유 급식소로 사용하고 있다.

입원진료실은 외래진료실 보다 더 붐빈다. 1953년의 두 배인 2,201명이 입원하였고, 이들이 입원한 일수는 12,865일이다. 매일 평균 35.3명이 입원하였는데 병원에서 태어난 아기는 포함되지 않은 수치이다. 성인은 매일 평균 28.4명이다. 가장 많이 입원한 날 밤에는 50.39명의 성인과 11명의 아이가 입원하였다. 그러나 이 숫자보다 더 많을 것인데 내가 회진을 돌 때마다 침상에 앉아

있는 사람들이 더 많았기 때문이다. 병상이 회전하는 속도는 빠를 수밖에 없다. 어떤 날은 하루에 18명을 입원시키기도 하였다.

1954년 1,358명의 산모가 1,399명의 아기를 분만하였다. 하루 평균 3.7명이다. 가장 많이 분만한 날은 12번이다. 1,371명이 수술을 받았고, 그중 138명은 중환자였다.

이제 전체 분만 수는 2,000번이 넘는다. 우리의 이 큰 통계는 의학계의 관심사이고 그들과 나눌 것이다. 서양 기준에 비하면 우리의 사망률도 높다. 너무 늦게 병원에 와 손을 쓸 수 없는 경우가 많아 슬프다. 밖에서 죽거나 아기를 잃어버리는 가정은 수도 없이 많다. 우리는 우리가 할 수 있는 만큼 최선을 다하고 있다.

첫해보다 중하고 어려운 환자들이 더 많아지고 있다. 몇 건의 중증 응급환자가 한꺼번에 오는 경우도 종종 있다. 만약 2년 전에 이런 경우가 발생하면 나는 감당할 수 없었을 것이다. 지금은 우리 직원들이 많은 경험을 하여 이런 상황을 잘 대처하고 있다. (중략)

우리 병원에 관한 소문이 시골까지 널리 퍼지고 있다. 심지어 다른 도나 서울에서 오는 사람도 있다. 어려운 부인과 경우가 많다. 캐시가 분만 1주일 전 오라고 하였는데 늦게 온 산모를 야단쳤다. 그런데 알고 보니 그녀는 새벽 4시에 출발하여 오전 늦게 이곳에 도착하였고, 같은 날 돌아가야 하였다. 분만 전 돌봄도 점점 중요해지고 있다.

한국인 이외에 우리 병원을 찾는 손님은 해외선교사와 UN 직원 등이다. 1954년 3명의 서양 아기가 출생하였다. 호주, 미국, 영국, 덴마크, 스웨덴, 네델란드 그리고 필리핀에서 온 사람들이다. 물론 많은 중국인과 일본인도 있다.

버려진 아기 문제가 점점 심각해지고 있다. 남아는 아이가 없는 집에 쉽게 입양되지만, 많은 여아는 입양이 어렵다. 대부분 고아원으로 가지만 그곳들도 벌써 포화상태이다. 가면 죽을 확률이 높은 곳으로 보내지는 아기를 보면 가슴이 멘다. 건강한 아기를 우리 보육실로 보낼 수 없는 것은 미숙아들을 돌보아야 하기 때문이다.

직원: 1월에 31명이었던 직원이 12월에 42명이 되었다. 그 외에 27명의
    교육생도 있다. 12월의 직원은 다음과 같다.
  의사 – 이홍주(선임), 박숙정, 박순근, 대구 장로교 병원에서 온 레지던트
    1명(6개월), 세브란스병원에서 온 인턴 1명(3개월)

(이홍주 부원장과 헬렌 원장)

간호사 – 현과 김(선임),[13] 2명의 2학년 간호사, 5명의 초급 간호사, 18명의 대학원생, 7명의 학부생

기타 – 약제사(간호사), 실험실 직원, 창고 일꾼, 보급인(2명), 비즈니스 매니저(방필수), 출납원, 전도부인(박봉윤), 부엌 담당, 그 외 일꾼(남 5명, 여 14명)

캐시가 간호사와 교육생 훈련을 전체적으로 지도하고 있지만, 현 양이 병동을 그리고 김 양이 가르치는 일을 점점 책임지고 있다. 이 둘은 지금 대학원 공부를 호주에서 할 준비하고 있다. 미국 회중교회 골트 양이 간호와 행정 업무를 점점 중하게 책임지고 있다. 그녀와 그녀를 후원하는 기관에 우리는 매우 감사하다.

불충분한 조건과 우울한 환자들 속에서 직원들은 불평 없이 일하고 있다. 신기루 같은 새 건물을 기대하며, 붐비는 복도와 병실에서 웃음을 잃지 않고 있다. 수도가 멈추면 빨래방에 필요한 물 80 동이를 매일 나른다. 우리 병원의 평판이 환자와 이 지역에 좋게 퍼졌다면 다 이들 덕분이다.

조산사 훈련: 캐시가 별도로 보고할 것이다.

의사 훈련: 두 명의 세브란스병원 레지던트가 6개월간의 훈련을 마쳤다. 이들의 전공은 산부인과와 조산과 이다. 4명의 인턴도 3개월 과정을 마쳤다. 12월부터 대구장로교병원에서 레지던트가 와 있다.

재정: 이 보고서에 재정보고가 첨부되었다. 치료비용으로 받는 수입으로 현재의 일상 지출을 감당하고 있다. 그러나 약품 구매는 2백만 환(2천 파운드)을

---

13) 현정훈과 김금련

들였는데 호주에서 아직 오지 않고 있다. 이 비용은 수입 일부분과 호주의 후원금에서 지출되었다. 다른 후원단체도 적지 않다. 훈련학교를 위하여 한미재단이 3천 달러를 후원하였다. (중략)

특별히 언급해야 할 후원은 호주에서 왔다. 빅토리아의 베리윌록교회가 382파운드 10실링을 보내왔다. 한 남성이 땅을 내주었고 그곳을 개간하여 밀을 심어 가꾸고 추수하여 보내준 돈이다. 우리는 이 돈으로 새 우유 급식소를 지었다. 아기에게 모유를 줄 수 없는 산모들을 위함이다.

('더 크로니클', 1955년 4월, 3-5]

24. 본관 공사

3,074명이 3,335,730환[14](3,300파운드) 어치의 무료 진료를 받았다. 외래병동 수입의 10%가 무료였고, 입원 병동의 32% 그리고 왕진 환자의 수입 13%가 무료였다. 이것은 우리가 책정하는 비용의 가치에 따른 것이다. 개인 병원에 비하면 우리 병원 치료비가 매우 낮다. 그래서 무료 비용은 이 수치보다 훨씬 높을 것이다.

(신축 공사장의 포스터, 1954)

---

14) 헬렌은 이 당시 HW 단위 즉 '환'으로 기록하였다.

새 건물: 마침내 영구적인 건물이 건축되고 있다. 1955년에는 완공을 볼 것이다. 장소는 좌천동 471번지로 아래 선교 터 일부분이다. 이곳은 지난 3월 쿰브스 씨가 방문하였을 때 정해진 것이다. 부산 군사기지재건축단[15]이 건축 설계를 하였다. 테일러 장군이 병원 건축을 승인하였고, 503공병대의 미군대한 원조 번호 1168이다. 미군이 기본 건축 자재 즉 시멘트, 철근, 재목, 유리 등을 지원하고 있다. 비용은 모든 자재가 도착해야 알 수 있다. 이들이 건축 감독을 하며 트럭으로 흙을 나르는 작업도 하는데 그 가치는 계산할 수 없다. 우리 선교회는 모든 노동비용과 군대가 제공하지 않은 자재 비용 그리고 물론 병원 운영 비용을 담당하고 있다.

공사는 9월 27일 시작되었다. 터의 남서쪽 구석에 있는 작은 건물에서 선교부의 일반 업무를 볼 것이다. 지하와 일 층의 방 두 개는 병원 창고로 쓰일 것이다. 새 주차장과 사무실은 지금 사용하고 있다.

본관 건물을 위한 굴 파기는 10월에 시작되어 지금 진행되고 있다. 원래의 건축 계획을 따르기가 불가능한데 언덕 지형이기 때문이다. 생각한 것보다 흙과 돌을 더 많이 옮겨야 하고, 벽을 보호해야 한다. 시간과 돈이 드는 작업이다. 설계도를 다시 그려야 하지만 결국은 더 안전하고 좋은 건물이 될 것이다.

(본관 기초공사, 1955)

---

15)   Pusan Military Post's Reconstruction Unit

설계도는 아직 완성되지 않았지만, 평면도와 구조적 세부 사항은 최종적이다. 3~4층의 건물에 철근 콘크리트와 시멘트로 지어진다. 60명의 산모와 같은 수의 아기가 입원할 수 있는 크기이다. 지금보다 병상이 많이 늘어난 것은 아니지만, 일하는 공간 확장과 다른 설비 설치로 더 효과적인 업무를 수행할 수 있을 것이다.

12월 31일까지 주차장과 사무실 그리고 본관 대지 공사 비용으로 3,281,500원(2,700파운드)이 들었다. 건축 세부 사항이 아직 준비가 안 되어 전체 비용은 아직 산출되지 않았다. 현재 예측은 75,000달러 혹은 33,000파운드이다. 아마 더 많이 들 수도 있다. 호주장로교선교회가 8,000파운드(16,000달러), 호한재단이 15,000달러(6,600파운드) 그리고 유엔한국재건단이 10,000달러(4,400파운드)를 지원하고 있다. 병원 기금이 인상되어 부산 미군기지로부터 24,655.16달러와 485파운드 16실링 그리고 300엔, 총 11,500파운드를 지원받았다.

다른 후원자들의 병원 후원금을 우리는 건축기금으로 사용하고 있다. 2,400파운드 정도이다. 우리의 현재 총 기금은 33,000파운드인데 예상 금액이다. 가구와 붙박이 장 등의 설비를 위한 기금은 따로 마련해야 한다. 의료 기구는 많이 있다.

협력 병원: 부산의 메리놀 보건소와 협력하고 있다. 우리는 그들에게 어려운 어린이 환자를 보내고, 그들은 우리에게 산부인과 환자를 보낸다. 제칠일안식병원은 우리를 위하여 실험실 작업을 한다. 응급 시에는 스웨덴 적십자병원으로부터 피를 제공받는다. 우리의 수술환자를 때로 그들과 독일 적십자병원으로 보내기도 한다. 세 명의 미군 의사가 지난 일 년 동안 우리에게 산과 자문과 한국인 의사에게 강의해 주었다. 마요클리닉의 캡틴 존 왓슨은 특히 가치 있는 공헌을 하였다.

결론은 부산진교회의 일신유치원 위원회에 감사한다. 원래 계획보다 그들의 건물을 더 오래 사용하였다. 교인들도 관심을 가지고 우리를 지원하였는바 김치 만드는 것부터 아침 기도회 인도까지 수고하고 있다.

['더 크로니클', 1955년 5월, 6-7]

25. 일신의 노래

작곡: 매혜란, 작사: 유경순

1. 남해에 불쑥 떠오른 햇빛 빛나라 새로운 일신의 아침
   정성을 묶어서 올리는 기도 삼천리 퍼져갈 대한의 일꾼
2. 별빛도 조는 고요한 밤중 순백의 마스크 밤을 지키네
   고통도 불안도 눈같이 녹는 일신은 안전한 우리의 포구
3. 불의와 교만 가득한 세상 고난의 돌부리 발돋음 삼아
   나가자 싸우자 일하며 배우자 우리는 씩씩한 일신의 정병

(후렴)   일신의 횃불을 높이 올려라 이기자 참고 사랑함으로
         일신 일신 기리 빛나리 일신 빛나리

[일신부인병원, 1955년]

26. 병원 낙성식

순서

사회:	노진현 목사(경남 노회장)
기도:	찰스 케년(강영도) 선교사
내빈 소개:	사회자
병원 약력:	홍신영(세브란스간호학교 교장)
축사:	최재유 장관(보건사회부)
축사:	이상용 도지사
축사:	미군대한원조계획처 대표
찬양:	간호원 성가대
축사:	배상갑 부산시장
답사:	헬렌 맥켄지(매혜란) 원장
헌당 기도:	김성여 목사(부산진교회)
개원식:	
찬송:	1장
축도:	사회자

[호주선교부, 1956년 3월 2일]

27. 지역사회를 비추는 빛

오래 기다렸던 시간이 왔다. 일신병원 건물이 완공되었다. 리본을 자르고, 환자와 직원이 입장하고, 그 안에서 아기가 출생하였다. 건물 자체는 정말 멋지다. 훌륭한 건축가의 솜씨이다. 개원식 날 직원들은 한국인과 외국인 단체를 향한 자긍심을 보여주었다.

그런데 이날 아쉽게도 날씨가 춥고 구름이 많이 끼었다. 그런데도 250명 정

(일신병원 낙성식, 1956)

도의 관심 있는 사람들이 모였다. 여러 단체 대표들이 참석하였는바, 미군기지 대표, 의료 단체 대표(스웨덴과 독일 적십자회, 스위스 수녀 간호사), 사회봉사 단체 대표(어린이 구호기금, 세계기독교봉사회, 한국원조회), 교회 대표(감리교, 침례교, 퀘이커, 메노나이트, 천주교, 세 개의 장로교단) 등이다. 특별히 서울에서 온 손님도 있었다. 국적으로 보면 이미 언급한 사람을 제외하면 미국인, 캐나다인, 영국인, 노르웨이인, 호주인 그리고 물론 한국인 등이었다.

개원 행사는 행복하게 진행되었다. 간호사로 구성된 성가대의 유니폼은 단정하고 멋졌으며 노래도 잘 불렀다. 이들은 병원 직원과 일꾼들과 함께 한 쪽에 있었고, 다른 쪽에는 구 병원에서 첫 쌍둥이를 낳은 모친, 병원에서 아이 셋을 난 엄마, 병원에 버려진 아기를 입양한 여성 그리고 병원의 '애견'인 눈이 큰 예쁜 작은 소년도 있었다. 이 아이도 병원에 버려졌었다. 반 흑인으로 미국에 집이 있어야 할 아이이지만, 이곳의 많은 사람에게 사랑과 관심을 받고 있다.

예배는 한 시간 안에 마쳤다. 맥켄지 박사[16]가 리본을 끊었다. 그리고 사람들은 안을 구경하고자 입장하였다. 새 병원에서 태어날 첫아기에게 선물로 줄 유아용품이 진열되었다. 오후 다과회를 위하여 집으로 온 사람도 많았다.

---

16) 헬렌 맥켄지를 말한다.

다음 날은 짐을 옮기는 날이었다. 아침 9시부터 시작되었다. 대부분 시간 비가 오는 날이었는데 눈까지 내렸다. 최근에 선물로 들어온 응급차가 이날 환자를 실어 나르며 그 가치를 증명하였다. 친구들도 계속 찾아왔는데 캐나다와 미국인 간호사들이 병원에 도착하는 짐 정리를 도왔다. 남성 선교사들은 들어서 나르는 것을 도왔고, 미국감리회 차와 캐나다인 지프도 오가며 물건을 날랐다. 환자들은 위층으로 올라가 자신의 침상을 배정받았다. 아기들은 작은 침대에 누여 옮겨졌다. 오후가 되자 마침내 산모와 아기 모두 새 병동에 자리를 잡았다.

이 와중에도 외래환자를 진료하였고, 아기들 분유를 먹였고, 심지어 한 아기가 출생하기도 하였다. 이날 아침 입원한 임산부가 두 시간 만에 남아를 출생하여 아기용품을 받았다. 참 즐거운 날이었지만 직원들은 저녁이 되자 매우 피곤해하였다.

일신병원은 이미 구 병원 건물에서 많은 것을 성취하였지만, 새 병원은 이제 더 나아가 이 지역사회를 비추는 빛이 되고 많은 한국인에게 큰 도움이 될 것이다. 특히 한국 전역에서 와 훈련을 받는 조산사들을 통하여 말이다.

엘리자베스 던
('더 크로니클', 1956년 5월, 1-2)

28. 1956년 연례보고서

1956년은 병원 건물의 완공과 입주를 한 중대한 발전이 있었던 해이다. 1952년 9월 우리는 앞날을 모르는 채 작은 보건소[17]를 시작했다. 1953년 초 사용하던 유치원 건물이 벌써 좁아져 가건물을 세웠고, 간호사들을 위한 조산사 교육을 시작하였다. 1954년에 이르러 우리는 새 건물 건축을 준비하였다. 1955년 환자와 직원들은 신관이 건축되는 모습을 보면서 비좁은 환경을 견디어 냈다. 그리고 1956년 3월 3일, 지금의 필요 이상으로 넓은 새 건물로 입주하였다. 하나님께 감사드린다.

---

17) 헬렌은 영어로 'small clinic'이라 표현하였다.

(일신병원 5주년 기념, 1957)

　　의료 활동: 외래병동에서 10,213명의 새 환자를 보았고, 그러므로 병원 시작부터 지금까지 총 40,000명의 환자를 치료하였다. 이들 모두 부산에서 왔다 치면 부산 인구 25명 중 1명꼴이다. 그런데도 이곳 근처의 여성이 거의 죽기 전에 우리에게 왔는데 우리 병원의 존재를 몰랐다고 하였다. 동시에 환자들은 소문을 듣고 전국에서 오고 있다. 파열된 자궁 외 임신을 한 산모는 삼팔선 위 동해안에서 왔다고 하였다.
　　우유 급식소는 첫 반년 동안 빠르게 성장하였다. 우리는 모든 아기를 수용할 수 없었다. 영양결핍이 가장 심한 아기들만 받았고, 좀 더 길게 우유를 먹이면 좋을 아기들을 일찍 퇴소시키기도 하였다. 6월에 이르러 정기적으로 우유 급식을 받는 아기는 700명이 되었고, 한 달에 101명의 새 영양결핍 아기가 들어왔다. 가장 어린아이와 심한 영양결핍 상태의 아이에게는 순수 우유를 주는데, 구호기금으로 호주에서 분유를 사 온다. 그 외의 대부분 아기에게는 탈지유와 버터기름이 섞인 혼합 우유를 먹이는데 세계기독교봉사회와 미국의 가톨릭복지위원회에서 원조한다. 좀 더 나이든 아이에게는 탈지유만 먹인다.

올해 말 여전히 500명의 아기가 매주 우유를 급식받았다. 매주 700파운드의 탈지유와 112파운드의 순수 우유와 198파운드의 버터기름이다. 이것은 매주 반 톤에 달한다! 이 아이들을 위하여 많은 양의 비타민도 필요하다. 세계기독교봉사회에서 원조받은 것은 이미 소진되어 비타민을 더 사야 한다. 6월에 스웨덴병원 의사가 결핵백신을 얻도록 우리를 도왔다. 병원에서 출생하는 대부분 아기에게 우리는 백신을 놓고 있는바 지금까지 456번 하였다.

입원 병동에는 매일 평균 46.3명이 입원하였고, 이것은 작년보다 9명 더 많은 숫자이다. 입원 환자는 2,082명이었고, 이들이 총 16,946일 입원하였다. 일반병원보다 우리의 회전율이 더 빠르다. 보통 아기가 태어난 후 이틀 정도 입원한다. 만약 첫아기면 삼 일 입원한다. 7월의 어느 더운 날, 24명이 입원하였고 7명이 퇴원하였다. 171명의 외래환자도 있었는데 다행히 네 명의 아기만 태어났다. 그날은 응급 수술은 없었다! 가장 많이 입원한 날은 모두 70명이었고, 52명의 성인과 18명의 아기였다. 산모와 함께 있는 정상아기는 제외하고 말이다.

1956년 동안 1,020명의 산모가 1,047명의 아기를 분만하였다. 지금까지 태어난 아기는 총 4,370명이다. 많은 수가 집에서 분만한 다음 병원에 입원하는데 합병증으로 오는 경우가 있다. 임신 독혈증과 빈혈증이 가장 큰 문제를 초래한다.

직원: 전문직은 거의 증가하지 않았지만, 새 건물로 인하여 행정 직원이 늘었다. 총 직원 58명에 더하여 교육생 34명이다. 의사 6명, 간호사 16명, 대학원생 24명, 학부생 10명, 기술자 4명, 사무실 직원 5명, 전도부인, 그리고 일꾼 27명(남 7명, 여 20명)이다. 유아 담당이었던 메노나이트봉사위원회 캐서린 다이크는 10월에 본국으로 돌아갈 예정이었지만, 8월 2일 익사하는 사고를 당하였다. 지난 18개월 동안 천 명에 가까운 아기를 돌봐 온 그녀의 봉사로 인하여 하나님께 감사드린다.

캐시는 지난 6월 1년간의 휴가를 떠났다. 그러므로 지금은 골트 양이 병원의 간호 업무와 교육 활동을 주관하고 있다. 최정자 양이 그녀를 돕고 있으며 훌륭한 간호사들도 있다. 두 명의 상급 간호사 현정훈과 김금련은 지난 6월 호주의 2년 과정 대학원 공부를 위하여 출국하였다. 지난해 의사 3명이 병원을 떠났다. 이 박사가 현재 임시로 있고, 4명의 새 의사가 레지던트로 왔다.

병원위원회: 새 병원에 입주한 이후 2월에 박태화 씨를 위원장으로 자문위원회가 재조직되었다. 노회 대표 3인은 김성여 목사, 구영길 목사, 양성봉 장로이고, 호주장로교선교회 추천 3인은 박태화 씨, 정시안 부인, 홍신영 양이다. 그리고 선교사 3인은 케년 목사, 콜빈 씨, 그리고 캐시 양이다.

건물: 새 건물은 2월에 완공되었고, 3월 2일 개원식이 있었다. 3월 3일 입주하였는데 비가 좀 내리는 날이었지만 환자 모두가 자신의 새 침상을 찾았고, 새 부엌에서 저녁 식사도 제공되었다. 구건물에서 마지막 환자가 떠나기 전 새 병동에서 벌써 2명의 아기가 출생하였다. 많은 국적의 인원이 이사와 침상 정리를 도왔고, 각 부서 직원들이 잘 협력하여 몇 시간 안에 이사를 마쳤다.

새 건물의 현금 공사비는 대지 공사와 국내와 해외에서 구매한 자재 그리고 가구 포함 총 59,133,796환으로 약 42,200파운드이다. 호주장로교선교회의 10,318파운드 이외에 부산 미군기지의 11,565파운드, 유엔한국재건단의 8,800파운드, 한미재단의 6,000파운드, 세계기독교봉사회 1,300파운드, 회중교 봉사위원회의 440파운드 그리고 호주, 미국, 한국에서의 작은 단위 기부금 4,000파운드로 공사 비용이 지급되었다.

아직 많은 가구와 설비가 부족하지만, 자체 영구건물을 소유했다는 사실에 매우 감사하다. 지금으로서는 충분한 공간이다. 새 건물로 인하여 행정비가 상승하였다. 인건비, 난방비, 전기료, 청소비 등이 비싸졌다. 그러나 개인 병실로 인하여 수입도 상승하였다. 성인 침상이 60개이고, 아픈 아기를 위한 침대가 15개, 그리고 40명의 정상아기와 모친을 위한 병실이 있다. 분만실에는 6개의 침대가 있다. 자간전증 환자방도 따로 있고, 2개의 수술실이 있어 종종 발생하는 응급 상황을 대처하기 수월해졌다.

구건물을 비우자마자 1953년의 임시 건물을 기숙사 용지가 있는 언덕 위로 옮겼다. 그곳에 900파운드(2,000달러)의 비용으로 다시 설치해 15명의 직원이 숙소로 사용하고 있다. 훈련학교를 위한 한미재단의 후원금이 그 목적으로 사용되었다. 유치원 건물은 유치원에 되돌려주었다. 우리는 유치원 운영위원회와 직원들에게 우리에게 3년 반 동안 건물을 빌려주어 깊은 감사를 표한다.

4월에 호주장로교선교회는 병원 길 건너 시온교회로부터 200평의 땅을 구매하였다. 앞으로 기금이 확보되면 영구적인 기숙사 건물을 그곳에 세울 계획이다. 구건물은 이제 학부생들이 차지하고 있다.

재정: 재정적인 상황은 작년보다 좀 낫다. 수술비용 적자가 약 3백만 환 혹은 수입의 13%이다. 그러나 헌금과 호주장로교선교회의 배당금이 5백만 환이기에 2백만 환 정도가 순 잉여금이다. 이 정도의 잔금이 남아있지만, 생활비 증가에 맞추어 봉급이 오르지 않아 곧 인상할 것이다.

입원 환자 34.2%가 무료환자였고 외래환자는 12%가 무료였다. 총 8,228,380환 값어치다. 이것은 일반병원의 진료비에 비하여 매우 낮은 것이다. 그러므로 우리의 무료 진료비용은 그 수치보다 훨씬 높다. 국내에서 구매한 약품 외에 호주에서 1,210파운드의 약품을 사들였다. 1956년 무료로 들어온 약품은 적었다.

결론: 일신부인병원은 이제 확실히 자리를 잡았다. 충분한 설비가 있고, 유능한 직원이 있고, 명성도 전국적으로 높아지고 있다. 100명 이상의 훈련받은 조산사들이 전국에서 일하거나 가르치고 있다. 우리는 최선을 다하여 병원 담 안으로 들어오는 사람들을 가르치고, 치료하고, 그리스도 안의 풍족한 생활로 인도하고자 노력하고 있다.

헬렌 맥켄지

P.S. 미군대한원조계획처로부터 받은 재료와 봉사의 가치는 37,800파운드(85,000달러)로 건물의 가치는 총 80,000파운드(180,000달러)이다.

('더 크로니클', 1957년 5월, 9-11)

29. 니느웨 대신 한국

요나서를 보면 하나님이 자신에게 준 일을 피해서 도망가는 한 남성이 나온다. 폭풍 속에서도 잠만 자는 그는 정말 둔한 사람이다. 나는 한국을 떠나 오기 전 이 남성에 대하여 생각해 왔다. 서울의 한 큰 교회에서 한국인 목사가 이 내용을 설교하였다. 나는 주일 아침 5천 명이 예배하는 그 교회 교인은 아니다. 다만 설교 테이프를 들었고, 큰 인상을 받았다. 다시스로 가는 길에 폭풍을 만나 배가 요동을 치고 선원들은 짐을 바다로 던져 버리고 있는데 원인 제공자는 배 밑에서 잠을 자고 있었다. 진리의 하나님을 아는 자가 자신의 소명을 내버리고 다른 사람들까지 위험에 처하게 한 것이다.

한 목사[18]는 자신의 교회 교인들에게 설교하기를 깨어서 주변에서 일어나고 있는 폭풍을 보라고 하였다. 그 폭풍이 세상을 파괴하려 하고 있으니 하나님의 부름에 순종하라 하였다. 나는 이 말씀이 한국교회보다 우리에게 더 적절한 말씀이라 생각하였다. 니느웨로 가기를 거부하고 이곳에서 편안하게만 사는 사람들이 우리를 부끄럽게 한다. 위험 속에서도 하나님의 계획에 반항하고 무관심하고 무기력한 요나의 이야기는 나와 여러분을 염려하게 만든다.

도움이 필요한 인류: 나와 나의 일에 어떻게 관련이 되는지 먼저 말하기 원한다. 하나님은 나를 니느웨로 부르지 않고 한국으로 부르셨다. 그리고 나는 그곳에 갔다. 이번에는 좀 쉽게 그 방향으로 갈 수 있었는데 중국으로 불렀을 때는 좀 더 대답하기 어려웠다. 그리고 그곳에 내가 갔을 때 맡겨주신 일을 계속하기가 쉽지 않았다. 너무 많은 일이 나의 시간과 에너지를 필요로 하였다.

월요일 아침 나와 함께 병원에 가보자. 내 말이 무슨 뜻인지 알 수 있을 것이다. 문을 열고 들어가자마자 붐비는 환자들을 만난다. 빨리 접수해주지 않는다고 소리치는 사람, 표를 집에 두고 왔다는 사람, 그리고 쩔쩔매는 직원까지 보인다. (중략)

도움이 필요한 인류의 모습을 충분히 느꼈는가? 그러나 나는 아직 입원 환자들에 관하여는 말하지 않았다. 이 아침 50~60명의 환자를 한 명씩 다 회진하고, 외래환자를 보기 시작하였다. 6명의 산모가 분만실에 있는데 우리가 외래환자를 보는 동안 두 명의 아기가 태어났다. 우리의 조산과 교육생이 아기를 받았다.

오후에는 만성 발작을 일으켜 의식이 없는 여성이 들어왔다. 그녀는 특별한 간호가 필요한데 내가 시간이 날 때마다 들여다볼 것이다. 그녀의 아기는 이미 죽었지만, 엄마는 아마 살 수 있을 것이다. 산전 치료를 하였더라면 이런 응급 상황이 발생하지 않았을 것이다. (중략)

요나 이야기로 다시 돌아가 보자. 이 이야기가 여러분과 어떤 상관이 있는

---

18)   영락교회 한경직 목사인 듯하다.

가. 이곳에 있는 여러분 중에 아마 "니느웨로 가라."는 하나님의 음성을 들은 사람이 있을 것이다. 혹은 인도네시아로 혹은 뉴 헤브리데스로 혹은 인도로 혹은 한국으로 말이다. 아니면 니느웨가 호주의 사막 지역 어디일지도 모른다. 그도 아니면 디커니스로 빅토리아의 교회를 목회하라는 뜻일 수도 있다. 어쩌면 여러분 중에 그곳들을 다 거부하고 다시스로 가는 표를 끊은 사람이 있는가? 얼마 주고 표를 샀는가? 동쪽으로 가야 하는데 서쪽으로 가는 표를 사 여러분의 마음은 기쁘고 평화로운가? 여러분의 잘못된 결정으로 다른 사람들이 고통받는 것을 아는가? 아니면 배 위로 던져져야만 정신을 차리고 올바른 방향으로 갈 것인가?

니느웨 사람들은 도움이 필요하고 오늘 회개할 준비가 되어있다. 최소한 한국에서는 그렇다. 나는 내가 아는 것만 말할 수 있다. 그들이 어떤 도움이 필요한지 말하기 원한다. (중략) 나는 오늘 도움이 필요한 두 여성에 관해서만 언급하였다. 이 두 여성은 그 도움을 받았다. 그러나 한국에는 도움을 애원하는 이런 여성이 수백만 명이 있다. 우리가 하나님의 부름에 귀를 막고 다시스로 도망가기에 그 부르짖음을 듣지 못한다. 여전히 배 밑에서 편히 잠자며 우리 주변에서 일어나는 폭풍을 잊고 있다.

"자는 자여 어찜이뇨 일어나서 네 하나님께 구하라."

여선교연합회 총회에서
('더 크로니클', 1959년 2월, 5-8)

30. 일신교회

우리는 아름다운 아침 '산 위의 교회'로 향하였다. 이 작은 교회에 관하여 여러분은 아는가? 이 교회는 언덕 높은 곳에 있는 난민촌에 있다. 이곳의 많은 환자가 일신병원에서 치료받았으며, 병원의 기독교 신앙에 영향을 받았다. 맥켄지 박사의 선임 직원인 이 박사는 이곳의 여성들을 지켜보다가 그 근처에 교회가 생기면 좋겠다는 생각을 하였다. 그녀는 복음이 이들의 생활에 기쁨과 희망을 줄 것으로 믿었다.

이 박사는 언덕 꼭대기 마을 사이에 작은 집을 샀다. 그녀는 그 집을 수리하고 보수하여 작은 예배당으로 개조[19]하였다. 벽은 진흙과 돌로 되어있고, 면적은 25피트 길이에 16피트 넓이였다. 아마 그것보다 더 작을 것이다. 기름 등잔을 서까래에 매달았고, 작은 책상을 강당으로 사용하였다. 이 박사는 젊은 전도사에게 그 교회를 책임지게 하고 봉급을 주었다. 그는 신학생이었는데 예배당에 붙어있는 작은 방에서 생활하였다. 그가 얼마나 열심이었는지 교회가 시작된 지 이제 일 년이 조금 넘었는데 자급과 자전하게 되었다. 그런데도 이 박사는 여전히 봉급을 지원하고 있다.

(일신교회, 1950년대)

이 교회가 오늘 아침 이 박사, 헬렌, 조이스 그리고 내가 방문한 교회이다. 조금 힘들었지만 흥미로운 길이었다. 먼저 붐비는 시장 골목을 지나는데 먹음직한 딸기를 내놓고 파는 여성들이 보였다. 우리는 다리를 건넜고, 그곳에서 깨끗하지 않은 물에 빨래하는 여성들도 보았다. 그들은 돌 위에 옷을 놓고 평평한 방망이로 두드렸다. 길이 점점 좁아졌다. 골목길 양옆에 집들이 가깝게 붙어있고, 길이 더 좁아지자 우리를 따라오던 아이들이 흩어졌다. 산 위 어디 샘에서

---

19) 일신병원은 수정동 산 언덕 위 피난민촌에서 의료봉사하였고, 동 병원 이흥주 의사가 그곳에 집을 구매하여 예배드렸다. 캐시는 1958년 5월 25일 그곳에 야간학교를 개설하여 아이들을 가르치고 예배를 지도하였다. 이 박사는 1962년 8월 15일 새 벽돌과 자재로 건물을 지어 일신교회를 헌당했다. ('매켄지 가의 딸들', 164-165)

물이 흘러 내려와 대나무 관을 통하여 아래로 쏟아졌다.

마침내 우리는 난민 판자촌에 도착하였다. 가난하고 작은 방에 가족들이 많았다. 맥켄지 박사는 멜버른에서 나에게 사진으로 보여주었던 판잣집을 가리켰다. 그 여성이 아직 그곳에 사는지 나는 물어보았다. 그녀는 아니라고 하면서 흙과 돌로 된 벽이 있는 좀 더 나은 집에서 산다고 하였다.

마지막 길을 오르니 교회당이 보였다. 주일학교가 막 끝나 우리는 안으로 들어갔다. 안에는 40명 정도가 있었는데 그중 6명은 남성이었다. 이들은 한국식대로 바닥에 앉아있었다. 남성은 왼편에 여성은 오른편이다. 많은 여성이 아기를 업었거나 무릎에 두고 있었다. 우리는 뒤편에 놓인 작은 의자에 앉았다.

예배가 시작되었다. 젊은 전도사가 찬송을 부르며 예배를 인도하였다. 아이들의 목소리가 어른들의 목소리보다 높았다. 예배가 진행되는 동안 밖에 있는 아이들이 창문을 통하여 '외국인'을 보려고 하였다. 이 아이들은 자신보다 작은 아기를 업고 있었다. 나는 그들의 머리 넘어 희뿌연 부산이 아닌 항구 너머의 파란 바다를 보았다. 전도사는 자신의 양 떼에 정직한 설교를 하였다. 나는 물론 알아들을 수 없었다. 그러나 과거의 재난으로 지금의 삶이 어렵지만, 하나님의 사랑이 위로와 희망과 힘을 준다는 내용임은 알았다.

예배를 마치기 전에 전도사는 이 박사와 맥켄지 박사를 환영하였다. 우리가 뒤에 앉아있었으므로 교인들은 고개를 돌려 우리를 보았다. 그리고 맥켄지 박사가 인사를 하였고, 예배가 모두 마쳤다. 우리가 산에서 내려올 때 여성들이 모여 인사하였다. "안녕히 가세요." 몇 여성이 산 아래까지 우리를 배웅해 주었다.

몰리 버지스[20)]
('더 크로니클', 1959년 10월, 7)

31. 1959년 연례보고서

외래진찰실: 외래진료실에 10,142명의 새 환자가 방문하였다. 그러므로 우

---

20) 몰리(혹은 메리) 버지스(Mollie Burgess)는 일신병원에 속한 일신약국에서 1년간 일하였다.

리 병원에 다녀간 환자 수는 이제 7만 명에 가깝다. 그중 3분의 1이 산전 치료, 4분지 1은 소아과, 그리고 2분지 1은 부인과 환자이다. 매일 평균은 112명이고, 가장 많은 날은 221명의 환자가 다녀갔다.

우유급식소와 육아상담실은 우리에게 매우 중요한 일이다. 지난 한 해 712명의 새로운 영양결핍 아기가 우유를 보급받았다. 총 125,909일분의 우유가 나누어진 것이다. 이것은 기근 구호를 위한 옥스퍼드위원회의 관대함으로 가능하였다. 이들이 가장 어리고 아픈 아이들을 위하여 글락소 순수 분유를 보내주었다. 세계기독교봉사회에서는 한 달에 2톤의 탈지유를 후원하였다. 우리는 이것을 면실유와 섞어 아기 대부분에게 배급하였다. 아이들은 또한 비싼 비타민과 철분이 필요한데 호주와 미국의 교회가 헌금한 돈으로 구매하였다. (중략)

산후 진찰과 예방 치료를 위한 엄마들의 방문이 증가하였다. 영아부에서 실시한 1,567건의 천연두 예방주사에 더하여 급성 호흡기 감염병, 백일해, 파상풍, 결핵 등 964명의 병원에서 태어난 아기가 접종받았다.

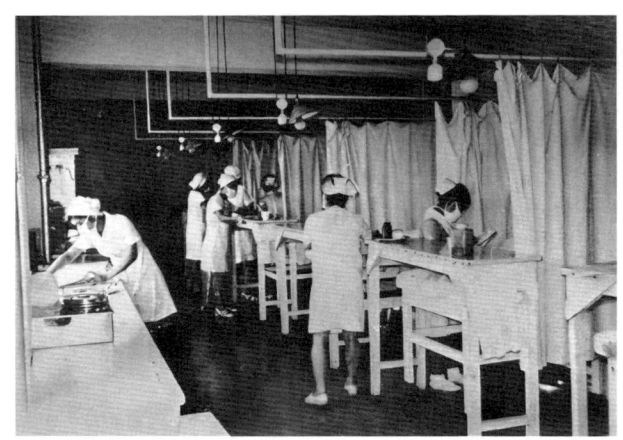

(일신병원 분만실, 1950년대 말)

입원 환자실: 지난해 50%의 입원 환자가 증가하였다. 매일 평균 67명이며 (성인 46명, 영아 21명), 이 수치는 입원한 엄마의 아기 수는 포함되지 않았다. 산과 환자가 침상 반 정도를 차지하였고, 5분지 1이 부인과, 3분지 1이 영아이다. 모든 환자의 3분지 2가 산모였지만, 이들은 분만 후에 이틀만 병원에 머물

렸다. 초산모일 경우는 3일을 입원하였다. 입원한 환자와 퇴원하기 전의 환자가 함께 있는 한밤중에 환자 수를 세면 평균 성인 71명을 포함하여 총 98명이다. 그런데도 우리 병원의 공식적인 침대 수는 성인을 위한 침대 60개와 영아를 위한 침대 15개이다! 복도에 있는 추가 침상은 구병원에서 보던 간이침대이다.

가장 바빴던 날은 아마 10월 5일이었는데 22명이 입원하였고, 12명이 퇴원하였다. 그래서 병원에 남은 환자는 89명이었고, 동시에 221명의 외래환자를 보았다. 그것에 더하여 112명의 아기가 우유 급식소를 찾았다. 다행히도 출산은 5건이었고, 대수술도 한 건으로 그쳤다.

분만실: 한 해 동안 1,253명의 여성이 1,286명의 아기를 낳았다. 쌍둥이가 33쌍이다. 12월에는 처음으로 산모 사망 후 제왕절개로 아기를 살리는 데 성공하였다. 아기는 잘 크고 있다. 이 해 마지막 날 개인 병원에서 하루 전 분만한 네 쌍둥이가 우리 병원에 입원하였다. 다른 대수술은 지난해보다 두 배로 증가하였다.

우리의 지금 어려움은 미숙아 숫자가 많다는 것이다. 임신중독증이 가장 흔한 문제점이며 점점 중하게 되어가고 있다. 그 결과 미숙아 수도 늘어나고 있다. 우리의 치료도 나아지고 있어 죽는 아기는 별로 없지만, 보육실은 항상 만원이다. 며칠 전에는 31명의 아기가 5파운드 미만이었다. 여기에 아프고 버려진 아이는 포함되지 않았다. 하나밖에 없는 조산아 보육기는 항상 사용되고 있는데 호주 기준으로 보자면 10~12개 정도 필요하다.

직원: 12월 말 한국인 직원은 의사 4명(3명 부족), 간호사 23명, 대학원 조산사 교육생 31명, 간호보조사 7명, 기술자 3명, 사무실 7명(전도부인 포함), 그리고 29명의 일꾼이다.

기숙사: 기숙사의 부족은 질병과 죽음의 두 번째 적이다. 우리의 직원은 열악한 환경의 숙소에서 살고 있다. 하나는 70년 된 한국식 진흙집이고, 하나는 10년 전에 선교사가 살 수 없다는 판정을 받은 집이고, 또 하나 가장 좋은 집은 합판과 아연 철판 구조로 된 임시 숙소이다. 이 집 안에 학생이 너무 많아 침대 사이에 공간이 없을 정도이다. 병원의 일이 점점 증가하여 직원을 더 채용하여야 하지만, 기숙사에 공간이 없다. 출생하는 아기 수가 많아지므로 숙소만 준비된다면 학생을 더 받을 수 있다. 병원 길 건너 기숙사를 지을 땅이 우리에게 있다. 우리는 그곳에 70명 직원을 위한 숙소와 우유급식소 건축을 계획이고 있다.

한국산 자재를 사용하면 예상 비용이 45,000파운드이다. 만약 자재를 후원받으면 비용이 줄어들겠지만, 우리의 신청서에 아직 답이 없다. 우리는 필요한 약 재정 4분지 1을 약속했었다.

재정: 처음으로 지난해 영업 잔액이 남았다. 그러나 462,797환의 잔액은 3일 동안의 수술비용에 불과하다! 환자에게 받는 수입이 50% 증가하였지만, 무료 치료는 114% 증가하였다. 이것은 11,600파운드의 값어치이다. 여러 친구의 관대한 후원으로 도움이 필요한 사람을 문밖에서 돌려보내지 않아 우리는 감사하다.

('더 크로니클', 1960년 4월, 8-9)

32. 1960년 연례보고서

1960년 일신부인병원 소식은 다시 한번 침상보다 환자가 더 많다는 것이다. 병원은 1950년 20개의 침대로 시작하였다. 그러나 1953년이 지나가기도 전에 추가된 20개의 침대를 더해도 부족하였다. 1956년 새 건물을 개원한 후에야 우리는 숨을 제대로 쉴 수 있었고, 거부 없이 환자들을 받아들일 수 있었다. 작년까지 공식적인 75개의 병상보다 더 많은 환자를 우리는 종종 받아들였고, 올해 입원 환자는 일 평균 84.2명이었다. 그리고 한밤중에 센 숫자 평균은 101명이다. 우리의 용량을 다시 한번 초과하였다!

입원진료부: 입원진료부는 작년과 비교하여 환자가 25%가 늘었고, 복도의 간이침대도 종종 사용되었다. 모두 3,179명이 입원하여 총 30,723일 병원에 머물렀다. 1,269명의 산모가 총 1,303명의 아기를 낳았는데 이 중 32쌍의 쌍둥이와 한 쌍의 세쌍둥이가 포함되었다. 영아부도 그 어느 때보다 붐볐다. 663명의 영아가 10,491일 병원에 입원해 있었다. 이 숫자에는 엄마가 아직 병원에 있을 때 함께 있던 영아는 포함되지 않았다. 태어난 지 하루 된 네 쌍둥이가 1959년 마지막 날에 들어와 3월에 모두 건강하게 퇴원하였다. 이들은 고아원에 아직 있지만, 곧 미국의 한 가정으로 입양될 것이다.

외래진료부: 외래환자의 숫자는 작년보다 조금 더 많다. 매일 평균 115명이

다. 우유 급식소에 오는 사람들은 포함되지 않았다. 주된 문제 중의 하나가 결핵이다. 돈이 없는 결핵 환자는 부산에서 갈 곳이 없다. 1959년 정부는 우리 병원을 결핵을 치료하는 곳으로 인정하여 약을 공급하였다. 그러나 1960년 초부터 약을 공급받지 못하고 있다. 우리는 50명 이상의 결핵 환자를 치료하고 있지만, 우리의 분야가 아니기에 큰 짐이 되고 있다.

우유급식소: 우유급식소와 건강한 어린이 클리닉은 계속하여 성장하고 있다. 하루 평균 90명이 참석하고 있다. 지난해 807명의 영양결핍 아기가 새로 클리닉에 등록하였고, 평균 600명의 아기가 우유를 배급받았다. 총 206,591일 어치의 우유가 배분된 것이다. 이렇게 많은 아기를 먹일 수 있는 이유는 세계교회봉사회 덕분이다. 이들이 탈지유와 식물유를 공급하였고, 기근 구호를 위한 옥스퍼드위원회가 가장 어리고 아픈 아이들을 위하여 크림 우유를 보내주었다. 이들은 또한 철분과 비타민이 섞인 콩 우유로 만든 특별한 음식을 아기들을 위하여 보내주고 있는데 우유 대용으로 만족스럽다. 클리닉에서 1,832번 예방 접종을 하였다. 거기에 더하여 갓 태어난 975명의 아기는 병동에서 결핵 예방 접종을 하였다.

새 활동: 우리는 괴정에 새로운 산전 진료소를 열 계획을 하고 있었다. 시내 다른 편에 있는 큰 난민촌이다. 마침내 12월 1일 이 일을 시작하였다. 우리가 원래 계획한 모습은 아니지만 말이다. 세이브더칠드런펀드가 그곳에 어린이진료소를 운영하며 그들이 우리의 졸업생 조산간호사 한 명을 고용하여 산전과 산후 진료소를 운영하게 되었다. 골트 양과 우리 조산사 학생 2명이 일주일에 한 번 그곳에 가 진료하며, 비정상 임신 경우의 산모는 우리 병원으로 보내고 있다.

대학원 조산사 훈련: 9개월간의 훈련을 마치고 29명이 더 수료하였다. 이것으로 우리 학교를 졸업한 교육생은 총 293명이다.

  직원: 연말 한국인 직원은 의사 8명, 간호사 21명, 대학원 조산사 교육생 33명, 간호보조원 8명, 기술자 5명, 사무원 8명 그리고 일꾼 30명이다.

  기숙사: 새 기숙사 건축을 위한 모금 활동에 얼마간의 진보가 있었다. 아직 예산액의 10,000파운드가 모자라지만, 내년 봄에 건축이 시작되기를 희망하고 있다.

  재정: '4월 혁명' 이후 이 나라의 일반재정 상태가 크게 나빠져 병원도 재

정적으로 어렵다. 더군다나 상황이 더 나빠질 것이라는 관측이 우세하다. 공식 재원인 한국 정부나 미군의 지원을 더 기대하는 것은 무리이고 호주의 교회나 미국 회중교회 기독교봉사회에 의지하는 길밖에 없는 것 같다. 기근 구호를 위한 옥스퍼드위원회에서도 논쟁이 있다고 한다.

1960년 해외의 원조와 지원이 17,300파운드 가치의 지원과 봉사가 있었고, 3,550파운드의 현금 지원도 있었다. 개인 병실을 사용하는 전체 환자 3%만 해외의 지원을 받지 않는다.

('더 크로니클', 1961년 4월, 2-3)

33. 행복한 입양 가족

방금 전도부인이 나에게 보고하였다. 두 명의 환자와 아기를 막 퇴원시켰다는 것이다. 이들이 사는 집은 돼지가 살 것만 같은 움막이라고 하였다. 이런 환경에서 아기가 버려지는데 지난 이틀 동안 2명의 아기가 우리 영아부에 유기되었다. 이제 버려진 아기 숫자가 모두 11명이다. 이 아기들을 고아원으로 보내는 것은 그들에게 사망 선고와 같다. 그래서 우리는 입양할 가정이 나타날 때까지 그들을 돌보아 준다.

어젯밤 우리 직원 몇 명이 한 가정으로부터 저녁 식사 초청을 받았다. 몇 주 전 우리에게 버려진 아이 중 한 명을 입양한 가정이다. 그들은 사랑스러운 엄마에 행복한 아이가 되어있었다. 한 가정의 비극이 이렇게 다른 가정의 행복이 되었다. 이것은 우리와 우리를 후원하는 사람들에게 슬픔과 기쁨을 함께 나눌 수 있는 특권이다.

('더 크로니클', 1961년 6월, 13)

34. 포항의 한 여성

우리 병원에서 18개월 전에 태어난 한 작은 아이가 지난 9월 결핵이 진단되었다. 그 아이 모친의 첫 아이도 여기서 태어났는데 선천성 심장 문제가 있었다. 그녀는 작년에 한국인 의사에 의하여 수술을 받았는데 그는 호주장로교선교회의 장학금을 받고 공부한 사람이다. 아이의 아버지가 질병으로 죽자 그녀는 포항으로 가 땔감을 주어 팔며 아이들을 돌보았다. 그녀는 아기가 병이 들자 세 아이를 데리고 120마일을 걸어 부산에 왔다. 구걸하며 노숙하며 보름 만에 우리 병원에 온 것이다.

우리는 그녀에게 며칠 분의 약을 주고, 다른 선교회가 운영하는 포항의 진료소를 위하여 추천서를 써 주었다. 그곳까지 갈 버스 비용도 주었다. 3주 후에 그녀는 다시 돌아왔다. 또 15일 걸려 온 것이다. 그녀는 말하기를 포항의 진료소는 문을 닫았고, 자신의 움막도 없어졌다는 것이다. 풀을 태울 때 움막도 타버렸고, 약도 모두 소실되었다고 하였다. 우리가 그녀와 아이들에게 충분한 약을 줄 수 있도록 도와달라. 곧 겨울이 올 텐데 길 위에서 자기에는 너무 추울 것이다.

('더 크로니클', 1961년 7월, 5)

35. 1961년 연례보고서

1961년은 일신부인병원의 직원들에게 깊은 슬픔과 기쁨을 가져다준 해였다. 우리의 동료 골트 양의 죽음이 슬픔을 주었고, 그리스도의 이름으로 여성과 아기에게 행한 노동은 기쁨을 주었다.

직원: 연말 한국인 직원은 의사 7명, 간호사 21명, 대학원 조산과 학생 33명, 간호사 보조원 13명, 기술자 4명, 사무원 8명, 일꾼 30(여성 22명, 남성 8명)명이다.

영아부: 우리의 영아부는 미숙아와 아픈 아이로 붐볐고, 649명의 아기가 총

11,468일을 입원 치료받았다. 이것은 병원에서 태어나 퇴원하지 않은 아기는 포함되지 않은 수치이다. 그러므로 실제 돌봄을 받은 아기 숫자는 환자로 분류된 평균 31명보다 20~30배 많을 것이다.

아기의 권리를 보호하는 것은 종종 어렵고 힘든 일이다. 부모나 특히 할머니가 미숙아를 막무가내로 집으로 데려가려 할 때 더 그렇다. 이 아이들은 전문적인 돌봄 없이는 생존하기 어려울 수 있다. 실직이 늘어나고 경제가 어려워질 때 더 많은 아기가 버려진다. 1956년에는 269명의 아기가 길거리에 버려졌다. 1960년에는 675명의 아기가 버려졌다. 올해는 한 달에 150명까지 유기되고 있다. 우리에게 데려오는 아기는 보통 자녀가 없는 가정으로 보내왔지만, 입양이 종종 안 되어 우리가 오랫동안 보살피기도 한다.

외래진료실: 이곳에 매일 평균 105명의 환자가 방문하였다. 우유급식소에는 97명이 다녀가 매일 평균 총 202명이다. 하루는 212명의 외래환자를 진료하였는데 그날 진료한 아기 151명을 합하면 매우 바쁜 날이었다.

외지 진료소: 1960년 12월에 세이브더칠드런펀드와 협력하여 문을 연 괴정의 무료 진료소에 더하여, 골트 양이 올해 초 감천과 시내에 두 곳을 더 열었다. 이 세 개의 진료소에서 산전과 산후 돌봄을 하는데 이용하는 환자 수가 우리 병원 환자 수 반 이상과 맞먹는다. 1,437명의 새 환자가 등록하여 총 6,941번 방문하였다.

조산과 훈련프로그램은 큰 변화 없이 계속되고 있다. 10월에 29번째 반이 수료하여 지금까지 졸업한 학생 수는 총 339명이다.

직원기숙사: 5월에 공사가 시작되었다. 1956년 병원 맞은편에 사 둔 땅에 직원기숙사를 건축하고 있다. 이해 말 공사가 끝나야 하였지만, 1962년 2월 전에는 완공되지 못할 것이다. 9월 9일 골트 양을 추모하기 위한 추모비를 그녀를 아는 친구들과 함께 건물 문 바로 안에 놓았다. 그녀는 새 기숙사에 관한 관심을 많이 가졌었는데 이 기숙사를 통하여 그녀가 추모 되기 바란다. 이곳을 출입하는 모든 사람이 우리와 함께하였던 그녀의 희생적인 사랑을 오래 기억하기를 희망한다.

1952년 병원이 개원한 이래 치료받은 외래환자는 모두 88,077명으로 총 258,638번 방문하였다. 입원 여성은 모두 20,872명으로 9,979번의 분만이 있었다. 1961년 말까지 출생한 아기는 총 10,255명이고, 그중 264쌍의 쌍둥이와 6쌍의 세쌍둥이가 있다. 주요 수술은 1,865번, 중간 수술은 2,175번 그리고 작은 수술은 4,264번 있었다. 총 8,304번이다.

('더 크로니클', 1962년 3월, 10-11)

36. 새 기숙사 개원식

지난 토요일 일신병원에 새 기숙사가 개원되어 우리 모두 기뻐하였다. 기숙사는 일반적으로 학교나 병원에 속한 숙소로 여러 사람이 함께 살며 자는 곳을 말한다. 그래서 기숙사는 나에게 멋진 건물로는 생각되지 않았다. 그러나 부산의 이 기숙사는 3층으로 된 훌륭한 건물이다. 부엌과 식당 칸은 아직 미완성이지만 말이다. 그동안 이상하게 추웠으나 4월 21일 개원식이 있던 날에는 햇빛이 나는 완전한 날씨였다.

(기숙사 완공식, 1962)

이날 아침에 쓸고 닦고 커튼을 걸고 의자를 놓고 오후 다과를 준비하는 손길이 분주하였다. 미션 박스가 꼭 필요하고 없으면 안 되는 곳 하나를 고르라면 병원이다. 여기에서는 모든 것이 유용하게 쓰인다. 미션 박스의 물건이 하나도 낭비되지 않는다!

이날 개원식에 두 명의 손님이 있었는데 부산 메리놀 클리닉에서 왔다. 이들이 아이비와 나를 자신들의 병원에 초청하여 화요일 아침에 방문하였다. 그 병원은 비록 비좁았지만, 하루에 500명 정도의 외래환자만 진료하고 많은 숫자를 돌려보낸다. 그들의 새 병원도 가보았는데 8년째 건축 중이라 한다. 현대식으로 짓고 있는데 160개의 침상이 들어가고 하루에 천 명의 외래환자를 볼 수 있는 규모라고 한다. 다 완성되면 훌륭할 것이다.

4월 27일. 서울.
레이 페어서비스
빅토리아여선교연합회 회장
('더 크로니클', 1962년 6월, 2)

37. 구속과 자유 사이에서

　우리 병원의 많은 환자는 다양한 모습으로 속박되어 있다. 탈출이 불가능하게 보이는 가난이 그 첫 번째이다. 하루하루 살아야 하는 기본 생활이 어렵다. 도움을 주는 곳이 전혀 없다. 결혼하면 아기가 태어나 먹일 입이 점점 더 늘어난다. 가난은 영양결핍으로 이어지고, 영양결핍은 병으로 이어진다. 그러다 죽음의 위기가 닥쳐오고, 절망적으로 그 운명을 받아들인다. 가난은 무지를 낳고 그 무지는 건강을 어떻게 돌보아야 하는지 어떻게 생활을 발전시켜야 하는지 그리고 어떻게 그 악순환에서 벗어나야 하는지 모르게 한다. (중략)
　우리 호주인들은 세상 대부분 사람이 겪고 있는 가난을 잘 상상하지 못한다. 우리는 우리의 생활 물가가 올라간다고 불평한다. 그러나 우리 중에 정말 굶거나 아니면 상시로 배고픈 사람은 없다. 또한, 의료 혜택을 받지 못하는 사람도 없다. 냉장고나 자동차나 TV가 없는 사람도 거의 없다. 그런데도 우리는 경제적 속박의 위함에 처해 있다. 더 많은 돈을 벌어야 하는 속박, 일을 더 해야 하는 혹은 덜해야 하는 속박, 이웃들의 수준에 맞추어야 하는 속박 등이다. 우리는 너무 많이 먹어 죽는다. 다른 곳의 수백만 명 인구는 못 먹어 죽는데 말이다.
　또 다른 속박은 사회적 속박이다. 이것은 종종 남자에게 유용한 제한이다.

구한국사회에서 여성은 집 안에만 생활하여야 하였다. 남편과 시어머니의 종이었다. 매우 제한적인 삶을 살았다. 그러나 그들도 언젠가 시어머니나 할머니가 되어 집안에서 상당한 권력을 행사한다. 도덕 관념도 남녀에게 다르게 적용된다. 많은 나라가 비슷하지만 평범한 가정의 여아가 순수하게 자라 가정의 빚을 갚기 위하여 기생이나 창녀로 팔린다.

그러나 시대가 변하고 있다. 이제 여성들은 많은 속박에서 자유로워지고 있다. 정치나 산업이나 회사 등 모든 직장에서 여성들이 일한다. 다행히 오래전부터 선교사들이 여학교를 세워 그들을 준비시켰다. 이제 자유는 그들의 것이다. 그러나 자유에도 약점은 있다. 공장주는 남성보다 여성에게 봉급을 적게 주기에 대부분 여성을 고용한다. 동시에 여성들은 아이들을 먹이고 돌보고 키운다. 그들의 남편은 도덕적 타락의 길을 걸어 쓸모가 없다. (중략)

가장 큰 속박은 죽음의 두려움이다. 사랑하는 사람의 죽음과 언젠가 나에게 다가올 죽음 앞에서 두려워한다. 한국에서 환자가 죽으면 가족과 친척들은 미친 듯이 울부짖는다. 할머니는 바닥에 구르기도 하고, 시멘트벽에 머리를 찧기도 한다. 죽음은 악령이 화가 나 내린 벌이다. 죽은 자의 영혼이 편안하려면 가족들이 슬피 울어야 하고 제대로 된 장례를 치러야 한다. 수년간 상복을 벗지 않는 효자도 있다.

그러나 죽음을 정복한 그리스도에 대한 신앙이 그것을 바꿀 수 있다. 우리 병원에서 죽은 여성의 남편은 우리보다 감정을 더 잘 절제하였다. 그는 채플에서 기도하며 후에 자신의 아내를 다시 만날 것이라 하였다. 죽음의 속박에서 자유로운 모습이었다. 한국교회는 여전히 열정적이고 전도도 열심히 한다. 이들의 단순한 믿음은 자신을 가난과 억압 그리고 삶과 죽음의 속박에서 벗어나게 한다. 그러나 한국교회는 동시에 보수적인 신앙에 속박되어 있다. 훈련을 제대로 받지 못한 무지한 지도자가 있고, 인간의 약함 즉 죄도 있다.

여러분의 교회인 빅토리아장로교회는 이것에서 완전히 자유로운가? 이곳에서의 죄의 목록은 아마 한국의 것과 조금 다를 것이다. 한국에서는 독선이 하나 되게 못하는 죄라면, 호주에서는 무관심이 죄일 것이다. 한국에서는 가난한 사람이 내는 십일조를 교회가 잘못 사용하는 죄가 있다면, 호주의 여러분은 십일조를 내기나 하는가? 정말 손해가 날 정도로 하나님께 드리는가? 한국교회는 주일예배 출석과 술과 담배에 대하여 너무 엄격하지만, 우리의 도덕 수준은 비기독교인과 무엇이 다른가?

여러분도 속박 속에서 두려움을 느끼는가? 예수님이 말씀하셨다. "진리를 알찌니 진리가 너희를 자유케 하리라." 이 말씀 전의 말씀을 보라. "너희가 내 말에 거하면 참 내 제자가 되고" 진리를 안다고 하셨다. 그를 믿고 따르는 제자가 먼저 되어야 한다. 그다음에야 자유케 하는 진리를 알 수 있다. (중략)

오늘의 강연을 나의 경험 이야기로 마무리하고 싶다. 우리가 아무리 부족해도 우리 자신을 드리면 하나님이 우리를 통하여 자기 뜻을 어떻게 이루시는지 보여주는 예라고 생각한다.

18년 전 나는 두려움 속에 운남에서 의료 활동을 시작하였다. 중국의 퇴보한 한 성이다. 만약 우리 병원에서 누가 죽는다면 선교에 치명적일 것이라고 한 선배 선교사가 우리에게 경고하였다. 특히 그곳의 신임을 아직 못 받는 상태에서 수술하다 사망 사건이 생기면 말이다. 예전에 한 의료선교사가 자신의 기술 탓이 아닌데도 그런 이유로 중국을 떠났다는 말도 있었다.

하루는 한 아이가 땅콩을 잘 못 삼켜 숨이 막혀 병원에 왔다. 나는 그의 다리를 잡아 등을 쳤고, 목을 간지럽혀 토하게 하였다. 간단한 방법이었고 효과도 없었다. 아이는 점점 더 힘들어하였다. 그러나 나에게는 그의 식도에서 땅콩을 끄집어낼 기구가 없었다. 그 아이의 얼굴색이 점점 검붉어 갔다. 나에게는 한 가지 선택밖에 없었다. 목에 구멍을 내어 그것을 꺼내는 방법이다.

캐시가 그의 머리를 잡고 나는 기관을 절개할 준비를 하였다. 우리 둘 다 조용히 하나님의 도움을 간구하였다. 이 아이의 목숨을 포함하여 많은 것이 달려 있었다. 이런 수술이 나에게는 처음이었고, 먼저 나는 절개할 부분을 정확히 찾아야 하였다. 아직 기관을 절개하지도 못했는데 어느 순간에 아이의 울부짖는 숨소리가 멈추고 조용하였다. 나는 아이가 죽은 줄만 알았다. 그러나 아이의 검은 피가 다시 분홍색이 된 것을 보았다. 나는 그 아이의 얼굴을 덮은 수건을 걷고 나의 손가락을 입에 넣어 땅콩을 끄집어냈다. 그리고 조금 절개한 상처를 꿰매니 그 아이는 퇴원해도 될 정도로 나아졌다.

나의 마음은 하나님께 감사함으로 넘쳤다. 그러나 그 아이를 다시 엄마에게 돌려주는데 나의 손이 떨렸다. 아빠에게는 목에서 꺼낸 땅콩 조각을 건네주었다. 그 후 우리 병원은 명성이 나기 시작하였다. 나의 수술적 실패에도 말이다. "이 여성은 확실한 사람이다. 가능한 그녀를 돕자." 하나님의 능력은 속박되지 않는다. 우리의 한계로 인하여 제한받지 않는다. 그가 우리를 돕는다는 신뢰를 하지 못할 때만 오직 제한된다.

"나를 붙잡아 주소서. 내 손이 강해지리이다."

('더 크로니클', 1964년 12월, 5-8)

38. 우유병의 동전

남호주의 교회 주일학교 어린이들이 하얀색으로 페인트칠한 우유병에 동전이나 지폐를 모았다. '세상의 어린이를 먹이자'[21]라는 공과 공부에 따른 아이들의 선교 프로젝트였는바, 한국 일신병원의 아기들에게 분유를 제공하기 위한 목적이었다.

호주 어린이들은 매주 용돈을 모아 우유병이 채워지기를 기다렸다가 애들레이드의 스콧교회에서 특별 선교예배가 열릴 때 가지고 가 헌금하였다. 이렇게 모인 기금이 100파운드나 되었다.

(''더 크로니클', 1965년 3월, 3)

39. 1964년 연례보고서

의료 활동: 1964년 입원한 환자 수는 1963년보다 적다. 특히 산과에 272명 적었고, 아기 출생 수는 그 전해의 1,445명에 비하여 1,242명이다. 이 감소의 이유를 이 나라에 꼭 필요한 효과적인 가족계획으로 말할 수는 없지만, 출생률을 줄이려는 노력은 시작되고 있다. 작년 가족계획진료소에 참가한 여성은 1,324명이다. 이 숫자는 산과 외래환자 수가 증가한 결과인데 1963년의 3,925명에 비하여 작년에는 5,360명이었다.

많은 자녀를 가진 여성에게 더는 아이를 갖지 말라고 설득하는 일은 어렵

---

21) 'Feeding the World's Children'

다. 이런 여성들이 또 임신하면 매우 위험한 난산이 될 확률이 높기 때문이다. 여성들이 우리의 충고를 무시하는 이유는 아직 아들이 없기 때문이거나 혹은 외아들이 죽을 경우를 위하여 한 명 더 낳기를 원하기 때문이다. 이들에게 아들이 없는 가정은 온전한 가정이 아니다.

부인과에 입원한 여성 수는 약간 증가하였다. 그리고 402번의 대수술이 있었다. 107번은 이소성 임신이었고, 82번은 파열된 자궁 환자의 제왕절개였고, 43번은 자궁적출술이었고, 38번은 난소 종양이었다. 88번의 여성 불임술이 있었는데 환자가 거부하지 않았으면 더 많았을 것이다. 이런 환자에게 우리는 다음에 또 임신하면 위험할 수 있다고 경고할 수 있을 뿐이다.

영아의 입원 수와 진료소에 온 수는 1963년보다 약간 줄었다. 그러나 심각하게 아픈 아이들이 많이 치료받았다. 산후 치료 기간이 지났으나 진료를 받지 못하면 죽을 수 있는 아이들도 치료하였다. 부모가 그 비용을 들여 다른 곳에서 치료하지 않기 때문이다. 좀 큰아이 중 적지 않은 수가 결핵에 걸렸는데 자라면서 감염되기 쉬운 환경이다. 지금은 이곳에서 태어난 아기가 퇴원할 때 예방주사를 놓아준다. 우유급식소에 오는 아이들에게도 마찬가지이다. 그러나 정부의 지원이 부족하여 어떤 때는 주사를 못 놓아줄 때도 있다.

조산아가 계속하여 입원하는 수의 큰 부분을 채운다. 세 개의 보육기가 항상 사용되고 있으며 어떤 때는 더 작은 아기가 태어나 보육기에 있는 기존의 아기를 내보낼 때도 있다. 작년 한 시기에는 보육기의 아기들이 며칠 밖에 있지 못하는 상황도 있었다.

우유급식소는 재방문하는 아이들로 인하여 매우 바쁘다. 새로 온 아이들은 1963년에 비하여 적다. 매일 평균 117명이 급식받았다. 그러나 사실은 이 숫자보다 아이들이 보통 더 많이 왔으며, 7월의 하루는 매우 더웠음에도 불구하고 258명이 방문하였다. 급식소 방 크기와 그 열기를 아는 사람은 이날 영웅적으로 노력한 직원 네 명에게 감사할 것이다!

조산사 훈련: 12개월의 훈련에 참여한 첫 반이 5월에 그리고 두 번째 반이 9월에 졸업하였다. 모두 26명의 학생이다. 6개월과 9개월 코스를 수료한 414명에 더한 숫자이다. 가정 분만이 여전히 대부분이기에 철저한 실습이 이 교육생들에게 필요하다. 장차 이들이 분만을 도우며 문제점을 알고 해결을 직접 해야 하기 때문이다. 종종 산모가 민간에서 도움을 받을 때 도움보다는 해를 더 받는다.

우리는 이들 조산사 교육생들이 의료적으로 전문 훈련을 받을 뿐만 아니라 봉사의 참된 의미를 배우기 원한다. 레지던트 한 명이 아침 경건회를 인도하였는데 다음과 같이 말하였다. "이 병원에 도착하였을 때 환자에게 봉사하는 모습에 감명을 받았습니다. 내가 인턴으로 있던 다른 병원에서는 환자가 돈을 내었기 때문에 그만큼의 봉사만 하는데요." 그녀는 마태복음 20장[22]을 읽었는데 돈이나 직위의 힘에 관한 것이었다.

"너희 중에 누구든지 으뜸이 되고자 하는 자는 너희의 종이 되어야 하리라. 인자가 온 것은 섬김을 받으려 함이 아니라 도리어 섬기려 하고 자기 목숨을 많은 사람의 대속물로 주려 함이니라."

("더 크로니클", 1965년 3월, 3)

40. 1965년 연례 보고서

1965년의 일신병원 활동을 생각하면 당시에는 문제였고 화가 났던 일도 지금은 적절한 관점에서 보게 된다. 감사할 일도 많다.

의료 활동: 새 환자 수가 지난해 증가하였다. 만 명이 조금 못 되는 새 환자를 보았다. 이것으로 지난 13년 동안 진료한 환자 수는 총 125,222명이다. 그러나 총 방문의 수가 줄어 매일 평균 환자 수는 97명으로 감소하였다.

그것에 더하여 우유급식소에서 진찰받은 영아의 수는 하루평균 105명이고, 641명의 영양실조 아이가 급식을 받았다. 한 번에 700명까지 급식받은 날이 있었고, 일주일에 반 톤의 우유를 소비하였다! 이들이 먹는 우유는 탈지유로 세계교회봉사회에서 오랫동안 원조하고 있다. 탈지유를 아이들에게 맞게 식물성 기름과 혼합하여 주는데, 세계교회봉사회가 기름을 더는 못 주고 있어 호주에서 구입하고 있다. 그런데 1965년 후반부터 탈지유도 3분의 1로 줄어들었고, 이것도 없어질 가능성이 있다.

우리는 실험적으로 좀 큰아이에게는 곡물과 콩으로 우유를 만들어 먹이고 있다. 이것으로 아이들을 살릴 수 있다 하여도 그 비용은 엄청나다. 영양실조 아이들이 많이 오고 있는데 이들은 좀 더 오랜 기간 먹여야 효과가 나타난다.

---

[22] 마태복음 20:26-28

분만한 산모는 1,337명으로 작년보다 많다. 그러나 산과나 영아 입원은 줄어들었다. 그래서 일 평균 입원 산모는 70명이고 엄마와 같이 입원한 아기는 21명이다. 지금까지의 분만 수는 총 15,000명이다. 올해 두 번의 세쌍둥이가 태어나 지금까지 총 8번이며, 쌍둥이는 모두 426쌍 태어났다.

먼 곳에서 온 두 명의 산모는 전에 사산하였는데 이번에는 자궁절개 수술로 아기를 낳았다. 한 명은 북동쪽 해변에서 기차를 15시간 타고 왔는데 막이 파열되고 아기가 거꾸로 있는 상태에서 왔다. 다른 한 명은 서쪽의 한 섬에서 왔는데 하루 동안 배를 탄 후 12시간 기차 타고 부산에 왔다.

대수술이 312번 있었고, 115번의 이소성 수술, 80번의 제왕절개 수술, 8번의 파열된 자궁 수술, 40번의 자궁적출술, 그리고 36번의 난소 종양 수술이 있었다. 70명의 환자는 나팔관 결찰이 있고 고혈압과 심장병이 있었다.

훈련프로그램: 의사와 간호사를 훈련하는 것은 우리의 활동 중에 가장 중요한 일 중 하나이다. 지난 10년 동안 한국 대학교와 대학원의 의료 교육 수준이 점차 진보했다. (중략) 우리는 훈련에 필요한 것을 채우기 위하여 마리놀과 침례교 병원과 협력하여 인턴과 레지던트 훈련을 하였고, 지금까지 레지던트 4년 훈련과정을 시행하고 있다. 그러나 이것으로 정부 승인이 계속될지는 불분명하다.

12개월 과정의 대학원 조산과 간호사 훈련은 작년에 3개 반이 수료하였다. 이제까지 졸업한 조산사는 총 482명이다.

직원: 내가 휴가로 떠나 있는 동안 의료 활동의 주요 책임을 바바라 마틴 박사[23]가 이끌게 되어 기쁘다. 그녀는 내가 4월에 돌아온 후에도 몇 개월 더 있겠다고 하였고, 나아가서 하나님의 부름을 느끼면 이곳에서 계속 일할 수 있을 것이다. 9월에 그녀는 서울에서 언어공부를 시작하였다. 우리는 둘 다 지난 6월에 우리의 전공 시험에 합격하여 산과와 부인과 '협회 인증'을 받았다. 레지던트 훈련에 꼭 필요한 자산이다.

박란희 박사는 부원장으로 계속 일하고 있다. 가정사로 계속 우리와 함께 일하기 어렵지만, 의료 활동과 행정에 큰 도움을 주고 있다. 이 박사는 전과 같이 명예 활동으로 특히 병리학의 가르치고 있으며 다른 두 개의 병원과도 협력하고 있다.

---

23)　Dr. Barbara Martin(민보은 선교사)

캐시 맥켄지는 간호 업무 실제와 훈련 둘 다를 전체적으로 책임지고 있다. 유옥례 양이 병원 일을 돕고, 김금련 양이 가르치는 일을 돕고 있다. 김 양은 재정 일도 계속 보고 있어 행정의 큰 부분을 담당하고 있다. 유 양은 12월에 대학 학위를 마쳤다.

('더 크로니클', 1966년 5월, 4-5)

41. 부산시장의 감사장

1965년 8월 15일.
매혜란 일신부인병원장 귀하
대한민국 광복 20주년을 맞이하여 귀하의 진실한 섬김의 마음과 헌신에 대한 제 감사를 표할 수 있어 대단히 기쁘게 생각합니다.
귀하는 1952년 9월 17일 일신부인병원의 병원장으로 취임한 이래, 외면받고 힘겨운 삶을 살아야 했던 환자들을 돌보는데 모든 노력을 기울였습니다. 특별히 귀하는 지난 10년이라는 시간 동안 총 72,668명의 환자를 어떠한 금전적인 보상도 없이 사랑으로 돌보았습니다. 귀하는 또한, 하루 평균 25명의 환자에게 우유를 제공하였으며, 그리고 특별히 가장 돌봄이 절실한 환자들은 개인적으로도 진료를 마다하지 않으며 돌보았습니다.
귀하의 이러한 눈부시고도 따뜻한 섬김은 단순히 부산 시민들만의 자랑과 희망이 아닌, 더 나아가 평화를 사랑하는 온 인류에 미치는 것이라고 생각합니다.
특별히 대한민국 광복 20주년을 맞이하여 150만 부산 시민을 대표하여 귀하의 훌륭한 업적에 심심한 감사를 표합니다.

김현옥 시장
부산직할시
(1965년 8월 15일)

42. 매독균의 아기

(중략) 일신병원의 사역이 모두 성공적인 이야기는 아니다. 어제 한 여성이 출산하였는데 아기가 여덟 만에 조숙아로 태어났다. 그녀는 이미 첫아기를 잃어버린 경험이 있는바 아기를 어서 집으러 데려가고 싶다고 하였다. 그 아기는 선천성 매독균이 있었다. 아기는 보육기 안에서 숨을 쉬고 있었는데, 오늘은 거의 죽어가고 있다.

산모는 다른 지방으로 어서 가야 한다고 퇴원을 재촉하였다. 그러나 그것은 아마도 사실이 아닐 것이다. 그녀는 아기를 원치 않았다. 이 나라에는 아기를 버리는 것에 관한 규정이 아직 없다. 우리에게는 이것이 살인처럼 보이는데, 경찰도 별로 관심을 두지 않는다.

['더 크로니클', 1967년 9월, 15]

43. 선교사와 같이 오는 돈

(무의촌에서 진료하는 헬렌, 연도미상)

여러분들의 선교사들은 종종 용기를 잃고 있다. 이 사회가 선교사들에게는 관심이 없고, 그들과 함께 오는 돈 만 원하고 있기 때문이다. 그렇다. 여기에 우리에게 큰 도전이 있다. 우리와 같이 부름을 받은 '형제 사역자'의 자리는 어디인가? 한국과 같은 나라에서 이 질문에 답하는 것은 특별히 어려운 일이고, 다른 자격증 없이 신학만 공부한 선교사들에게는 더 그렇다.

외국에서 온 목사보다 한국인 목사가 한국 사람 목회를 더 잘할 것이다. 우리가 선교사로서 해야 할 일은 다른 사람들이 하지 못하거나 하기 싫어하는 일들일 것이다. 그리스도 증언자로서의 개척적 일인바, 도시산업선교, 방송, 텔레비전, 기독교 드라마, 병원 목회, 현대식 기독교 교육, 신학교나 대학교에서 높은 수준의 교수 등이다. (중략)

의료선교사의 역할은 무엇인가? 나는 기독교 전도의 본질적인 부분 중의 하나가 치유 목회라고 믿는다. 교회는 전인적인 관심을 가져야 하며, 기독교인 의사의 책임도 육체의 건강만이 아니라 영과 육의 전인적인 관심을 가져야 한다. 한국에 병원이 많아지는데 기독교병원이 아직 필요한가? 아니면 일반병원에서 기독교인으로 일해야 하는가? 그에 대한 대답은 아마 지역마다 다를 것이다.

1952년의 한국은 출산과 영아를 돌보는 병원이 필요하였다. 우리가 조산과 간호사들을 훈련할 때 어떤 학생은 아기분만을 한 번 보지도 못하였는데 조산사 자격증이 이미 있었다! 이제 500명 이상이 우리에게 조산사 훈련을 받았다. 조산사가 되려면 자격증 있는 간호사가 12개월 훈련을 받아야 한다는 정부의 의료 법이 제정된 데에는 우리의 공이 크다. 이 나라에 그런 충분한 분만 실습을 제공할 수 있는 병원은 4~5곳 밖에 없다.

한국에서 의사는 부자가 되는 직업이다. 의사가 되는 대부분 남성은 솔직하게 돈을 벌기 위함이다. 인류애적인 동기는 없다. 불필요한 비싼 약을 주거나 주사를 논다. 산부인과의 가장 큰 수입이 낙태에서 온다. 하루에 20번, 특별한 경우도 아니다. (중략)

우리의 일이 교회와는 어떻게 연관되는가? 교회가 치유 목회의 책임을 지기에는 아직 갈 길이 멀다. 선교병원은 기독교인을 위한 것이지 이웃을 위한 기독교적 봉사라는 개념이 없다. 그런데도 병원의 영적인 봉사는 많은 열매를 맺고 있다. 우리의 원목인 조이스 앤더슨[24]이 보고하기를 작년에 300명 이상의 여성이 그리스도를 더 알고 싶다고 하였고 그들의 거주지 인근 교회를 소개하였다고 한다. 예전에 교회 다니다가 그만둔 환자 200명 정도도 다시 교회에 다닌다고 하였다.

---

24)　Joy Anderson(안덕희 선교사)

우리 원목은 사회봉사, 입양 부모 찾는 일, 산모에게 직장 찾아 주는 일 등도 하는데 엄마가 아이를 포기하지 않도록 돕기 위함이다. 특히 어려운 일은 창녀들의 재활을 돕는 일이다. 이런 일은 지금의 재정으로 감당하기 힘들다. 그런데도 우리가 육신만 치료한다면 온전한 치유 목회가 아니다. 그리스도를 전하는 것은 그들의 사회적 환경에도 관심을 둔다는 것이다.

그분이 전 세계의 주인이지 않은가. 모든 것이 그분의 손에 있지 않은가? 세상을 이처럼 사랑하여 독생자를 주시지 않았는가? 그분은 당신과 나에게 의지하지 않지만, 우리에게 의지하신다. 밭을 갈거나 트랙터를 타거나, 메스를 들거나 주사를 놓거나, 가르치거나 타이프를 치거나 하나님의 말씀은 영의 검이지 않은가?

('더 크로니클', 1967년 11월, 6)

44. 몰리 버지스의 공헌

우리 교회에 잘 알려지지 않았지만 온화하고 겸손한 한 여성이 운명하였다는 소식이 최근 전해졌다. 많은 한국 여성과 아기를 구한 그녀의 조용한 사랑의 봉사를 그녀의 친구들은 잘 알고 있다. 몰리 버지스는 약사로 은퇴하였고, 서리힐의 성 스테판교회 교인이었다.

(몰리 버지스와 헬렌 맥켄지, 1959)

10년 전 내가 첫 휴가를 갔을 때 일신병원에 필요한 약품을 좀 더 싸게 구매하기 원하였다. 그래서 나는 당시 퀸빅토리아병원에서 일하던 그녀를 찾았다. 그녀가 약국을 좀 소개해 줄 수 있을까 하는 기대를 하였다. 그녀는 약국 목록을 나에게 보여주다가 갑자기 물었다. "나도 한국에서 도움이 될까요?" 그녀는 은퇴 전 써야 할 안식년이 있는데 유럽에서 관광객이 되기보다 봉사하기 원하였다. 물론 나는 그 제안을 당장 받아들였지만, 그녀가 얼마나 가치 있는 약사인지 그 당시에는 잘 몰랐었다.

그러나 주변에서는 고개를 갸우뚱하였다. 60이 넘은 여성에다 당뇨병에 고혈압까지 있는데 가능할까? 나는 그녀의 도움으로 여러 약국을 다니며 일신병원을 위한 약품을 샀다. 그런데 만나는 약국의 사람마다 그녀를 잘 알았고 그녀의 추천을 받은 나의 방문을 환영하였다. 그리고 아무리 적은 양을 구매하여도 '병원 가격'으로 나에게 약품을 제공하였다.

마침내 우리는 약품을 다 포장하여 한국으로 가는 배에 올랐다. 다행히 나만 뱃멀미가 있었지 몰리는 인슐린 주사만 잘 맞으면 별문제가 없었다. 부산에서 그녀는 즉시 모두의 할머니가 되었다. 그녀는 우리의 약방을 좀 더 전문화했고, 한 여성 직원에게 정맥주사 용액을 만드는 방법을 가르쳐 구매할 필요를 없게 하였다. 그녀는 약방의 카드를 목록화하였고, 지하실에서 샘플을 구별하는 데 많은 시간을 할애하였다. 겨울에는 춥고 여름에는 더워 땀을 흘리면서도 그녀는 보리 설탕을 먹으며 지칠 때까지 일하였다.

그녀가 이곳에 있는 동안 그녀의 공헌은 매우 컸다. 그녀는 호주로 돌아간 후에도 우리 병원을 대신하여 약을 구매해 주었는데, 각처의 약국에 전화하고, 편지 쓰고, 가격을 비교하고, 운반하고, 포장하여 우리에게 부쳐주었다.

몰리는 개인적으로 재정후원도 하고 약품을 저렴하게 사들여 주므로 수천 달러를 우리 병원에 후원한 것이다. (중략) 그녀는 자기 자신을 주님을 위해 드리는 것을 자유롭고 즐겁게 하였다.

또 다른 몰리 버지스는 없을 것이다. 하나님은 그녀를 더 넓은 친교 공동체로 부르셨다. 그러나 그분은 자신의 교회에 지금 여기서 봉사할 다른 제자를 어딘가 남겨 두셨을 것이다.

('더 크로니클', 1969년 10월, 9)

45. 1969년 연례 보고서

(시골 고아원에 미션 박스를 전하는 일신병원 직원들, 1960년대)

매년 우리가 감당할 수 있는 최대한 환자의 수를 맞고 있다. 그런데 지금은 그 필요에 대응할 전문적인 직원 수가 그것에 미치지 못하고 있다.

1969년 한 해 동안 병원에 입원한 환자 수는 5,403명이다. 그 전해에 비하여 29% 증가한 수치이다. 그 증가의 이유는 분만의 수가 31% 증가한 까닭이다. 그것에 더하여 한 살까지 새 보육실에서 돌봄을 받은 영아들도 있다. 복도에 임시로 있던 침대들이 이제는 영구히 자리를 잡고 있다. 매일 평균 병원에 입원해 있는 환자가 이제 처음으로 100명을 넘었다. 병원이 시작되고 1969년 말까지 총 24,974명이 출생하였다. 그리고 이 보고서를 쓰기 한참 전에 25,000번째의 아기가 태어나 산모와 함께 퇴원하였다.

매일 평균 외래환자 수는 142명이다. 1968년보다 30% 증가하였다. 우유급식소와 영아부를 다녀간 아기는 매일 평균 38명이다. 거의 500명의 새아기가 급식소를 통하여 분유를 먹었다. 콩과 다른 곡물을 섞은 우유이다.

훈련프로그램: 세브란스병원과 연계하여 1969년 10명의 부인과와 산과 레지던트 훈련을 승인하였다. 그러나 그 숫자를 다 구하지 못하였고 마지막에는 3명만 훈련하였다. 많은 졸업생이 미국으로 가 한국의 병원에서는 모자란다. 그중 우리 병원으로 오는 학생에게는 두 가지 불이익이 있는데 병원이 서울에 있지 않다는 것과 일이 많다는 것이다. 그리고 또 결혼 때문에 직업을 떠나는

학생도 있다.

조산과: 환자와 분만과 수술의 수가 매우 증가함으로 우리는 조산 간호사의 수를 최소 39명으로 늘렸다. 그러나 간호사들도 해외로 많이 떠나므로 우리는 30~32명 정도만 유지할 수 있었다. 연말에는 28명만 남았다. 우리는 간호보조사를 더 고용하였고, 이들이 침대 옆에서 아기와 산모를 돌볼 수 있도록 가르치고 임상 교육을 하는데 많은 시간을 사용하였다.

전도와 사회봉사: 입원 환자의 수가 늘어나면 그들이 병원에 머무는 평균 일수는 줄어든다. 전도사가 모든 환자를 만나 보기는 불가능하다. 그러나 4,327명 중의 3,111명을 찾아보아 그들과 많은 시간 이야기하며 상담하였다. 그중 608명이 기독교 신자라고 하였고, 1,236명이 전에 교회를 좀 다녔다고 하였고, 1,267명은 종교가 없거나 다른 종교인이었다.

호주의 교회 특히 여선교연합회와 옥스퍼드위원회에 감사한다. 우리의 부엌과 세탁실과 살균 시설이 크게 나아졌다. 암흑시대의 의료 시설 수준에서 벗어나 현대에 맞게 발전시키고 있다. 우리를 후원하는 여러 친구에게 감사하다. 어떤 때는 문제가 해결 안 되어 어찌할 바를 모르고 포기할 때가 있다. (중략) 그런데도 여러분의 기도와 지원으로 우리는 주님을 증거하며 그분의 발자취를 따르고 있다. 우리의 연약함과 부족함에도 환자들은 주님의 사랑을 느끼며 그분을 알아가고 있다. 이 모든 것을 가능하게 도와주는 여러분께 감사하다.

['더 크로니클', 1970년 5월, 6-7]

46. 20주년 인사 말씀

피난 온 산모와 애기들을 도우며 조산원을 양성하여 이 나라에 기여하고자 적은 뜻을 시도한 지 어언 20년, 이제 109개 병상에 매년 4,000여 명의 애기가 탄생하여 500번 이상의 대수술을 시행하는 병원으로 성장하였습니다.

그간 많은 산부인과 수련의들과 690명의 조산원이 배출되었습니다. 이들 업적을 위해 헌신적으로 노력한 직원 여러분과 물심양면으로 도와주신 각계각층에 감사드립니다.

(헬렌의 연설, 1972)

그리스도의 명령과 정신을 본받아 우리 환자들께 이행하고자 노력하였습니다. 부족한 우리를 통해 이 사업을 하게 하신 하나님께 감사드리며, 이 모든 영광을 하나님께 드립니다.

['일신부인병원', 1972년 9월]

47. 본 병원의 목적

(개원 20주년 기념, 197)

본 병원은 그리스도의 명령과 본을 따라 그 정신으로 병원을 운영하며 아래와 같은 의료사업을 하고 있습니다.

    1. 산부인과 진료
    2. 영아 진료
    3. 산부인과 의사 수련
    4. 조산원 교육
    5. 모자 보건 사업
    6. 기타 상기 항목에 수반된 사업

['일신부인병원', 1972년 9월]

48. 원장 자리를 넘기다

올해 9월 19일, 한국의 일신병원 설립 20주년 기념행사가 있었다. 이날 중요한 발전이 있었는데 헬렌 맥켄지 박사가 병원 원장 자리를 한국인인 김 박사[25]에게 공식적으로 넘겼다. 그녀는 뉴질랜드에서 대학원 공부를 하고 막 귀국하였다. 맥켄지 박사는 한 명의 의사로 병원에서 계속 일할 것이다.

(헬렌 원장과 김영선 박사 이임식, 1972)

---

25) 김영선 박사는 1962년부터 4년간 일신병원 레지던트 수련을 마치고 전문의가 되었다.

우리 빅토리아여선교연합회도 그 행사에 동참하였다. 우리의 요리책 기금에서 562달러를 보내 병원 영아실 냉장고를 사게 하였다.

우리의 축하를 일신병원에 보낸다. 헌신적인 봉사를 하는 직원들과 특히 헬렌 맥켄지 박사께 축하를 전한다.

('더 크로니클', 1972년 10월, 3)

49. 명예 권사

매혜란 선교사가 (부산진교회) 명예 권사 취임을 하였다.

(매혜란 명예 권사 임직, 1973)

('부산진교회 100년사', 216)

50. 환갑잔치

한국에서 환갑은 가장 큰 생일잔치이다. 한국 나이 61살, 서양 나이 58~60세에 한다. 헬렌 맥켄지 박사의 환갑이었다. 한국인은 이 나이까지 살면 장수하였다고 생각한다. 이들에게 이상적인 것은 이 나이에 아들과 손자와 그리고 증손자들에 둘러싸여 사는 것이다!

이날은 아마 그동안 병원에서 있던 행사 중 가장 큰 행사였을 것이다. 한국인 직원들이 모두 준비하였다. 대부분의 한국인 여성은 한복을 입었고, 선교사도 그렇게 입기를 기대하였다. 캐시와 조이스 그리고 바바라의 한복이 너무 오래되어 직원들은 새것을 사기로 하였다. 심지어 그들은 내 것도 사 나도 한복을 입었다. (중략)

헬렌은 공주같이 빨간 치마저고리를 입었다. 그리고 한문이 쓰여있는 빨간 목도리도 하였다. 머리에는 족두리도 썼다. 전체 행사는 야외에서 진행되었는데 모두 자리에 앉자 헬렌이 계단을 내려오며 입장하였다. 빨간 카펫을 찾지 못하여 표백되지 않은 옥양목을 깔았다! 미혼의 가장 예쁜 직원 여섯 명이 들러리로 그녀를 도왔고, 모두 푸른색 한복을 입었다.

(헬렌 환갑잔치, 1973)

헬렌은 큰 천막 안에 왕실 누각같이 꾸민 왕좌에 앉았다. 그 뒤에는 육 폭의 아름다운 병풍이 있었다. 그녀 앞의 길고 낮은 테이블 위에는 음식이 놓여 있었다. 정 가운데는 통째로 구운 닭 세 마리가 쌓여있었다. 테이블 양쪽에는 소고기와 돼지고기가 장식되어 있었다. 그사이에는 사과, 올리브, 포도, 배 등의 과일과 각종 색의 한국 떡이 산더미처럼 쌓여있었다.

헬렌이 그 자리에 앉아있는 동안 예배가 진행되었다. 그리고 직원들이 헬렌에게 효도의 절을 하는 차례였다. 유교 시절에는 아마 조상 제사와 같은 모습이었을 것이다. 선교사들도 절을 해야 하는지 모두 궁금해하였다. 특히 나만 남성 선교사였다. 한국인 원장이 헬렌이 마시도록 차를 올려드렸다. 그리고 의사와 모든 여성이 깊은 절을 하였다. 간호사들도 나와 같은 절을 하였다.

남성들 차례가 왔다. 모두 주저하였지만 김 씨와 내가 먼저 앞으로 나갔다. 모두 흥미롭게 우리를 보고 있었다. 남성은 여성들처럼 그렇게 깊은 절을 하지 않아도 된다. 환갑을 맞은 여성보다 남성이 더 높은 것이다! 우리가 절을 마치자 부엌과 집안일 하는 일꾼들도 나와 절하였다.

그 후 선물을 드리는 순서가 이어졌다. 특히 부산의료협회와 한국조산과부인과협회에서 나무로 된 감사패를 수여하였다. 헬렌은 이미 한국 정부의 감사패를 비롯하여 많은 상을 받았다. 그리고 민속 노래와 춤이 있었다. 음식도 나누어졌다. 약 600명의 하객이 도시락을 받았다. 밥, 닭고기, 다진 고기, 혀, 연근 등 많이 들어있었다. 생일 케이크 대신이다.

손님은 한국 전역에서 왔다. 지금은 미국에서 사는 옛 간호원장도 왔다. 침례교 병원, 메리놀, 샌 베네딕트병원 등에서도 왔다. 사진도 많이 찍었고 간호사와 의사들은 동창생 모임도 하였다.

벤 스커먼,[26] 일신병원
('더 크로니클', 1974년 2월, 4-5)

---

26)   Ben Skerman(변수민 선교사)

51. 기억할만한 날

나의 60살 생일을 기억해준 여러분께 감사하기 원한다. 그 기억할만한 날에 관하여 이제야 편지를 써 미안하다. 이날을 준비하는데 많은 공을 들였다. 우리 병원 출신 직원과 학생들에게 초청장을 보내고 도시락 300명분을 준비하고 새 옷을 사고 등등이다. 전통 한국식으로 준비되었는데 날짜가 점점 가까워져 오면서 내가 무엇을 해야 하는지 걱정이 되었다. 그러나 나는 그저 그들이 하라는 대로 하면 되었고, 결과적으로 두렵지 않고 즐거운 시간이었다.

장소는 전에 있던 풀밭과 정원이었는데 새 건물이 들어선다는 계획 속에 방치된 곳이었다. 병원 안에는 모두 모일 수 있는 큰 강당이 없다. 그날 구름이 끼고 비가 온다는 소식에 모두 염려하였지만, 잔치 마지막 부분에 가서야 비가 내리기 시작하였다.

나에게 건강과 이런 기회를 주신 하나님께 감사드린다. 축하 인사를 보내준 그곳 임원회에도 감사한다. 환갑은 매우 한국적인 행사이다. 루시가 3주 동안 이곳에 와 반가웠고, 그녀가 돌아가 여러분께 사진을 보여줄 것이다.

〔더 크로니클, 1974년 3월, 5〕

52. 맥켄지 기금 창설

일신병원을 위한 맥켄지 기금 창설 대회가 6월 25일 화요일 오후 8시 멜버른 타운홀에서 열린다.

기금 모금액은 250,000달러이다. 이 기금은 호주에 투자될 것이다. 이 기금의 4분지 3의 이자는 병원의 무료 치료를 위하여 필요할 때 한국으로 보낸다. 나머지 4분지 1은 인플레이션을 대비하여 재투자한다.

이 기금은 한국에서 두 세대를 통하여 선교사로 봉사한 맥켄지 가족 이름으로 조성될 것이다.

고문단: 총회장 우드 목사, 로버트 멘지스 경 부부, 폴 하스럭 경 부부

회장: 마가렛 맥키 박사

(더 크로니클, 1975년 4월, 11)

53. 선교사 자매 시드니에 도착하다

중국과 한국에서 의료선교사로 활동하여 유명해진 두 자매가 주말 시드니에 도착한다. 헬렌 박사와 캐시 간호사는 둘 다 60대로 한국에서 나환자 선교를 설립한 노블과 메리 맥켄지 목사 딸이다. 장로교 '성자'로 여겨지는 맥켄지 씨는 15년을 뉴 헤브리데스에서 활동하였는데 동료 한 명은 그곳 식인종한테 죽임을 당하였고 아내는 흑수열병으로 사망하였다.

두 자매는 자신들이 부산에서 설립한 일신병원을 위하여 호주에서 모금하고 있다. 중국에서 일하던 이들은 1950년 공산당에게 추방당하여 호주로 돌아왔다. 호주로 돌아오자마자 이들은 한국의 연합군 사령관 더글러스 맥아더 장군에게 편지하여 그곳에 병원 개원 승인을 요청하였다. 두 번의 거절 후 그는 그 제안을 승인하였고, 두 자매는 전쟁 후 한국에 처음 입국한 일반 호주 여성이 되었다.

이들의 병원은 학교 집 안에서 시작하였고 미군이 제공한 40개의 침대가 있었다. 그러나 의료 설비는 없었다. 현재 이 병원은 산부인과와 어린이 복지에 강조점을 두고 있다. 오는 10월에 캐시 간호사가 나이팅게일 상을 받는다는데 간호사로서는 최고의 영예이다. 이들은 '맥켄지 기금'으로 알려진 일신병원을 위한 모금 활동 중인바 목표액이 250,000달러이다. 이 행사에 2천 명 정도가 참여할 예정이다.

('The Canberra Times', 1975년 6월 17일, 7)

54. 당신도 도울 수 있다

여러분 교회의 맥켄지 기금 주일에 특별한 헌금 카드를 받을 것이다. 거기에 맥켄지 기금을 위하여 본인이 얼마를 후원하기 원하는지 작정하여 쓰면 된다. 그리고 교회를 나갈 때 봉투를 받아 1975년 12월 31일까지 전국 맥켄지 기금 사무실로 후원비를 보내주면 된다. 만약 기금 주일에 교회에 나올 수 없는 형편이면 교회 의회 의장에게 문의하면 받을 수 있다.

('맥켄지 기금' 모금 활동, 1975)

후원금이 세금 면제 대상은 아니지만, 관심 있는 사람들에게는 기금 목적이 너무 중대하여 그것에 방해받지 않을 것이다.

주소: Mackenzie Foundation for Il Sin Hospital, BOX 100, G.P.O. SYDNEY, N.S.W. 2001. Phone: 20 2748.

[1975년]

55. 일신 재단

"당신은 지난 6월 25일 타운홀에서 열린 모임에 참석하였습니까?"

"헬렌과 캐서린 맥켄지가 설명한 이 위대한 프로젝트에 대하여 들었습니까?"

"당신의 목사님은 7월 중 한 주일을 맥켄지 기금 주일로 정하였습니까?"

"'일신'이란 다큐멘터리 동영상 시청을 예약하셨습니까?"

"빅토리아는 150,000불 모금을 목표로 하고 있습니다. 이것은 물론 모든 장로 교인들의 희생적인 헌금으로 이루어질 것입니다."

('더 크로니클', 1975년 7월, 4)

56. '일신병원' 영화 제작

1975년 호주장로교회에서 'New Everyday'(일신)란 영화를 제작했다. 호주에서 맥켄지 기금을 모으기 위하여 이 영상물을 사용하기로 한 계획이다. 이 기금은 계속하여 병원을 지원하는 것과 특별히 무료환자를 위하여 조성되었다. 영화의 모든 촬영을 담당한 에스 기디 씨와 계획과 해설을 담당하는 프레드 매케이 목사 팀으로 구성되었다. 이 작업은 아주 재미있었으며 직원과 환자 모두가 잘 협력하였다.

영화는 호주에서 반응이 좋았으며 호주 달러 170,000불을 모금하였다.[27] 이 기금은 병원의 지속적인 지원을 위해 사용하고 있다.

바바라 마틴
('인생 여정의 발걸음', 2015, 175)

---

27) 1974년 안식년 때 헬렌과 캐시는 이 다큐멘터리를 들고 호주 전역을 돌며 모금 운동을 하였다.

57. 송별 인사

(중략) 내 동생하고 이 병원을 설립할 때에 아무것도 없었습니다. 불과 네 개의 손뿐이었습니다. 그러나 이 사업이 하나님의 일이면 하나님이 이 사업을 위해서 필요한 것을 보충하실 줄 믿었고, 실제로 하나님이 여러 사람, 여러 기관을 이용하셔서 우리의 약함을 보충하셨습니다.

지금까지 치료비가 없어서 치료 못 하겠다고 환자를 보낸 일이 없었습니다. 앞으로도 하나님의 함만 의지하고 나가면 이 대책은 일신병원의 특전이며 계속될 줄로 믿습니다. 예수님께서 어린아이의 떡 다섯 개와 물고기 두 마리를 가지고 오천 명을 먹이신 기적과 같이 우리 네 명의 손이 현 직원 280명의 손으로 증가하였을 뿐만 아니라 수십 명의 의사와 850명의 조산원으로 늘어났습니다.

또 한 가지 기적은 일신병원을 통하여 예수를 알게 된 사람의 수가 얼마나 되겠는지를 알 수가 없지만, 병실에서 뿌린 씨가 많은 열매를 맺었습니다.

[부산진교회, 1976년]

58. 다른 보답은 필요 없습니다

헬렌이 떠날 1976년 당시 한국 공영방송 KBS에서 그녀를 인터뷰하였다. 다음은 그중 한 내용이다.

"기자: 한국인들을 위하여 일한 것을 감사드립니다.

헬렌: 그런 말을 해 주어서 고맙지만, 우리가 치료한 여성들이 아기도 잘 낳고 안 죽고 살아났어요. 나는 그들에게 아주 감사드려요. 다른 보답은 필요 없습니다. 도움이 필요한 사람을 돕고 뭔가 가치 있는 일을 했다는 보람이 제가 받는 보답입니다."

['한국소풍이야기2', 111]

59. 어리석은 여성

김영선 박사를 위하여 기도해 주기를 요청한다. 현재 일신병원의 원장인데 또 한 명의 어리석은 기독교 여성이다. 그곳 병원에는 생명과 죽음의 응급 상황이 항상 일어나는 곳이다. 원장이 단순히 책상에만 앉아서 업무를 봐도 될 만큼 병원에 의사가 충분하지 않다. 물론 그녀는 야간 근무도 서야 한다. 그뿐만 아니라 250명의 직원과 교육생들의 인간관계 문제를 조정하며 한 팀으로 만들어야 한다.

정부의 규정과 공식행사 그리고 보고서도 있다. 병원비와 봉급도 결정해야 하고 전도 활동과 기독교적 생활도 격려해야 한다. 누구에게라도 불가능한 업무이다. 이 일을 맡은 것 자체가 어리석은 일이다. 그녀는 문제도 적고 봉급이 10배나 많은 다른 곳에서 일할 수 있다. 개인 병원을 개업한다면 자신의 작은 딸하고 시간을 더 보낼 수 있다. 아마 유혹도 많았을 것이고 넘어갈 수도 있었다는 것을 나는 안다. 그러나 그녀는 아직 그 자리에 있다. 그녀는 그곳 사람들을 사랑하기에 최선을 다하며 자신의 기술로 그들을 돕고 있다. 행정 부분이 그녀에게는 어려울 것이다. 여러분의 기도가 필요하다.

"그러나 하나님은 세상의 지혜로운 사람과 강한 사람들을 부끄럽게 하시려고 어리석고 약한 사람들을 택하시고"(고전 1:27)

['더 크로니클', 1977년 3월, 8-9]

60. 아버지에 관한 책을 쓰다

헬렌은 멜버른에서 신학 공부를 하며 호주선교사에 관한 연구도 꾸준히 하였다. 특히 그녀는 자신의 부모를 연구하며 글을 집필하였는데 1995년 'Mackenzie, man of mission : a biography of James Noble Mackenzie'[23](선교

---

28) 이 책은 후에 한국어로 번역되었다. '호주선교사 맥켄지의 발자취'(헬렌 맥켄지 저, 김영동 역, 대한기독교서회, 2006).

의 사람 제임스 노블 맥켄지 일대기)란 제목의 책을 호주에서 출판하였다.

(1995)

61. 끝에는 강한 여인

(바바라 마틴과 헬렌 맥켄지, 2002)

내가 보배롭게 생각하는 한 가지 일은 매 원장을 '호주 및 뉴질랜드 왕립 산부인과 대학 명예 회원'[29]으로 추천했던 일이다.

2002년 11월 15일 거행된 수여식은 특별한 행사였지만 캐시는 많이 아파서 참석하지 못해 슬펐다. 그 행사에 참석했던 한 분이 매 원장이 답사한 후 말하기를 "처음에는 작은 노인이 있었으나 끝에는 강한 여인이 있었다."라고 했다. 매 원장은 매우 강하고 단호한 여인이었으며 말년에 자신의 독립성을 잃어버리게 되었을 때 그녀에게는 매우 힘든 시기였다.

바바라 마틴
('인생 여정의 발걸음', 2015, 166-167)

---

29) Honorary Fellow of the Royal Australian and New Zealand College of Obstetrics and Gynecologists

62. 가장 행복한 순간

2002년 헬렌은 교통사고로 뇌 수술을 받고 회복은 되었으나 후유증으로 영육이 많이 쇠약하여 요양원에서 지냈다. 그녀는 그곳에서도 한국에 관한 관심을 갖고 추억하는 것을 행복해하였다.

(노년의 헬렌, 2002)

한국 음식을 좋아했고 한국에서 가져온 자개농과 사진, 카드들을 정성스레 보관하고 있었다. 그녀가 가장 행복한 순간은 한국에서 제자들이 보내온 편지와 카드, 그리고 사진들을 볼 때라고 말했다.

헬렌은 2009년 9월 18일 큐에 있는 커라나양로원에서 향년 96세를 일기로 소천하였다.

['맥켄지가의 딸들', 92-93]

63. 장례예식

일시: 2009년 10월 9일(금) 오후 2시
장소: 딥딘연합교회(멜버른)
장지: 포크너 묘원(멜버른)

집례: 양성대 목사(딥딘연합교회 담임)
조사: 존 브라운(변조은) 목사, 바바라 마틴 박사, 김정혜 박사, 조지아 레인 양
조가: 도로시 언더우드(원성희) 교수
성경: 로마서 8:35, 37-39
제목: 즐거운 소풍
설교: 양성대 목사
축도: 인명진 목사(한호기독교선교회 이사장)

[딥딘연합교회, 2009년 10월 9일]

64. 추모예배

일시: 2009년 9월 25일(금) 오후 6시
장소: 일신기독병원 맥켄지홀

집례: 인명진 목사(한호기독교선교회 이사장)
기도: 김영자 회장(간호동문회장, 간호조산사)
성경: 로마서 8:31-39
제목: 소외된 사람을 위해 바친 생명
설교: 존 브라운(변조은) 목사
추모사: 알리스터 매크레이 목사(호주연합교회 총회장), 전정희 회장(산부인과 전문의)

축도: 조성기 목사
헌화: 다같이

[일신기독병원, 2009년 9월 25일]

65. 국민훈장 무궁화장 추서

보건복지부는 호주 국적의 고(故) 매혜란 여사(2009년 9월 호주에서 작고, 96세)에게 국민훈장 무궁화장을 추서하는 등 총 212명에게 포상을 실시하고, 포상자들의 숭고한 뜻을 기리고 그간의 노고를 치하하였다.

고(故) 매혜란 여사는 30대 미혼의 몸으로 '52년 부산 일신부인병원(현, 일신기독병원)을 설립하여 25년간 우리나라 임산부를 위한 진료와 모자보건 사업을 위해 헌신하며 평생을 독신으로 살아온 것으로 알려졌다.

호주 이름인 "헬렌 펄 맥켄지"를 매혜란으로 개명한 매 여사는 1913년 부산에서 노블 멕켄지 목사의 장녀로 태어나 평양외국인고등학교와 호주 멜버른 의과대학을 졸업한 후 동생 매혜영(호주명 캐서린 맥캔지)여사와 함께 1952년 부산에서 일신부인병원을 설립하였다.

1976년 호주로 귀국한 이후에도, 형편이 어려운 사람들에게 무료 진료를 할 수 있도록 「맥켄지 파운데이션」이라는 재단을 설립, 현재까지도 매년 일산기독병원에 기금을 지원하고 있다.

보건복지부가 지난해 12월부터 1달간 「숨은 유공자 찾기」를 실시하였으며, 고(故) 매혜란 여사는 「보건의 날」 유공자 중 최초로 일반 국민의 추천을 받아 훈장을 수여 받는 영광을 안게 됐다.

['대한민국 보건복지부 보도자료', 2012년 4월 7일]

제4장

캐시 맥켄지의
편지와 보고서

(Sister Catherine M. Mackenzie, 매혜영, 1919-2005)

1. 의학 공부

1931년, 나는 15살이고 언니 헬렌은 17살이었다. 우리 가족은 안식년 휴가 차 호주에서 일 년 휴식하였고, 그 후 부모님과 동생은 다시 한국으로 돌아갔다. 그때 나와 언니는 공부를 마치기 위해 호주에 남았었다. 우리는 장차 무엇을 할 것인가를 결정하는 시기에 있었다.

한국에서 우리는 열악한 보건으로 고통받는 여성과 아기들을 많이 보았기에 의학 분야를 택하는 것은 우리에게 자연스러운 일이었다. 헬렌은 선교 사업 지원 후보자를 위한 장학금으로 멜버른대학에서 의학 공부를 선택하였다.

나는 어린이 내과와 로얄멜버른병원에서 간호학을 공부하기로 정했다. 호주의 체계를 따라 '3종 자격증 간호사'가 되기 위한 간호학 공부는 조산술(산파술)과 유아 복지에 관한 과목을 들어야만 했다.

('맥켄지가의 딸들', 168)

2. 파송예배

지난 10월 8일 화요일 저녁, 스코트교회당에서 아름답고 인상적인 예배가 있었다. 캐시 맥켄지를 '구별하여 세워' 파송하는 자리였고, 스텔라 스코트가 다시 한국으로 돌아가는 자리였다. 매튜 목사가 맥켄지 양에게 격려사를 하였고, 캠벨 양이 맥켄지와 스코트 양에게 격려사를 하였다. 파송식 마지막에는 성찬식이 있었다. 다음 날 저녁 이들은 한국으로 가기 위하여 시드니발 기차를 탔다.

('더 크로니클', 1940년 11월 1일, 2)

3. 준비된 캐시 맥켄지

캐서린 맥켄지 양은 오늘 밤 한국에서 태어날 때부터 시작한 해외선교사 경력의 정점에 서게 된다. 그녀는 자라면서 자신의 모친 얼굴과 또 한국인의 얼굴에 익숙하며 자랐고, 그들의 사랑을 받았다. 그녀의 놀이 친구는 한국 아이들이었고, 그들을 통하여 동양적으로 사고하고 한국말로 표현하는 방법을 배웠다. 9살부터 6년 동안 그녀는 평양의 미션 스쿨에서 공부하였다. 이곳에서 그녀는 미국인 학생들과 지냈는바 자신과 또 다른 문화를 체험하였다. 그 후 그녀는 호주로 가 멜버른의 장로교여학교에서 2년 수학하였고, 1년 동안 롤란드 하우스에서 선교사 훈련을 받고 한국으로 돌아갈 준비를 하였다.

그녀는 자신의 부친이 일하였던 부산의 나병원에서 영적으로는 물론 육체적으로도 비참한 사람들을 보았고, 한국에 무엇이 필요한지 알았다. 그래서 그녀는 미래 활동을 위하여 간호사 공부하는 것을 자연스럽게 여겼고, 멜버른어린이병원에서도 3년 동안의 훈련을 마쳤다. 그리고 그곳에서 우수한 간호사에게 주어지는 '제프리 우드 상'을 받았다.

캐시는 로얄멜버른병원에서 6개월간의 경험을 쌓았고, 어린이병원에서 18개월 동안 더 큰 책임을 맡아 일하였다. 그 후 9개월 동안 퀸빅토리아병원에서 일하므로 두 개의 수료증도 확보하였다. 그리고 탄다라유아보건소에서 4개월 동안의 훈련을 마치므로 그녀의 준비 기간은 완성되었다.

캐시의 영적 발달은 그녀의 출생부터 시작되었다. 그때부터 그녀는 하나님과 해외 선교에 헌신하였다. 자신 부모의 모범적인 삶을 보며 자랐고, 부모와 미션 밴드 회원 그리고 여선교연합회 회원들의 기도로 보호받았다. 이 기도는 그녀의 일생을 통하여 함께 할 것이다.

('더 크로니클', 1940년 11월 1일, 5)

4. 일본에서 돌아가다

(한국에 입국을 못 하고) 일본 고베에서 스코트와 맥켄지 양이 즉시 돌아올 것이라는 전보를 받다.

('더 크로니클', 1940년 12월 2일, 2)

5. 불확실한 미래

본 선교지가 인쇄 들어가기 바로 전 스코트 양으로부터 연락이 왔다. 캐서린과 자신이 호주로 돌아오기로 하였다는 내용이다. 미래가 불확실하다는 자신들의 배 선장과 고베에서 대피를 책임진 영사의 조언에 따른 것이다. 라이트 씨도 모지에서 그들을 만나 한국의 불안정한 상황을 전하였다. 미션 박스는 그대로 한국으로 갔다. 이들은 성탄절 즈음에 집으로 돌아올 것이다.[1]

('더 크로니클', 1941년 1월 1일, 2)

6. 부산 집으로 돌아오다

20년 후에 부산 집으로 돌아왔다! 이것이 현실인지 나는 나를 꼬집어 볼 정도이다. 이곳에 돌아오려고 할 때마다 그동안 어려움이 있었다. 1940년 때처럼 말이다. 그러나 이제 나는 돌아왔고, 한동안 이곳에서 살 것이다.

작년 11월 7일 멜버른을 떠난 것이 오래된 것처럼 느껴진다. 그런데도 우리의 마음속에 아직 여러분과 기쁨의 친교가 남아있다. 멜버른에서, 시드니에서,

---
1) 캐시는 이때 전쟁의 상황으로 한국에 입국하지 못하였고 언니 헬렌과 함께 중국선교사로 떠났다.

브리즈번에서 그리고 타운스빌에서 말이다. 여러분이 은혜의 보좌 앞에서 우리를 매일 기억한다는 것을 알고 그 기도와 함께 이곳에 왔다.

첫 모습: 일본에서 7주를 기다린 후에 마침내 우리는 2월 8일 예약 약속을 받았다. 그러나 실제로는 2월 6일 배에 올랐는데 몇 시간 전에 통보를 받았다. 어쨌든 한국행 배를 탔고 이번엔 미국 수송선이었다. 이 배는 먼저 고베에 와 짐을 내렸고, 마침내 부산을 향하여 출발하였다. 월요일 밤 부산 외항에 배가 닻을 내렸다. 다음 날 헬렌과 나는 부산의 첫 모습을 보려고 새벽에 나가보았다. 뭐라고 형언할 수 없지만, 집에 돌아왔다는 감동이 내 마음에 용솟음쳤다. 그리고 이 기회를 주신 하나님께 감사드렸다. 우리는 하루 반 동안 배에 앉아서 이 상황을 생각할 충분한 시간이 있었다. 선장의 망원경을 통하여 우리는 언덕 위의 예전 집을 볼 수 있었고, 옛날 생각이 스쳐 지나갔다.

마침내 2월 13일 화요일 아침 11시 30분에 항구에 정박할 수 있었다. 우리가 기대했던 것처럼 항구에서 낯익은 얼굴을 볼 수 없었다. 군사적인 항구라서 한국인은 들어올 수 없었고, 선교사들도 우리가 언제 입항할지 몰랐기 때문이다. 마침내 레인과 두 명의 캐나다 선교사가 오후에 도착하였다. 그러나 우리는 여전히 배에서 내릴 수 없었다. 우리의 발은 한국 땅을 밟고 싶어 안달이 났다. 늦은 오후가 되자 의사가 와 선원들에게 예방주사를 놓았고, 그제야 우리는 밖으로 나올 수 있었다. 우리가 부산진에 도착할 즈음 날은 이미 저물고 있었다.

변화한 부산: 어린 시절 우리가 알던 부산과 비교하여 가난한 구 부산은 슬퍼 보였다. 그때는 150,000명의 인구였는데 지금은 1,000,000명으로 증가하였다. 사람들도 부산말을 쓰기보다 서울이나 북쪽 말씨를 썼다. 이들이 모두 집이 있는 것은 아니어서 많은 사람이 판잣집이나 움막에서 살고 있었다. 물도 전기도 위생도 부엌도 없는 시설이고, 밖에 진흙 마당만 있을 뿐이다.

맞다. 부산은 바뀌었다! 예전에 우리가 내려보았던 해변 앞 잔디 땅이 집과 공장으로 가득 찼고, 그곳에서 나오는 역겨운 연기가 시내와 해변을 덮었다. 소란스럽고 더러운 기차가 오갔고, 길 위 교통의 흐름은 꽉 막혀있었다. 지프, 트럭, 버스, 전차, 자동차, 탱크, 군인 차 등 모든 종류의 차가 길을 지났다. 지프 안에서 우리는 길을 건너려는 아이들이 다칠까 봐 내내 긴장하였다. 멜버른에도 교통체증이 있는가? 물론이다. 그러나 부산에 와 봐라!

('더 크로니클', 1952년 5월, 6)

7. 기쁨의 재회

부산의 이 모든 변화에도 불구하고 한국인들은 내 마음속에 똑같이 남아 있었다. 특별히 옛 친구들과의 재회의 기쁨은 말로 다 할 수 없었다. 우리와 같이 놀았던 친구 대부분이 결혼하여 대여섯 명의 아이가 있었다. 부산을 떠나지도 않았다. 우리는 이미 이들과 몇 번 만났다. 이들의 질문에 한국어로 제대로 답을 못하면 어떻게 하나 처음에 염려했지만, 실제로는 많은 말이 필요 없었다. 우리가 돌아와서 이들은 반가워하였고, 우리도 친구들을 다시 만나 기쁘다는 이심전심이었다. 그리고 언제부턴지 대화도 이어지게 되었다.

첫 주일에 우리는 부산진교회에 참석하였다. 교회당은 새것인데 친구들은 오랜 친구들이다. 우리가 예배당에 들어서자 교인들은 곧 우리를 둘러쌓고 질문하기 시작하였다. 호주에 있는 친구들의 안부도 물었다. "왜 그분들은 한국으로 돌아오지 않습니까?" "왜 좀 더 많은 선교사님이 오지 않습니까?" 그러면 마지막에는 꼭 이렇게 말하였다. "선교사님들이 하신 일로 인하여 감사드립니다. 선교사님이 돌아오셔서 정말 하나님께 감사합니다." 또 다른 교인은 우리 부모에 관하여 말하였다.

"선교사님의 엄마와 아빠는 우리를 많이 도와주시고 사랑하셨습니다. 이제 그분들은 나이가 많지만, 자신들의 자녀를 또 선물로 보내주셨습니다."

가장 큰 기쁨 중의 하나는 미감아의 집에 있던 친구를 만난 것이다. 성탄절에 그들을 우리 집에 초청하여 파티한 기억은 좋은 추억이다. 이제는 그들이 우리를 초청하여 자신의 집에서 식사를 나누었다. 우리가 도착하고 처음 우리를 방문한 사람이 바로 미감아의 집에 있던 남성이다. 그는 목수로 훈련을 받아 좋은 일을 하고 있었다. 새 부산진교회당 건축을 그가 감독하였다. 지금 그는 기독교 가정의 가장이 되었다. 그에게는 자녀가 없는데 누가 문밖에 두고 간 여아를 입양하여 잘 키우고 있다.

또 다른 미감아의 집 출신 남성은 이곳 남학교 교감이다. 그는 50명 정도 아이가 있는 고아원을 운영하고 있다. 오후에 우리가 그곳을 방문하였을 때 그는 헬렌에게 얼마 전 들어 온 한 아픈 아이를 보게 하였다. 그는 그 아이의 머리를 쓰다듬으며 말하였다. "걱정하지 마. 너도 나같이 크면 나중에 가정도 생기고 집도 있을 거야." 자신이 어린 시절 받은 사랑을 그는 이렇게 다른 아이들에게 되돌려주고 있었다.

(헬렌과 캐시의 어린 시절 집, 1952)

우리가 도착하여 이곳의 호주선교사가 세 명이 되었다. 앤더슨 씨도 곧 도착하면 네 명이 될 것이다. 한국이 가장 어려운 시기인 지금 우리 고향의 교회가 이렇게밖에 할 수 없는가? 일본에서 대기 중인 우리 여성 선교사들은 입국 허가를 못 받고 있다고 한다. 그러나 남성이나 의사나 간호사는 비자를 받고 환영을 받는다. 많은 한국인 친구들이 이것을 호주의 여러분에게 알리기 원한다. 과거의 일에 감사하며, 앞으로도 시급하게 다시 보내 달라는 것이다. 목사, 교사, 의사, 간호사 여러분, 와서 함께 일하지 않겠는가?

아이들이 놀고 있는 모습이 창문 밖으로 보인다. 진흙 속에서도 무언가 재미있게 떠들며 웃는다. 우리 교회가 우리가 사는 이 세상의 평화를 세우는 일에 동참하지 않는다면 이들의 미래는 무엇일까.

['더 크로니클', 1952년 5월, 7]

8. 이영복과 손옥순 소식

이곳의 하루하루 생활이 흥미롭지만 우리는 아직 의료 활동을 시작하지 못하고 있다. 한국어 공부를 열심히 하고 있고, 나는 내일 첫 공공 연설을 할 것이다. 거제에 임시로 있는 세브란스병원 간호학교 일학년 반의 종강식이 있는데 나에게 축사를 부탁하였다. 나의 짧은 축사를 학생들이 잘 못 알아들어도 크게 상관없지만, 지혜롭게 축사를 할 다른 연사들이 있어 안심이다.

의료선교사친교회: 지난번 편지를 쓸 때 우리는 예전 우리 집 건물 한 부분에서 생활하고 있었다. 지금은 청소도 하고 안정되고 커튼도 올려 진짜 집 같아졌다. 손님이 오기 바로 전 가까스로 마칠 수 있었다. 5월 19일 부산에서 의료선교사 친교회가 모였다. 해외 각 교단 회원 대부분이 여성이라 대부분 우리 집에 머물렀다. 우리 집에서 열 명의 여성이 복작댔다. 서로가 서로에게 영감이 되었다. (중략)

한국간호원협회: 내가 최근에 참여한 한국간호원협회에 관하여 말하기 원한다. 나이팅게일 생일 저녁에 모임이 시작되었다. 한국인 간호사들은 부산의 오래된 함정 안에 있는 카페에서 UN과 선교사 간호사들을 맞아들였다. 이틀 동안 진행된 협회 모임에서 그들의 이야기를 들으며 오늘날 한국 간호사가 당면한 여러 문제점을 인식하게 되었다. 먼저는 여러 도의 기관과 훈련학교의 보고가 있었다. 전쟁으로 인한 피난과 그 후 폐허 속에 다시 모여 일하기 시작한 이야기이었다. 여러 사람이 방을 드나들면서 서로 나누는 대화도 흥미로웠다. "아. 나는 네가 죽은 줄만 알았어." "나는 언니가 북쪽으로 납치된 줄 알았어." "그 간호사 소식 들은 것 있어?" 적지 않은 간호사는 과부가 되었고, 적은 봉급으로 아이들을 키우느라 고생하고 있었다.

간호사 훈련학교는 교재의 부족으로 심한 어려움을 겪고 있었다. 전쟁 전에는 대부분 교재가 일본어로 되어있었고, 번역된 원고는 전쟁 중에 소실되어 다시 시작하여야 했다. 가장 큰 문제는 폭격으로 남아난 병원이 별로 없어 학생들이 실습할 곳이 없다는 현실이었다. 이론만 가지고는 좋은 간호가 될 수 없다.

(던, 손옥순, 캐시, 이영복, 1952)

　호주에 있는 여러분은 아마 이 소식이 반가울 것이다. 몇 년 전 호주에서 훈련받은 이영복과 손옥순이 이 모임에서 지도력을 발휘하였다. 이들은 간호원 협회의 부회장이다. 회장이 일본에 구류되어 있어 이들이 돌아가며 의장 역할을 하는데 매우 잘 감당하는 모습이다. 둘 다 결혼하여 이제 가정을 이루고 있다. 한 명은 거제 섬에 피난해 있고, 다른 한 명은 제주 섬에 있다. 그런데도 이들은 이곳의 간호 체계에 큰 공헌을 하고 있다. 여러분의 소식에 이들은 매우 반가워하였고, 안부를 전해달라고 한다. 손 씨가 다시 중앙 무대로 돌아오기를 사람들이 기다리고 있고, 그녀는 장차 큰일을 할 것이다. (중략)

　최근에 거행된 부산진교회 헌당 예배 소식을 빼놓을 수 없다. 건축가가 '나환자 자녀' 중 한 명[2]이다. 그는 미감아의 집에서 자랐는데 우리 엄마가 돌보아 주었다. 지금 그는 이 교회의 집사이다. 교회당을 완성까지 6년이 걸렸다. 중간에 돈을 더 모금하기 위하여 중단되었기 때문이다. 마침내 아름다운 교회당이 우뚝 섰고, 예배자들은 즐거워한다. 매주 그런 것처럼 헌당 예배 시 교회당 안은 꽉 찼다. 예배 후 한 명의 장로가 장립 받았고, 두 명이 취임[3]하였다. 새 장로가 우리 선교부 서기이며 훌륭한 사람이다.

부산 좌천동 471.
6월 5일.
('더 크로니클', 1952년 8월, 4-5)

---

2)　김칠봉(용)으로 1956년 부산진교회 장로가 되었다.
3)　김보라 장로 장립, 이동백, 한순조 장로 취임

9. 유치원 건물을 확보하다

마침내 우리는 건물 소유자가 되었다. 처음에 희망하였던 그 건물은 아니다. 군기지가 우리에게 유치원 건물을 사용하도록 한 것이다. 처음의 건물을 확보하지 못하여 물론 실망스럽지만, 모든 것이 고정된 기존 건물이라 이곳보다 어려움이 더 많을 것이다. 중국에서 활동을 시작할 때와 비슷한 상황이다. 사원을 병원으로 개조한 숭고한 경험이었다. 지금은 유치원을 병원으로 바꾸어야 한다. 과거의 경험이 큰 도움이 되고 있다.

(유치원 건물 안의 병원, 1952)

우리는 마당에 앉아 경찰처럼 그곳을 지켰다. (중략) 군인들이 유치원 건물에서 나가자마자 우리는 청소부터 하기 시작하였다. 큰 방이 하나 있는데 이곳에 14개의 침대를 놓을 수 있을 것이다. 그리고 커튼을 새로 달면 일단 준비는 되는 것이다. 큰 방 옆에 작은 방이 있다. 아기방으로 쓰면 적절할 것이나 처음에는 외래환자를 위하여 쓸 것이다. 그 옆에 세 개의 방이 있는 또 다른 작은 건물이 있다. 하나는 사무실, 하나는 진료실, 그리고 나머지 방은 간호사 방이 될 것이다. 세 번째 방에서 수술과 분만도 해야 한다. 부엌과 세탁방은 새로 지어야 하고 또 다른 병동도 필요할 것이다. 만약 그렇게 되면 처음 보았던 병원 건물과 차이가 없게 된다. 편리함과 사생활은 덜 하겠지만 말이다.

의학 교재 소포가 안전하게 도착하였다. 매우 감사하다. 우리와 같이 일할 사람들을 위해 일부 헬렌이 보관하였고, 나머지는 이화여대 도서관과 세브란스병원에 주었다.

('더 크로니클', 1952년 11월, 3-4)

10. '일신'이란 이름

친구 여러분,
마침내 기다림은 끝났다. 우리 머리 위에 지붕을 갖게 되었다. 우리가 기대했던 그 지붕은 아니지만, 최근의 발전에 관하여 여러분과 나누기 원한다. 먼저 고향의 교회에 신실한 감사를 전하고 싶다. 이 시대의 도전을 여러분은 받아들였고, 한국의 필요에 응답하였다. 여러분의 절대적인 관심과 지원에 우리와 한국인들은 새롭게 다시 깨달았다. 해외선교위원회와 여선교연합회의 보고서를 읽고 우리는 깊은 감명을 받았다. 한국선교 발전을 위하여 큰 희생을 기꺼이 감당하겠다는 여러분의 결단에 성령이 함께하신다는 것을 느꼈다. 여러분의 희생은 절대 헛되지 않을 것이다.

계획의 차질: 처음에 계획한 대로 이루어지지 않은 이유는 무엇인가? 그 병원 건물 소유자는 왜 마지막 순간에 매매하기를 거부한 것일까? 그에 대한 확실한 대답은 없다. 그러나 하나님의 계획은 그 가운데서 진행되었고, 우리는 이해가 안 되는 가운데서도 순간순간 순종하였다. 물론 그 건물을 쓸 수 없다는 현실에 우리는 실망하고 기운이 떨어졌지만, 새길이 열렸다. 어느 날 일어나 보니 군인들이 우리의 유치원 건물에서 떠나는 것이 보였다. 이 건물은 몇 개월 전 우리가 처음부터 병원의 후보지로 생각했던 곳이다.

유치원 건물: 한국전쟁이 발발한 후부터 군대는 우리의 두 개 학교 건물과 유치원을 회복기 환자들을 위한 군인 병원으로 사용했다. 두 개의 학교 건물은 언덕 위에 있어 일반병원으로 쓰기가 불편하지만, 유치원은 매우 적당하다. 당시에는 군대가 그 건물을 되돌려주지 않을 것이라는 말을 들었었다.

한 달 전 어느 아침, 군인들이 철수하는 모습이 보였다. 우리는 즉시 달려가 사정을 알아보았다. 그들은 그곳을 또 다른 군인 병원에 넘긴다는 것이었다. "우리에게 기회가 왔다." 우리는 생각하고 국방부 장관, 군대 원목 장군 그리고 그의 미군 자문관과 상의를 시작하였다. 그리고 마침내 그 유치원 건물을 우리에게 돌려준다는 결정이 두 주전에 나왔다.

그러나 그 건물의 상태를 여러분이 보았어야 한다. 벽의 부분이 떨어져 나가고, 창문이 부서지고, 천정이 무너지고, 바닥이 패인 상태였다. 중국에서도 우리는 사원을 받았는데 더 오래되고 더러웠다. 그것을 우리는 좋은 병원으로 만들었기에 이 정도 간단한 문제에 포기할 우리가 아니었다. 여러분과 우리의 기도가 응답되었고, 마침내 우리가 활동할 수 있는 건물이 생긴 것이다.

잠정적 편리함: 이 상황에 대해 여러분이 알아야 할 몇 가지 사항이 있다. 먼저 이것은 정상적인 상황이 올 때까지 임시적인 조치라는 것이다. 이 건물은 유치원에 속하였는데 학부모회가 일부분 돈을 내어 지은 것이다. 가능한 한 빨리 그들에게 돌려주어야 하는 도덕적 의무가 있다. 언젠가는 우리가 영구적으로 쓸 수 있는 건물을 사거나 건축해야 하는데, 이곳의 정부나 난민들이 서울이나 다른 곳으로 옮겨가면 지금보다 건물비용이 낮을 것이다. 새롭게 건축을 하면 몇 가지 장점이 있다. 먼저 우리의 간호사 훈련 등 필요에 맞게 적당한 건물을 세울 수 있다. 다른 장점은 우리 선교관과 가까운 거리에 있다는 점이다. 이곳에서 100야드 정도 거리에 우리 집이 있어 낮과 밤 아무 때나 들릴 수 있다. 먼저 생각했던 다른 곳은 지프로 10분 거리에 있어 응급의 경우 불편할 수 있었다. 지역 교회와도 가까워 교인들이 진짜 흥미를 갖고 자신들의 병원이라 여길 수 있다. 이런 이유로 헬렌과 나는 이곳에서 병원 업무를 시작하려고 한다. 우리가 어린 시절 다니던 유치원에서 말이다!

'일신': 우리가 건물을 받자마자 후원회에 관심을 갖을만한 여러 사람을 초청하여 모임을 하였다. 경상남도 도지사가 후원회 회장을 맡았고, 회의는 긍정적으로 마쳤다. 병원 이름을 정하였는바 '일신부인병원'이었고, '일신'은 날마다 새롭다는 뜻이다. 이 이름은 미션 스쿨과 유치원에서부터 '전수한' 이름이다. 이곳 사람들은 이 이름을 듣자마자 어디에 있고, 어느 교회와 관련되어 있는지 다 안다.

여성병원: 이 병원은 우리가 전에 생각한 대로 여성병원이다. 조산과와 산부인과가 있고, 우선으로 이 방면의 간호사를 훈련할 것이다. 학생들에게 충분한 실습을 제공하기 위하여 집을 방문하는 왕진도 많이 할 것이다. 한국 여성들

은 집에서 아기 낳는 것을 선호한다. 한 서양 여성은 나에게 질문한다. "네? 아기를 그렇게 더러운 흙바닥에서 낳는다고요?" 그러나 기름종이를 바른 바닥은 쉽게 닦을 수 있고, 누구나 신발을 벗고 들어오는 한국식 방은 내가 아기를 받은 멜버른의 어느 방보다 깨끗하다.

첫아기: 우리는 이미 첫아기를 받았다. 전기도 없는 6피트보다 작은 방에서 말이다. 살균된 수건을 방바닥에 깔고 도구를 준비하고 끓는 물이면 충분하였다. 뜻밖의 한가지 문제는 태어난 아기가 아들이 아닌 두 번째 딸이었다는 것이다. 중국에서도 우리의 첫아기는 딸이었다. 그러나 그 후 우리는 아들을 잘 받는다는 명성을 얻었으니 너무 염려하지 않아도 된다. 중국에서 그랬듯이 이곳에서도 딸의 가치를 계속 홍보할 것이다.

(병원 개원 기념, 1952)

보수공사: 유치원 집을 우리는 이번 주까지 보수공사하고 있다. 9월 17일 개원할 예정이다. 병상과 다른 도구를 UN 기관으로부터 받을 때 때까지 입원환자는 못 받는다. 부엌과 빨래방은 마당에 임시 건물을 세워야 한다. 외래환자를 위한 임시 건물과 또 다른 병동도 세워야 할 것이다. 처음 계획했던 대로 25개의 병상을 갖추기 원한다. 임시 건물을 위하여 UN이 도울 수 있을지 문의하는 동시에, 우선 준비된 것으로 시작할 것이다.

9월 9일.
('더 크로니클', 1952년 11월, 7-8)

11. 첫 간호사 인터뷰

(중략) 나는 당장 호구지책으로 여러 가지 일을 해 보려고 애를 썼다. 3~4개월을 갈팡질팡하던 중 어느 고마운 분이 호주선교부에서 간호사를 모집한다고 한번 가보라고 일러주었다. 좌천동에? 좌천동 병원은 보이지 않던데! 찾아간 곳은 좌천동 큰 교회 언덕에 허술한 양옥 응접실로 인도되었다. 보기에 병원 같지 않았고 나는 의자에 조마조마하게 앉아있었다.

잠시 후 문이 열리더니 이크! 키는 구 척이요 머리는 단발머리에 회색 긴 코트를 입고 들어오시는 분. 순간 대체 이분이 여자 같기도 하고 남자 같기도 하고. 순간 벌떡 일어났다. 그분은 웃으시면서 나에게 앉으라 하시고 질문을 몇 가지 하셨다. 나는 너무 놀라서 인사를 뭐라고 했는지 모르지만. 이분이 선교사임이 분명한데 말투가 어떻게 이렇게 영남 사투리를 완벽하게 구사하실까! 나는 몇 번 놀라지 않을 수 없었다.

몇 마디 물으시고는 실기나 필기나 간호사로서의 자격 테스트는 언급도 않으시고 내일부터 일하러 나오라고 하실 때는 너무 놀라서 하마터면 쓰러질 뻔하였다. 이분이 바로 엄하기로는 호랑이요 다정다감하시기는 사춘기 소녀 같으신 매혜영 선생님이셨다.

유경순
('매켄지 가의 딸들', 249-252)

12. 침대도 없는 병원

나는 1952년에 간호학교를 졸업하고 그해 10월 1일 일신부인병원에 갔다. 대구 동산기독병원에 있을 때 매혜영 선생님이 와서 나는 한 번 보고 가셨는데, 집에서 계속 부산으로 오라고 해서 일신병원에 들어가게 되었다.

그때는 이홍주 선생님과 간호사는 유경순 선생님이 계셨다. 유경순 선생님은 매 선생님의 한국어 어학 선생님으로 꽤 오래 그분들하고 같이 계신 것 같았다. 현정훈 선생님은 매 선생님이 서울 세브란스병원에 가셨을 때 함께 오게 된 것 같다.

처음 병원에 와서 보니까 유치원으로 쓰던 곳을 임시로 병원으로 사용하고 있었다. 나는 제법 큰 병원에서 일하다 와서 보니 이곳은 병원이 아니었다. 병원인데 침대도 없고, 외래환자 한 사람 정도 볼 수 있는 콧(군인 간이침대)이 있었다. 침대도 아니고 그런 간이침대가 몇 개 있는 상태에서 환자를 아쉬운 대로 봐준다고 시작한 것 같았다.

김금련
('매켄지 가의 딸들', 229-230)

13. 왜 우리를 사랑합니까

지난번 쓴 이후 많은 흥미로운 일이 발생하고 있다. 한 가지 이야기만 하겠다. 한 달 전, 한 여성이 쌍둥이를 업고 병원 문을 두드렸다. 두 주밖에 안 된 아이들이었다. 그녀의 남편은 쌍둥이가 태어나기 전 살해되어 그녀는 큰 애와 쌍둥이를 데리고 근근이 산다. 아기 먹을 젖도 안 나왔고, 항상 굶주려 있었다.

우리가 그들을 도와줄 수 있을까? 우리는 일주일에 한 번 그들을 병원에 오게 하여 아이들을 씻기고 그들과 엄마를 먹였다. 그러나 이것이 그들의 문제를 해결하지는 못하였다. 매일 구걸하며 다니게 할 수 없어 우리는 그녀에게 적은 돈을 주어 채소를 사 되팔아 생활하게 하였다. 첫날 그녀는 5천 환을 벌었다. 겨우 2실링 6다임이지만, 좋은 시작이었다. 그녀는 자신이 일하여 돈을 번다는 사실에 기뻐하였다. 그리고 두 주 동안 그녀가 안 보여 궁금해하였다. 마침내 그녀가 나타나 그동안 장사하느라 바빴다며 이제 아기 우윳값은 번다고 하였다. 그녀는 감사하며 다음과 같이 말하였다.

"먼 곳에서 온 분들이 왜 이렇게 우리를 사랑합니까?"

나는 이 기회를 놓치지 않았다. 내가 왜 이곳에 왔고, 그리스도가 어떻게 우리와 세상을 사랑하는지 설명하였다. 그런데 그녀에겐 여전히 집이 없다. 지난번 비가 왔을 때 천막에서 비가 새 밤새도록 아기를 업고 서 있었다고 한다. 겨울이 오면 이 여성은 아이들과 어떻게 살까? 그러나 그녀는 이런 환경에서 사는 많은 가족 중 하나일 뿐이다. 여러분의 기도와 후원이 필요하다.

여러분이 보낸 소포가 도착하였다! 먼저 한두 개씩 도착하더니 17개 상자가 한꺼번에 왔다. 선물을 열어보는 기쁨을 어떻게 표현할 수 있을까. 비누, 파우더, 안전핀, 기저귀, 아기 옷 등등. 이제 아기들이 뽀송뽀송 따뜻하게 지낼 수 있게 되었다. 보내준 물품 한 개 한 개가 모두 유용하다. 그러나 이것으로 충분하다고 생각하지는 말기 바란다. 이 지역에 사는 모자에게 다 돌아가기에는 계속 부족할 것이다. (중략)

위더스 양과 왓킨스 양이 부산에 도착하여 매우 반갑다. 나머지 선교사도 곧 다 한국으로 돌아올 수 있을 것으로 기대한다. 선교 현장은 활짝 열려있다. 우리 능력의 최선으로 이곳을 변화시키자!

('더 크로니클', 1952년 11월, 8-9)

14. 첫 개복수술

하루는 매 선생님이 분만실에서 나오는데 그 긴 다리와 팔을 앞뒤로 흔들면서 매우 바쁘고 긴장된 모습이었다. 아니나 다를까 개복수술을 해야 한다는 것이었다. 처음이라 어떻게 하나?

무연탄 불을 가지고는 안되니 우선 한용이 엄마한테 숯을 사서 난로에 불을 피우며 숯이여 빨리 달아라 하고 부채질을 하며 한 사람은 그것에 매달려야 했고 매 선생님은 기계 챙기고 분만실을 수술실로 준비하였다. 마침 분만실 옆에 재래식 화장실이 있었는데 문을 열 때마다 그놈의 똥파리가 숨어들어와 날아다니는데 사람 진땀을 흘리게 하였다. (중략)

매 선생님이 아기 낳은 산모에게 미역국을 꼭 주어야 한다고 하였다. 주방도 없고, 식당도 없고, 준비해 주는 아주머니도 없어 아무나 시간을 내어 만들어야 하였다. 그 바람에 미역국 끓이는 법도 배웠다. 그래서 생긴 것이 천막 주방 겸 식당이다.

마침 심 씨 아주머니가 주방장으로 들어와서 환자 식사는 물론 우리 식사까지 해결해 주었는데 얼마나 고맙고 좋은지, 거기에다 음식 솜씨는 알아주어야 했다. 입맛이 까다로운 이홍주 선생도 식사 시간만 되면 즐거워서 하하 호호하고 또 아주머니가 노래를 얼마나 좋아하고 잘하는지 그 노래를 배운다고 천막 속은 언제나 훈훈하였다.

김금련
('일신기독병원 40년사', 217)

15. 바빠지는 병원

또 다른 55개의 소포가 도착하였다. 훌륭한 소포 하나하나를 풀면서 생각하였다. "여선교연합회 각 지부에 꼭 감사하다고 편지를 써야겠다." 나는 정말 행복하다. 좋은 선물을 위해 성탄절까지 기다리지 않아도 되니 말이다. 나에게 성탄절은 한 달에 한 번 혹은 6주에 한 번 오고 있다!

매번 편지를 쓸 때마다 일신부인병원은 발전하고 있다. 11월에는 평균 하루에 한 번 아기가 출생하고 있다. 어제는 3명의 아기가 출생하여 평균을 넘었다. 소문이 나기 시작하여 먼 곳에서도 여성들이 찾아온다. 한 여성은 아침 일찍부터 3시간을 걸어왔다. 춥고, 비도 조금 오고, 어두운데 말이다. 그리고 그녀는 두 시간 후 아들을 낳는 보람을 가졌다! 그녀의 남편은 부산교도소 전도사이다. 그와 아내는 우리의 도움에 매우 감사하고 있다.

우리 병동은 요즈음 매우 바쁘다. 오늘은 14개 병상 중 11개가 차 있다. 각 병상 옆에는 아기 침대도 있다. 엄마들은 여러분이 보내준 따뜻한 옷을 밤에 입고 있고, 아기들도 양모 포대기에 싸여있다. 지금 들어오는 많은 환자는 난민이다. 몇 명은 갈 집이 없다. 그중 5명은 부산역이나 초량역을 자신들의 주소로 적어 냈다. 전라도에서 온 사람은 강도나 게릴라 활동을 피해 온 사람들이다. 입던 옷 그대로 아무 짐도 없이 도망쳐 온 사람들이다. 일주일 병원에 입원하여 있다가 퇴원할 때 그들은 그 모습으로 나가 역에서 노숙한다. 그런 사람이 너무 많아 돕지도 못한다.

여러분의 도움으로 아기들은 따뜻한 옷과 포대기 속에 지낸다. 그러나 한겨울에 이것으로 괜찮을까? 부모들은 매우 감사하고 있다. 누구도 일주일 이후 더 있겠다고 고집하지 않는다. 다른 부모가 기다리고 있는 것을 알기 때문이다. 좀 더 오랜 기간 머무는 산모는 다른 이유가 있어서이다. (중략)

다른 소식이 있다. 유엔한국재건단[4]이 우리가 필요한 병동 한 개를 더 지어주겠다고 한다. 그리고 그 일에 곧 착수하겠다고 하였다. 우리가 하는 것 보다 그들이 훨씬 더 잘 할 것이다. 유엔한국재건단은 한국에서 봉사하고 있는 단체를 가능한 한 많이 지원하려 하고 있다. 그들은 병동을 지어주는 것 외에 조산사 반 설비 비용으로 500달러를 지원할 것 같다. 내년 교육생을 맞을 때 유용하게 쓰일 것이다.

다른 소식은 내년 2월에 미국 간호사가 우리와 함께 일할 것 같다. 그녀는 미국 회중교회 선교회 소속인데 중국에서 태어나서 1950년까지 그곳에 있었다. 우리는 북경어학원에서 그녀를 만났다. 그녀도 북쪽 중국에서 우리와 비슷한 일을 하였었다. 그녀는 세계교회협의회 산하의 세계교회봉사부[5]에서 파송받을 것이다. 간호사 훈련에 그녀가 큰 도움이 될 것이다. 에디스 골트가 우리의 활동에 큰 공헌을 할 것으로 기대한다.

11월 20일.
('더 크로니클', 1953년 3월, 4-5)

---

4) United Nations Korea Reconstruction Agency(UNKRA)
5) Church World Service(CWS)

16. 널뛰기 놀이

새해다. 정부는 이날을 공식 휴일로 하지만, 옛 관습과 전통은 쉽게 죽지 않는다. 한국인들은 구정을 지켜왔다. 그래도 많은 소녀가 색동 옷을 입고 거리에 나타났다. 분홍, 노랑, 빨강 초록색이 가장 많다. 아이들은 옷에 진흙이 묻지 않도록 노력하며 논다. 이날 소녀들의 놀이는 널뛰기이다. 아이들이 널뛰는 모습은 몇 시간을 보아도 질리지 않는다. 나도 어릴 때 널을 뛰며 하늘을 나는 듯한 전율을 느꼈었다. 동시에 많은 어린이가 새해를 즐기지 못하고 있다. 집도, 부모도, 색동 옷도 없는 아이들이다. 이들에게는 새해에도 기쁨과 희망이 없어 보인다. (중략)

지난 성탄절에 개인적인 선물을 보낸 준 회원들께 감사한다. 선물을 풀면서 그리고 편지를 읽으면서 여러분을 잘 아는 것 같은 느낌이 든다. 내가 호주를 방문할 때 여러분을 꼭 만날 수 있기를 바란다. 우리가 부산에 도착한 지 어제가 꼭 열두 달이었다. 며칠밖에 지나지 않은 것 같은데 말이다.

2월 14일.
('더 크로니클', 1953년 4월, 8-9)

17. 영아부 간판

부산진교회 뒤 언덕은 사변 전까지만 해도 나무가 빽빽이 들어선 숲이었다. 그런데 그 나무가 다 베어지고 판잣집이 너저분하고 즐비하게 들어서기 시작하더니 어느 날 빈틈없이 꽉 차게 되었다. 여기의 사람들이 우리 병원을 많이 찾은 것은 말할 것도 없다.

어머니가 먹지 못한 데다 임신을 했으니 임신중독증이 없을 수 없고, 아무리 치료를 해도 근본적 대책이 미흡하니 그 영향을 아기가 받지 않을 수 없다. 모유가 나오지 않아 암죽으로 대신하거나 우유를 구하려 해도 전지분유는 하늘의 별 따기며 탈지분유는 구호품으로나 구할 수 있다. 그것도 잘 몰라 아기에게 그냥 주니 설사를 해서 다 죽을 모양으로 데려왔다. 그래서 기숙사 옆에다 천막을 하나 더 치고 영아부라는 간판을 달았다.

우선 원조 들어온 탈지분유에다 면실유를 잘 섞어서 아기에게 주었고, 어머니에게는 양육에 대한 교육과 상담을 시작했다. 처음에는 매 선생님과 현 선생 그리고 나하고 교대로 했고 나중에 이신옥 씨가 맡게 되었다. 이 영아부가 있었기에 아기들이 살아남을 수 있었다고 생각할 때 정말 감사했다.

김금련
('일신기독병원 40년사', 218)

18. 과세는 잘했나?

지난 성탄절 파티가 있던 날 오후 2시에 어려운 분만이 있었다. 힘든 분만에 직원도 제한적이었다. 우리는 돌아가며 산모를 돌보았다. 선물을 짊어진 산타클로스가 파티장에 입장하였는데 선물은 비누와 아기 파우더로 초청받은 산모 모두에게 주었다. 내가 일일이 포장한 것이다. 마침 그때 아기가 태어났다. 올해는 이렇게 지나갔지만, 내년에는 800명 되는 산모에게 어떻게 선물을 다 줄 수 있을까. 여러분이 도와줄 것으로 믿는다.

지난 1월에는 하루에 평균 1명의 출생이 있었는데 2월에는 평균 2명이다. 지난번 언급한 골트 양이 미국에서 도착하였다. 우리는 학생들을 가르칠 강의와 설비 준비에 한창이다. 봄에 첫 수업을 시작할 수 있기를 희망한다. 간호사 기숙사(구 여성선교사관)는 학교 어린이들이 차지한 이후 지금 보수 중에 있다. 곧 작업을 마칠 것이다. 유엔한국재건단의 지원으로 병원 마당에 임시로 세운 건물 안의 부엌, 세탁방, 직원 식당 그리고 외래 환자실이 그 모습을 잡아가고 있다. 입학을 신청하는 간호사 교육생 수는 충분할 것이며 오히려 누구를 받을 것이냐는 질문만이 있다. 벌써 전국의 병원에서 문의가 들어오고 있다. 만약 우리가 원하기만 한다면 수백 명의 학생도 받을 수 있을 것이다.

그러나 현실은 1학년에 20명 이상 받지 못한다. 두 개 반에 10명씩이다. 일 년에 모두 900번의 실습을 할 수 있어야 충분하기 때문이다. 우리의 목표는 교사를 훈련하여 그들이 자신의 병원으로 돌아가 조산 간호사를 훈련하는 것이다. 그리고 그곳에서 우리처럼 분만을 도우며 일하게 하는 것이다. 그러나 세부 사항은 아직 마련되지 못하였다. 여러분의 기도에 이 일을 꼭 기억하기 바란다. 학생들을 위한 간호 설비도 더 필요하다. (중략)

여러분 대부분은 3주 전에 발생한 이곳의 큰 화재에 관하여 그곳 신문에서 읽었을 것이다. 보도가 조금 과장이 되었지만, 우리가 있는 곳 반대편 시내에서 발생하였다. 끔찍한 화재로 수천 명의 사람이 집을 잃은 것이 사실이다. 시내의 큰 시장도 불에 타 많은 상인이 자신의 물건을 잃어 처음부터 다시 시작해야 한다. 일주일 전 우리 병원에서 분만한 한 가정도 피해를 보았고 우리는 엄마에게 분유를 다시 주어 아기가 최소한 굶지는 않을 것이다.

마지막으로 새해에 경험한 것을 하나 소개하겠다. 내 나이가 벌써 한국에서는 존경받는 나이라 간호사들이 우리에게 세배하기 원하였다. 그들은 우리에게 바닥에 준비된 방석에 앉으라고 하였고, 대표 간호사들이 고운 한복을 입고 헬렌과 나에게 세배하였다. 매우 엄숙하고 조심스럽게 세배하였지만, 반은 놀이 같아 즐거웠다. 우리는 미리 배운 것이 있어 세배하는 간호사에게 물었다. "과세 잘했나?"[6] 간호사들은 빵 웃음을 터뜨렸다!

('더 크로니클', 1953년 5월, 4-5)

19. 배돈기념병원의 후계자

일신부인병원은 지난 9월 17일 예배와 함께 공식적으로 개원하였다. 그리고 즉시 업무에 돌입하였다. 입원 환자를 받을 수 있는 침상이나 설비가 없기에 처음 6주 동안은 외래환자만 받았다. 그런데 이제는 14개의 침상이 있는 병동이 준비되었기에 병원이란 이름이 적절하게 되었다. 그동안의 이야기를 다 쓰자면 한 권의 책이 될 수 있겠지만, 여기에는 나 자신과 관계되는 내용만 담겠다.

---

6) "설을 잘 보냈나?" 라는 의미

간호사: 한국인 간호사 한 명으로 우리는 병원을 시작하였지만, 곧 5명이 되었다.[7] 우리는 이 최소한의 숫자를 유지하여 이들에게 집중된 훈련의 기회를 주었다. 이들은 후에 책임 있는 위치에 서게 될 것이다. 이들은 세 곳의 선교병원에서 왔고 훌륭한 기독교인들이다. 서로 돌아가며 경건회를 인도하고 병원의 전도 활동에도 참여한다. 이들은 젊고 조산에 대해서는 잘 모르지만, 배우는 데 열심이고 매우 협력적이다. 어떤 때는 일과 후에도 일을 해야 하지만 불평은 없다. 이들이 호주의 간호사에게 간호의 정신을 가르쳐도 될 정도이다. 이들과 함께 일하는 것은 영광이자 기쁨이다.

조산사 반: 이것은 아직 계획 단계에 있지만, 전체 계획의 주된 목표이다. 많은 여성이 이 방면 특별 훈련의 기회를 기다리고 있다. 조산 훈련을 받을 기회가 없었던 간호사 대학원생부터 아마 시작할 것이다. 나중에는 다른 선교병원으로부터 간호생을 받아 6개월 동안 산파 훈련만 시킬 것이다.

병원 환자: 초기에는 온갖 종류의 환자가 우리에게 왔다. 그러나 지금은 소문이나 산과와 조산 관련 환자가 많이 온다. 남성은 모두 돌려보내지만, 외래병동에는 모든 여성을 받고 있다. 입원 병동에는 조산과 여성과 관련 환자만 받고 있다. 이중 적은 수의 수술도 있다. 비정상적 출산 사례도 있지만, 대부분 아기를 낳을 집이나 공간이 없어 따뜻하고 편한 병원에 입원하는 경우이다. 산모를 통하여 우리는 다른 가족 구성원을 만나 돕기도 한다. 그러므로 우리의 역할은 다차원적이다. (중략)

왕진: 대부분의 한국 여성은 집에서 분만하기를 원한다. 그러므로 우리는 간호사들은 산모의 집을 방문하여 사회적 관계를 맺으며 출산을 돕는 경험이 필요하다. 현재까지 이것이 우리에게 가장 흥미로운 경험이다. 아기가 무사히 태어나 온 가족과 더불어 기뻐하는 경험은 특별하다. 이 도시의 작은 집에는 한 가족이 한 방에 함께 산다. 아기가 만약 밤에 태어나면 모두가 그 모습을 지켜본다. 어떤 방은 너무 작아 아기가 나오면 어디에 둘지도 모른다. 만약 방문 시간이 식사 시간이면 그들과 같이 앉아 밥과 김치를 먹는다.

어떤 집에 할머니가 있었다. 그녀는 아기 낳은 경험이 많아 우리에게 계속 뭐라고 충고를 한다. 우리는 그녀의 말을 들으며 지혜롭게 출산을 도왔다. 어떤 노인은 우리와 같은 외국인 의사를 믿지 않고 한쪽에 떠놓은 물 앞에서 계속 기

---

7) 김금련, 김금순, 김정자, 유경순, 현정훈('일신기독병원 40년사', 406)

도한다. 나의 고충은 분만을 기다리며 방바닥에 장시간 앉아있어야 한다는 것이다. 다리에 감각이 없어 힘들 때가 종종 있다. 이런 환경에서 우리는 기독교 봉사와 전도를 한다. 아기가 태어나 가족들과 함께 기뻐하는 이 일보다 어떤 일이 더 보람이 있겠는가?

보육: 우리가 하는 활동 일부분을 설명하였지만 앞으로 해야 할 큰일은 언급하지도 않았다. 산모가 모유 수유를 못 하면 아기에게 분유를 주어야 하는데 그것을 살 수 있는 가정이 많지 않다. 부자 여성이나 암시장에서 분유를 살 수 있다. 다음의 이야기가 그것을 잘 설명한다.

두 달 반 된 아기를 가진 모친이 있는데 모유가 안 나온다. 그래서 출생 두 주 후부터 아기에게 쌀죽을 먹여 왔다. 아기는 자라지 못하여 몸무게는 4파운드 정도였고, 팔과 다리는 내 손가락 둘레 만하였다. 머리뼈도 안 여물고 주름이 많이 졌다. 힘이 없어 울거나 뭘 빨지도 못한다. 숨을 쉬는지 의심이 들 정도였다. 튜브를 통하여 음식을 두 주 공급하니 마침내 생명의 징조가 보였다. 한 달 반이 지나 지금은 8파운드가 넘고 잘 먹는다.

이 보고서는 우리의 활동 일부분만 말하고 있다. 1953년에는 어떤 일이 일어날지 큰 희망 속에 있다. 진주 배돈기념병원이 하였던 위대한 일을 가치 있게 승계하는 활동이 되기를 기도한다.

('더 크로니클', 1953년 7월, 6-7)

20. 신관 준공식

신관: 최근의 신나는 일은 작은 건물이 완공되었다는 것이다. 이 신관은 유엔한국재건단에서 5천 불을 기증하여 가능하였다. 지금의 병원 자리는 임시라 이것을 옮길 수 있도록 만들었다. 제법 알찬 모습이다. 뒷부분에 세탁실, 부엌 그리고 직원 식당이 있는바 세 개가 한 텐트에 모여 있어 큰 발전이다. 지난 월요일부터 이곳을 사용하기 시작하였다.

건물의 중간 부분은 외래환자를 위하여 사용하고 있다. 약제실과 사무실도 따로 있고, 두 개의 진찰실도 있다. 그리고 병동과 분만실과 별개인 간호사 방도 있다. 건물의 세 번째 부분은 5개의 병상이 있는 병동이고, 한 방은 전염병이 있는 환자 방이다. 새 건물은 밝은색 커튼과 새 페인트칠로 멋지게 보인다. 심지어 각 방에 온수와 냉수가 나온다. 큰 물탱크는 이틀 동안 요리하고 씻을 수 있는 물을 저장할 수 있다. 시내의 수도 공급이 끊어질 때가 있어 이것이 큰 도움이 될 것이다.

헌당식: 지난 화요일 오후 3시 준공 감사예배를 드렸다. 건축가가 헬렌에게 나무 열쇠를 공식적으로 수여하였다. 짧은 예배였지만, 하나님 나라를 위하여 건물을 헌당하였다. 한국교회 대표들도 예배에 참석하였고, 우리 사역의 성공을 위하여 기도하였다. 준공식이 있던 시간 또 응급 수술환자가 있어 우리는 한편으로 일하면서 예배와 다과회에 참석하였다.

조산사 훈련반: 이번 주말 조산사 훈련반 첫 학생들을 받는다. 이미 간호사인 학생들이다. 한국간호원협회 지도자와 유엔한국재건단 자문관과 협의한 끝에 첫 반의 학생들은 훈련반과 관계된 병원의 간호사만 뽑기로 하였다. 이들이 이곳에서 공부를 다 마친 후 자신의 학교로 다시 돌아가 그곳에서 좀 더 나은 실습을 제공하기 위함이다. 우리는 첫 반에 8명의 학생을 기대하고 있다. 세브란스병원에서 한 명의 레지던트와 한 명의 인턴도 오는데 특별히 산과 실습을 위해서이다. 유엔한국재건단의 도움으로 영국에서 좋은 실습 장비를 들여왔다. (중략)

내 손자: 지난번 편지를 보낸 이후 나는 할머니가 되었다! 내가 이렇게 나이를 먹었다는 사실에 나도 충격이었다. 한 걸인 여성이 한 달도 안 된 작은 여아를 병원에 데리고 왔는데 화장실 밖에서 주었다는 것이다. 나는 그 아기를 보자마자 사랑에 빠졌고, 간호사도 아기 기록철에 '매 손자'로 적었다. 아기는 비교적 건강이 좋은 상태였다. 어떤 엄마가 절망적인 상황에서 이런 아기를 버리고 갔을까? 나는 아기에게 좋은 가정을 찾아 도와주기를 희망한다. 고아였다가 우리 선교사에 의하여 길러진 나의 옛 친구가 아마 입양할 수 있을지 모르겠다.

4월 26일. 부산.
('더 크로니클', 1953년 8월, 6-7)

21. 우유 급식 봉사

지난 편지를 쓴 지 일주일이 지났다. 최근의 계획을 하나 더 첨가해야 하겠다. 우리 병원에는 영양부족으로 젖이 안 나오는 산모들이 찾아온다. 지금까지 이들은 매일 병원에 와 분유를 받아갔다. 이제 새 건물을 열었으니 부엌과 식당과 세탁방 천막이 필요치 않다. 그래서 우리는 조금 더 올라간 언덕 위 땅에서 우유 방을 운영할 계획이다. 어린 아기에게는 우유를 주고, 4~5개월 된 아기에게는 콩 우유를 줄 수 있다. 이것은 무료 봉사인데 여러분이 보내주는 분유와 설탕으로 가능할 것이다.

('더 크로니클', 1953년 8월, 7)

22. 비교되는 전과 후

(캐시와 쌍둥이 모임, 1955)

사진 두 장을 여러분께 보낸다. 같은 아기 사진으로 전과 후의 모습이다. 고아는 아니고 엄마가 있다. 다만 그녀의 젖이 말라 아기가 전에는 모유를 못 먹었을 뿐이다. 쌀미음으로는 영양이 충분치 않다. 3개월 때 아기는 5파운드였다. 살이 아닌 뼈 무게 정도였다. 호주의 분유를 6주간 먹이고 무게를 재었더니 10파운드가 되었다. 모두의 얼굴에 미소가 피어났다. 모친은 매일 그녀를 데리고 와 우유를 먹이고 있고 지금은 정상이다. 아기가 깔고 있는 담요를 알아보는 사람이 있는가? 여러분 중에 한 사람이 보내준 것이다. 우리의 조산 활동과 훈련 중 영아 돌봄은 과외이다. 그러나 우리는 매우 가치 있게 느끼며 여러분의 후원에 감사한다.

최근 미국 정부가 분유 수천 톤을 한국에 지원하였다. 우리도 세계교회봉사위원회를 통하여 일부 전해 받을 것이다. 그래서 여러분은 내가 다시 보내 달라고 할 때까지 분유를 보내지 않아도 된다. 설탕은 더 많이 필요하다. 이곳에서 10파운드 한 자루에 돈 2파운드이다. 우편 비용을 추가하더라도 호주에서 사는 것이 더 싸다. 다른 필요한 물품은 산모가 입는 밤 가운, 고무 종이, 젖꼭지, 아기 담요, 면도칼, 망사 마스크, 아기 눈가리개이다.

여러분이 보내주는 소포를 받을 때마다 놀란다. 물건을 모아 포장하고 보내는 수고에 사랑과 돌봄을 느낀다. 그의 나라 사역을 하는 여러분께 하나님의 축복이 있기를 기원한다.

('더 크로니클', 1953년 10월, 6)

23. 문을 닫지 못하는 병원

이 편지에는 병원 밖에서의 활동을 쓰려고 한다. 나는 우리 선교부 대표로 외국민간원조단체협의회[8])의 자문관이고 과부와 어린이 위원회 회원이다. 이 모임은 최소 한 달에 한 번 모이는데 한국에 있는 다른 봉사 단체들과 희망, 계획, 협력, 실망 등을 나눌 수 있다. 이 모임을 통하여 한국을 원조하는 여러 UN

---

8) Korean Association of Voluntary Agencies(KAVA)

기관과 군인 관계자도 만난다. 나는 한 병원에서 일하지만, 이들과의 만남을 통하여 비전을 잃지 않고 넓은 시야를 가질 수 있다.

두 가지 필요 사항: 1952년 우리의 의료 활동을 다시 시작할 때 우리는 조산병원과 조산사 훈련반을 운영하기로 하였었다. 부산의 많은 의료 기관 중에 시내 맞은 편에 있는 작은 제칠일안식병원이 부인과와 조산과를 운영하고 있었다. 이 방면의 의료 기관이 더 많이 필요하다는 것을 나는 알았다. 한국의 간호학교를 졸업하고 조산사 자격증을 받은 간호사도 있지만, 실습의 경험이 거의 전무하다. 그들의 병원은 그런 환자를 받을 설비가 없기 때문이다. 그래서 이미 간호 자격이 있는 학생들에게 분만 과정을 훈련 시키는 것이 무엇보다도 시급하였다.

이 두 가지가 우리가 이곳에서 작게나마 공헌할 수 있는 내용이라고 생각하였다. 1952년 병원을 그렇게 시작하였는데 우리의 결정이 틀리지 않았다는 것을 올해 깨달았다. 이제 우리의 문제는 작은 시설로 어떻게 그 필요를 충족시키느냐는 것이다. 일반병원은 시간에 맞추어 문을 닫고 열 수 있지만, 매우 급한 산모들은 그 시간을 맞출 수 없다. 그래서 우리 병원은 사실상 항상 문을 열어야 한다. 예를 들어 먼 시골에서 며칠에 걸쳐 산통을 참으며 걸어온 산모에게 내일 오전에 다시 오라고 할 수 있겠는가? (중략)

사회봉사자: 올해 사회봉사 전도사를 병원에 임용하는 진전이 있었다. 적절한 사람을 찾는 데 시간이 오래 걸렸다. 여전도사는 환자들을 만나 대화를 나누며 시간을 쏟는다. 우리가 매번 하지 못하는 일이다. 무료 치료를 원하는 환자나 가족 중 도움이 필요한 사람이 있으면 전도사가 그들의 사정을 파악하여 우리에게 알려준다. 그녀는 우리 병원에 버려진 아기의 입양을 알아보고, 많은 집을 방문하고, 아침 예배를 준비하며 병원 내의 기독교 영성을 유지한다. 그녀가 내년까지 함께 할 수 있기를 우리는 희망하고 있다.

('더 크로니클', 1954년 6월, 11-12)

24. 조산사 훈련반

훈련반은 교육생들이 실습경험을 할 수 있는 충분한 조산 활동이 확보될 때까지 시작될 수 없었다. 1953년 초가 돼서야 우리는 그 단계에 다다랐다. 그리고 두 가지 요건이 더 충족되었다. 먼저는 1월에 부임한 에디스 골트 양이다. 지난 일 년 동안 그녀는 자신의 가치를 증명하였다. 가능한 오랫동안 그녀가 우리와 함께 일하기를 희망한다. 다른 한 가지 요건은 시작부터 우리와 함께 일해 온 간호사 4명이 빨리 배우며 적응하였다. 이제 이들이 병원의 일과를 책임 맡고 있다.

한국과 UN의 간호 지도자들과 상의 후, 6개월 과정의 대학원 조산사 과정을 시작하기로 결정하였다. 이 과정을 이수한 간호사들은 자신의 병원으로 돌아가 가르칠 수 있기를 바랐고, 다른 간호사는 충분한 경험을 가진 조산사로 활동하기를 바랐다.

5월 1일, 우리는 7명의 학생으로 첫 수업을 시작하였다.[9] 그 이후 우리는 3달에 한 번씩 10명의 새 반을 뽑아 연속적으로 가르치고 있다. 지금까지 첫 반의 학생들이 수료하였고, 그들의 발전에 만족하고 있다. 그들 중 6명이 현재 간호학교가 있는 병원에서 일하고 있다. 지금까지 온 학생들은 한국 전역 12개의 간호학교에서 왔다. 그러므로 우리 병원은 이제 부산을 넘어 전국에 영향을 끼치고 있다. 지금까지 내가 대부분 가르쳤는데 한국인 간호사 한 명이 좋은 교사의 재질을 보여 그녀에게 넘길 계획을 하고 있다.

이것 외에 우리는 비정기적인 세 개의 반을 단기간 가르치고 있다. 서울대학교의 간호학교가 부산에 있을 때 상급반 학생들 실습을 위하여 한 달씩 우리에게 보냈다. 그들은 이것이 가치 있다 여겨 서울로 돌아가서도 계속 학생을 보내고 있다. 이 학생들이 서울에서 졸업하고 우리에게 다시 와 조산사 과정을 하기를 우리는 희망한다. 한국 군인 간호학교에서도 상급반 학생들을 우리에게 보내기를 원하였다. 그러나 이것은 완전히 실패였다. 학생들이 간호에 관한 관심과 열정이 없었기 때문이다. 비극적인 한국전쟁의 영향이다.

경남도청에서 조산사 보충 강의 요청이 들어왔다. 나는 기꺼이 응하기로 하

---

9) 김명희, 김정숙, 김달분, 김진순, 서명애, 이이상, 이영순('일신기독병원 40년사', 406)

였다. 조산사가 볼 수 있는 의학 잡지나 책이 거의 없어 자기 계발할 기회가 없기 때문이다. 그러나 곧 실망하였는데 보충 교육 강의가 아니었다. 50~60명의 10대 소녀들이 한 달 동안 수업하고 시험을 보아 수료증을 받는 과정이었다. 내가 빠진다고 수업이 멈추지 않기에 나는 약속을 지켜 강의하였다. 이렇게 짧은 과정을 수료한 청년들에게 몸을 맡기어야 하는 산모와 아기가 불쌍하단 생각이 들었다. 1954년에는 제대로 된 보충 강의가 있기를 희망한다.

(제1회 조산사 교육생 수료식, 1953)

영아부: 올해 초 시작한 우리의 다른 활동은 영아 보육이다. 1954년에는 좀 더 확장되어야 할 활동이다. 1952년 부엌과 빨래방으로 쓰였던 텐트가 올해는 영아부 건강 센터로 사용되고 있다. 좀 더 나은 장소가 곧 생기기를 바란다. 많은 산모가 영양부족이고 먹고 살기 위하여 힘든 일을 하기에 아기에게 젖 먹이는 것을 점점 힘들어한다. 대신에 밥물을 먹이는데 영양분이 거의 없다. 매일 찾아오는 이런 아기들에게 혼합 우유를 먹이고, 멀어서 못 오는 산모들에게는 분유를 준다. 그리고 일주일에 한 번은 병원에 와 아기 무게를 재어야 한다. 분유가 암시장으로 나가는 것을 막기 위함이다. 아기에게 예방주사 접종도 하는데 이 방면의 활동도 더 확장되어야 한다.

부족한 병상: 우리 병원에 20개의 침상이 있지만, 밤에는 바닥의 매트리스까지 30개가 된다. 그러면 병실에 서서 움직일 공간이 거의 없다. 이 문제가 어떻게든 해결되어야 한다. 건물 부족으로 병원이 문을 닫지 않기를 우리는 기도

한다. 제대로 된 병원 건물이 있어야 하겠다. 제대로 된 훈련반을 만들면 현재 한국이 특별히 필요로 하는 것을 채울 수 있을 것이다. 하나님이 뜻이 계신다면 이루어주실 것으로 믿는다.

1월 17일.
['더 크로니클', 1954년 7월, 11-12]

25. 세쌍둥이

병원 사역은 그 어느 때보다 흥미롭게 진행되고 있다. 지난 토요일 저녁 한 산모가 세쌍둥이를, 다른 산모가 두 쌍둥이를 분만하였다. 일 년 어간에 세 번째 세쌍둥이다. 내가 호주에서 일할 때 6년에 단 한 번 세쌍둥이를 보았었다. 병원이 시작된 이래 1,500건의 분만 중 30번의 쌍둥이와 세 번의 세쌍둥이가 나왔다. 매우 높은 비율이다. 지난주에는 쌍둥이 난산도 있었다. 다행히 분만이 잘 되어 건강한 아기 둘을 안고 산모는 집으로 돌아갔다.

산골에 사는 한 할머니가 우리 병원 소문을 듣고 찾아왔다. 그녀의 배가 부풀었는데 커다란 종양 때문이었다. 그녀는 이미 자신의 지역 의사들을 만나 보았지만, 그 누구도 고치지 못하였다. 우리 병원에서 그녀는 수술을 받았고 18파운드의 종양 덩어리를 남편에게 보였다. 매우 놀라는 모습이었다. 마취에서 깨어난 할머니는 자신의 배가 납작해진 것을 보고 매우 기뻐하였다. (중략)

새 병원 건축이 시작되었는지 여러분은 궁금할 것이다. 지난번 내가 편지 쓴 이후 쿰브스 씨가 우리를 방문하였다. 새 계획이 그에게 너무 큰 짐이 되지 않기를 바란다. 그를 보내주어 감사하다. 우리 선교회 비즈니스 매니저 베리 콜빈 씨도 도착하였다. 그는 이미 이곳 일에 파묻혀 그만이 할 수 있는 일을 하고 있다. 선교회 직원 수는 그대로인데 위더스 양은 이미 돌아갔고, 앤더슨 씨도 곧 떠날 것이다.

(캐시의 양녀 김인덕, 1955)

인덕이[10]가 빠르게 자라고 있다. 이제 첫돌이 지났다. 그녀는 사방팔방 걸어 다닌다. 한국어와 영어 모두 알아듣는다. 뭘 말할 때 영어인지 한국어인지 잘 모르겠지만, 자신이 원하는 것을 우리에게 이해시키는 데엔 문제없다. 헬렌과 내가 여러분께 사랑의 인사를 전한다.

5월 24일. 부산.
P.S.- 분유가 필요하다는 언급을 잊었다. 누가 보내줄 수 있으면 감사하겠다.
('더 크로니클', 1954년 8월, 4-5)

26. 합격증

제1호
합격증
본적 호주
성명 매혜영
단기 4248년 11월 21일생

---

10) 캐시의 양녀 김인덕

우자는 단기 4287년 11월 시행
제1회 외국면허득한 외국인에 대한 조산원국가 시험에 합격하였음을 증함
단기 4287년 12월 20일
보건부장관 최재유

[한국소풍이야기2, 122]

27. 드디어 착공하다

마치 기차가 우리 창문을 향해 돌진하는 소리 같이 위협적이다. 그러나 그 소리가 우리에게는 음악같이 감미롭다. 우리의 새 병원 대지 위에서 굴착기와 불도저가 내는 소리이다. 벌써 여러분에게 이 소식을 알려야 하였지만, 실제로 작업이 진행될 때까지 쓸 수 없었다. 이제 나는 타자기 앞에 앉아 이 반가운 소식을 쓴다.

만약 한국인 일꾼들이 삽과 곡괭이로 땅을 파고 지게로 흙을 나른다면 그것만으로도 몇 개월 걸릴 것이다. 그러나 미군 부대의 도움으로 기계로 땅을 파고 있고, 트럭이 흙을 운반하고 있다. 건축도 연기되지 않고 진행될 것으로 기대한다. 모든 것이 잘 실행되면 12개월 안에 우리는 새 건물에 입주할 수 있을 것이다.

지난주일 저녁, 수술대 위에서 제왕절개 수술이 있었다. 한 여성이 쌍둥이를 분만하였고, 그 옆 수술대에서는 발작이 있는 한 병자를 치료하였다. 의사와 간호사들은 양 수술대를 오가며 바쁘게 움직였는데, 공간이 비좁았다. 이런 이유로 우리는 새 건물이 필요한 것이다. 분만실과 수술실이 구별되어야 하며 분만실에는 6개의 침대가 필요하다. 경련이 있는 환자는 다른 방에 있어야 한다. 이 모든 환자가 한 방에 있는 것은 이상적인 상황이 아니다.

지난번 쓴 이후 네 번째 세쌍둥이가 태어났다. 교과서에 의하면 3만 번의 출생 중에 네 번 정도의 세쌍둥이가 있다고 하는데, 우리 병원에서는 이제 2천 번의 출생이 있었다! 처음의 두 세쌍둥이는 미숙아로 살지 못하였지만, 세 번째 세쌍둥이 중 두 명과 이번의 세쌍둥이는 건강하다. (중략) 우리 병원에서 치료

를 받은 환자들이 몸의 건강만 이웃들에게 자랑하지 않고, 이곳에서 경험한 그리스도의 사랑도 전하기 원한다. 이들이 사는 시골 지역에는 주님의 이름이 전혀 알려지지 않았다.

우리의 훈련반은 잘 진행되고 있다. 이달 말 5번째의 수료식이 있을 것이다. 각 반에서 8-10명 정도의 교육생이 배출되고 있다. 이 학생들은 남한의 거의 모든 지역으로 나가고 있다. 어떤 이는 개인 병원에서, 어떤 이는 자기가 속한 병원 학교에서, 어떤 이는 조산사로 혹은 강사로 병원에서 일한다. 이곳에 오는 학생들은 배우려는 열정과 노력이 있어 가르치기 즐겁다.

(캐시와 조산사반 강의, 1954)

지난주 나는 서울에서 50명의 조산사에게 강의할 기회가 있었다. 이들은 5주 동안 보충 과정에 참여하고 있었다. 나는 이틀 동안 5시간씩 강의하였는데 피곤하여 죽는 줄 알았다. 10분의 휴식시간과 점심시간에도 학생들의 질문은 그치지 않았다. 둘째 날 저녁이 되자 목소리가 거의 나오지 않을 정도였다. 이들과 대화하면서 이들의 필요와 경험을 알 수 있었고, 앞으로의 강의에 반영할 것이다.

다음 주에도 강의가 있다. 보통 외국인이 강의할 경우 통역을 통하여 들어야 하기에 학생들이 힘들어한다. 그러나 나는 조산사로 한국어로 강의하기에 학생들이 좋아한다. 나의 고향 부산으로 돌아온 것을 나는 항상 감사한다. 비록 내가 '표준말'을 사용하지는 않지만, 학생들은 나의 사투리를 들으며 즐거워하였다.

나의 작은 아이 인덕이는 잘 자라고 있다. 이제 그녀는 18달 되었고, 어디든 다닌다. 나의 영어를 알아듣지만, 아직 말은 못 한다. 이 아이로 인하여 즐겁다. 여러분도 인덕이를 볼 수 있었으면 좋겠다.

10월 5일.
('더 크로니클', 1955년 2월, 3-4)

28. 거지 가족

우리의 '거지' 가족을 기억하는가? 이제 이들은 더 이상 거지가 아니다. 어느 날 아침, 내가 창문 밖을 보니 우물 옆에서 한 남성과 여성이 목욕하고 있었다. 아이도 기둥 옆에 있었는데 여성이 다리를 절며 아이를 들어 안았다. 나는 그들이 누구인지 즉시 알아보았다. 아침 식사를 하기 위해 내려오니 이들은 다 정리하고 병원 문 앞에 대기하고 있었다.

아이의 첫 돌이었다. 이들은 우리를 만나러 백마일 정도를 왔고, 우리와 기쁨을 함께 나누려고 돌 떡도 가지고 왔다! 우리는 호주에서 온 작은 털옷을 선물로 주었다. 엄마의 얼굴에는 기쁨이 있었는데, 하나님의 사랑을 안 이후부터 표현도 달라졌다.

또 다른 이야기는 6명의 아기를 미숙아로 모두 잃은 여성이다. 이번에 일곱 번째 출산하면서 그녀는 물었다. "아기가 웁니까? 살아있습니까?" 마침내 그녀는 산 아기를 안은 것이다. 더군다나 사내아이였다. 그녀는 비기독교 가정에서 왔는데 큰 근심이 있었다. 이번에 남아를 낳지 못하면 남편이 다른 여성을 들인다는 것이다. 그녀는 출산 전 울면서 우리에게 도와달라고 애원하였다. 그리고 그녀는 지금 그 보상을 받았다. 그녀는 병원에서 우리와 함께 성탄절을 보낼 것이다. 하나님의 아들이 탄생한 날 말이다. 이 아기가 장차 그녀의 가정을 교회로 이끌 수 있도록 기도하자.

('더 크로니클', 1955년 3월, 3)

29. 입양된 아기

그저께 밤, 편지를 쓰는 중에 문 두드리는 소리가 났다. 문 가까이 다가가자 아기의 자지러지는 울음소리가 들렸다. 나는 누가 또 아기를 버리고 갔나보다 생각하고 문을 열었는데 나의 옛 친구 딸이 아기를 안고 있었다.

"선생님, 좀 도와주세요."

다음이 그녀의 이야기이다. 그녀가 버스를 타고 집에 가고 있었다. 한 노인이 그녀의 옆에 앉았는데 우는 아기를 안고 있었다. 아기는 매우 아파 보였다. 그 노인이 말하기를 산모는 배고파 며칠 전 죽었고, 이제 아기가 배고프다는 것이다. 할머니는 온종일 고아원을 찾아 헤맸지만 받아주는 데가 없었다. 내 친구 딸은 자기가 돈을 낼 테니 병원에 가자고 하였다. 그들은 한 병원을 찾았고 딸이 돈을 내는 사이 할머니는 사라졌다. 그녀에게 아기가 떠맡겨진 것이다. 그녀는 할 수 없이 아기를 데리고 집으로 갔다. 자신이 아기를 키우려는 마음이 있었지만, 시아버지는 크게 화를 내었다. 아기를 씻기고 옷을 갈아입히는 동안에도 그는 야단을 쳤고, 마침내 딸과 아기를 쫓아내며 아기를 버리고 오라고 하였다. 그래서 그녀가 아기를 데리고 우리에게 온 것이다.

우리는 아기를 병원으로 데리고 갔다. 간호사들은 그를 보름이라고 이름을 지었다. 그날 보름달이 떴기 때문이다. 우리는 그에게 호주에서 온 우유를 먹였다. 다음 날 보니 아기의 눈빛이 살아났고, 입가에는 미소가 비쳤다. 그는 건강해졌고, 우리는 입양할 가정을 찾고 있다. 3~4개월 된 남아이기에 입양 부모를 찾는 일은 어렵지 않았다. 오늘 아침 그는 자녀가 없는 새엄마의 품에 안겨 병원을 떠났다.

그러나 많은 여아는 이 남아처럼 운이 좋지 못하다. 원치 않는 아기의 비극이 끊이지 않는다. 여러분이 보내주는 아기 물품이 매우 유용하며 그 수고에 감사한다. 우유, 설탕, 비누, 옷, 기저귀 등 받는 족족 사용하고 있다. 계속 보내주기를 바란다.

지난 성탄절 우리는 몇 번의 파티를 하였다. 먼저는 새 병원을 건축하는 일꾼들과 하였고, 두 번째는 우유 보급소에 오는 부모들과 그리고 세 번째는 병원 직원 아이들과 함께하였다. 성탄절 오후에는 환자들과 예배를 드리고 간단한 파티를 열었다. 파티의 정점은 그날 저녁에 있었다. 직원 파티였다. 의사, 간호사, 일꾼들 모두 모여 즐거운 시간을 보냈다.

('더 크로니클', 1955년 4월, 5)

30. 1954년 조산사 훈련반 보고서

작년 보고서를 쓴 이후 7명 학생이 있는 첫 반이 6개월의 과정을 마치고 수료하였다. 대학원 조산원 훈련반이 이곳의 필요를 충족할 수 있는 수단인지 더 두고 보아야 한다. 승인된 간호학교를 졸업하는 학생들은 충분한 실제 경험도 없이 조산사 자격증을 받는다. 이들이 우리의 조산사 과정을 가치 있게 여길지 궁금하다. 우리 학교를 졸업한 학생들은 우리 병원이 발급하는 조산사 수료증을 받는다. 충분한 실습을 하였다는 증표이지만 그 이상의 공적인 인정은 없다. 우리에게 오는 학생은 스스로 경험이 부족하다고 알거나 더 필요하다고 느끼는 간호사들이다.

(조산사 교육생 1기 수료생, 1953)

우리의 훈련반이 발전하고 있는 모습을 볼 때 만족스럽다. 그 후 4개의 반에서 모두 36명의 학생이 공부하고 수료하였다. 지금은 18명이 공부하고 있다. 학생들은 수료 후 한국 전역으로 흩어졌고, 그곳에서 자신이 배운 기술을 실행하고 있다. 조산 활동을 하는 간호사 49명 중 최소한 27명이 우리에게서 수료증을 받았다. 몇 명은 그곳의 학교에 입학하여 경험을 더 쌓고 있다.

일 년에 한 번 우리 학교 졸업생들이 모여 경험담 사례발표를 하고 새 기술도 배울 수 있는 모임을 계획하고 있다. 교재나 간행물이 전무한 상황에서 간호사가 특별히 노력하지 않는 한 발전할 기회는 거의 없다.

우리의 조산사 훈련반 외에 서울대학교와 세브란스간호사훈련학교에서 상급반 학생을 받아 한두 달 훈련하고 있다. 서울에서 부산까지 오는 것은 자신의 학교에는 충분한 시설과 조산 경험의 기회가 없다는 것을 말한다. 그곳에도 충분한 시설 확보가 시급하다. 우리도 설비는 부족하지만, 학생들에게 실제 분만을 도울 기회를 많이 준다. 각 간호사는 20번 이상 분만 실습을 해야 한다. 새 건물이 완공되면 좀 더 많은 학생에게 지금보다 더 나은 훈련을 시킬 수 있을 것이다.

('더 크로니클', 1955년 5월, 7)

31. 미션 밴드 선교사

최근의 편지에 따르면 위더스 양의 뒤를 이어 내가 미션 밴드 선교사로 임명되었다. 그녀는 이제 여러분과 같이 호주에 있다. 과거의 인연도 있고 내가 또 소년 소녀들과 일하는 것을 좋아하기에 기쁜 소식이다. 동시에 이것이 나와 빅토리아여선교연합회와의 관계가 끊어진다는 의미도 절대 아니다. 여선교연합회가 과거의 미션 밴드였던 것처럼 미션 밴드가 결국은 여선교연합회의 미래이기 때문이다. 앞으로 미션 밴드 여러 회원께 편지를 쓸 것이며, 여러분의 편지도 기대한다. 우리가 함께 이 사역을 진행해야 하기 때문이다. 맞는가? (중략)

새 건물: 건축 상황을 짧게 설명하겠다. 이제 신속하게 진행되고 있는바, 이

층(미국 셈법으로는 3층)을 올리는 시멘트 작업이 막 진행되었다. 이제 한 층만 더 올리고 지붕을 세우면 된다. 그러나 건물이 다 완성되기까지는 더 오랜 시간이 걸릴 것이다. 매일 모습을 갖추어가는 건물을 보는 것은 즐거운 일이다.

요즘 세관에서 여러분의 소포를 더 자세히 검사한다. 그 과정에 서류가 쉽게 분실되기도 한다. 여러분의 이름과 주소를 천 포장지에 분명하게 적기를 바란다. 가능하면 한 곳 이상에 쓰면 좋겠다. 그러면 어디에서 온 것인지 놓치지 않을 것이다. 발신인을 모르는 소포는 조심스럽다. 지난번 4개의 소포가 그랬다.

6월 8일.
('더 크로니클', 1955년 9월, 4-5)

32. 배추 사러 울산까지

병원 살림살이가 참 어렵다. 아주머니가 식사 준비와 빨래를 할 때 천막 안에서 한다. 김장할 때가 되었는데 우리는 돈이 없다. 부산 시내는 배추가 너무 비싸 울산에 가 사면 좋겠다는 말을 듣고 나는 식당 아주머니와 선교부 지프를 타고 울산으로 갔다. 그곳의 배추는 진짜 싸고 좋아서 한참 기다리다 배추를 샀다. 좀 늦어져서 밤이 되었는데 오는 길이 막혔다.

중간에 군인들이 더 이상 못 가게 막았다. 새벽까지 기다려야 하였다. 길옆에 조그만 초가집이 있어 돈을 좀 주고 그곳에 들어갔다. 우리뿐만 아니라 다른 트럭 운전사들과 버스 승객까지 들어왔기에 그냥 옆에 앉아서 밤을 새웠다. 전화기가 없어 병원에 연락을 못 하였는데 걱정을 많이 했다고 나중에 들었다.

새벽에 일어나서 무사히 부산까지 왔다. 부산진교회 여러분이 병원에 와 아주머니와 같이 김치를 담갔다. 내 기억으로는 그 김치가 굉장히 맛있었다.

('일신기독병원 40년사', 213)

33. 조산사 훈련

흥미로운 전라남도 광주 방문을 마치고 막 돌아왔다. 여러분이 아는 대로 우리 병원의 우선 목적은 조산사를 훈련하는 것이다. 한국인 산모는 대부분 가정분만을 하는데 많은 기술이 필요하고, 천천히 오래 진행된다. 지금까지 남한에서 조산사 훈련과정은 우리 병원에만 있다. 그러나 제한된 설비로 제한된 수의 학생만 받을 수 있다. 지금까지 73명의 간호사가 훈련을 받고 수료증을 받았다. 지금 그들은 여러 도시로 흩어져 일하고 있는데 우리는 만족하고 있다.

그러나 현실은 전국에 1,500명이 넘는 조산사가 활동하고 있다. 등록하지 않은 사람까지 합하면 더 많을 것이다. 이들에게 교재나 잡지나 다른 자료가 없어 현대 기술을 배울 방법이 없다. 올해 유엔 국제연합아동기금[11]은 전국 여러 곳에 8개의 대학원 조산반을 운영할 수 있는 기금을 주었다. 한 달간의 각 과정에 50명씩 참가하였고, 수업을 들으며 토론하며 실험하였다. 아동기금은 과정을 마친 학생들에게 각종 물품을 담은 조산사 가방을 주어 돌아가 사용하게 하였다.

〈캐시와 가브리엘 수녀, 1955〉

---

11)　United Nations International Children's Emergency Fund

아마 내가 한국어를 하는 외국인 조산사라 광주에서 나에게 강의를 부탁하였던 같다. 나의 일터에서 너무 멀리 떠나 많은 시간을 쓸 수 없지만, 이틀 동안 10번의 강의를 하였다. 학생들은 피곤할 수 있겠지만, 나는 그 시간이 매우 가치 있었다. 이들보다 더 열심히 배우는 교육생을 만난 적이 없다. 내가 공식적으로 준비한 것은 거의 가르치지 못하였고, 이들의 끊임없는 질문에 대답하며 시간을 보냈다. 내가 한국에서 짧지 않은 기간 일하고 있으므로 이곳 산파들의 문제가 무엇인지 잘 안다. 그것을 바로잡을 기회였다.

작년에 두 개의 조산사 그룹을 포함하여 나는 200명 정도와 이야기를 하였다. 앞으로 400명의 산파를 더 만날 것이다. 나에게는 강의할 수 기회이기도 하지만, 한국의 조산 활동에 어떤 문제가 있는지 배울 기회이기도 하다. 이 경험이 우리 병원에서 좀 더 건설적으로 일할 수 있도록 도울 것이다.

이번에 처음으로 국내선을 타고 광주를 다녀왔다. 이 나라보다 더 아름다운 나라가 있을까 생각하였다. 하늘에서 보는 산과 계곡이 특별히 아름다웠고, 벼가 심겨 있는 초록빛 논 그리고 해안가와 섬들이 각각의 다양한 모습을 뽐냈다. 하늘에서 보는 땅은 평화롭고 아름답기만 하였다. 그러나 하나님은 우리가 붐비는 사람들 사이에서 할 일을 주셨다.

('더 크로니클', 1955년 10월, 10)

34. 정초식

최근 새 병원 건물에 머릿돌을 놓는 큰 의식이 있었다. 사실 이 행사는 매우 늦었는데 이미 건물이 거의 완공되고 있기 때문이다. 외관은 다 마쳤고, 각 방도 자리를 잡아가는 중이다. 정초식이 연기된 데에는 이유가 있었지만 이제 모든 것이 잘 되었다.

정초식 예배는 건물의 맨 위층 큰 병동에서 드렸다. 우리를 많이 지원한 노회장, 우리 지역 교회 목사, 군기지의 여러 부서 대표, 기타 조직 대표 등이 참석하였다. 부산진교회 성가대가 찬송을 인도하였는바 '주 예수 이름 높이어'를 힘차게 불렀다. 예배 후 모두 밖으로 나와 정초식에 참여하였다. 부산진교회 김

목사[12]와 미군 8사단 페리 장군과 호주선교사 던 양이 머릿돌을 놓았고, 헌신 기도는 케넌 목사[13]가 인도하였다.

(정초식, 1955)

머릿돌에는 한국어 신약 구절과 병원 직원 명단과 병원 관련 명단이 있었다. 그들은 머릿돌에 자신의 이름이 있는 것을 매우 자랑스러워하였다. 이제 정초식을 마쳤으니 몇 주 후에 공식 개원하여 입주할 날만 기다리고 있다. (중략)

육아상담실: 육아 상담과 진료실이 순조롭게 진행될 것 같다. 이곳에 오는 아이들 반은 건강한 아기들이고 반은 영양부족 아이들인데 이들에게 우유를 급식한다. 다행히 점점 더 많은 산모가 정기적으로 아기 진찰과 예방 접종 등을 위하여 병원에 온다. 이제 극심한 영양부족으로 우유 보급소에 오는 아기는 줄어들고 있다.

계속되는 여러분의 지원에 감사하며.

10월 10일
('더 크로니클', 1955년 12월, 8-9)

---

12) 김성여 목사
13) Charles Kenyon(강영도 선교사)

35. 꿈이 이루어지다

    3월 2일 오후 2시, 우리는 새 건물을 헌신하고 공식 낙성하기 위하여 모였다. 많은 교회 대표, 정부 관원, 훈련받은 조산사, 과거 환자들이 모였고, 선교사, 군인 대표, 유엔 기구 대표들도 기쁨을 나누며 축복하기 위하여 모였다. 간단한 예배 후에 맥켄지 박사가 리본을 끊으므로 공식 개원이 되었다. (중략) 건물에는 아직 환자들이 없고 우리는 집을 개방하여 우리의 친구들이 특별 손님들과 함께 새 건물을 볼 수 있도록 하였다. (중략)
    다음 날은 이사하는 날이었다. (중략) 세탁방이 일찍 옮겨왔다. 온수가 나오는 새 건물에서 빨래가 시작되었다. 지난 18개월 동안 물을 나르던 사람에게는 기적과 같은 일이었다. 부엌도 이사하였다. 아침은 구건물에서 먹었고, 점심은 새 건물에서 먹었다. 가마솥이 아직 자리를 잡지 않았는데도 말이다. 그다음 보육실이 들어왔다. 간호사들은 먼저 아기를 일찍 씻기고, 분유도 만들어 먼저 새 건물로 입주하였다. 시설물도 곧 그 뒤를 이었다.
    다음으로 분만과 수술실이 이사하였다. 구 병원에서는 모두 한 방에 있었는데 이제는 수술실과 6개의 분만 침대가 있는 방이 구별되었다. 이사하는 날 4명의 아기가 태어났다. 그런데 모두 시차를 가지고 태어나 도움이 되었다. 구 병원에서 마지막 아기가 새벽 2시 40분에 태어났고, 새 병원에서 첫아기가 11시 37분에 태어났다. 그 중간에 이사할 충분한 시간이 있었다. 새 병원의 첫 두 아기 모두 남아였는데 한국인들에게는 좋은 징조이다. 다음으로는 입원 환자들이 이사하였다. 응급차가 매우 유용하였다. (중략) 마지막으로 외래환자들이 이사하였는데 아침 내내 정상적으로 진행되었다. 토요일 오후는 쉬는데 그때 평화롭게 이사하여 월요일 아침 환자 맞을 준비가 될 것이다.
    이사는 비교적 쉽지만, 각 방에 맞게 짐 정리하는 작업이 복잡하고 인내가 필요하다. 작은 집에서 큰 건물로 이사하는 일에 문제가 없을 수 없다. 장작으로 불을 때던 일꾼은 오일 버너를 죽을 듯이 무서워하였고, 음식을 머리에 이고 나르던 일꾼은 음식 리프트 사용법에 당황하였고, 난로를 쓰던 일꾼은 라디에이터를 꺼버렸다. 세탁방 일꾼은 온수가 안 나와 고개를 갸우뚱하지만, 젖은 빨래를 너무 많이 넣어 기계에 문제가 생긴 것이다. 전에 환자는 방이 너무 좁아 불평하였지만, 이제는 개인 방이 너무 넓어 혼자 있기에 무섭다고 하였다. 무료 병동의 환자는 전에 다른 사람들을 다 볼 수 있었지만, 이제는 일어서서 나무 칸 위를 넘겨보아야 볼 수 있다.

(병원 낙성식, 1956)

이제 한 달이 흘렀다. 우리는 새 건물에 잘 적응하고 있다. 넓어진 공간과 발전된 설비로 의료 활동이 효과적이고 쉬워졌다. 우리 선교사와 직원 그리고 환자들은 은 여러분들의 기도와 후원에 큰 감사를 전한다. 여러분과 많은 친구로 인하여 하나님께 감사드린다.

['더 크로니클', 1956년 5월, 4-5]

36. 호주로 가다

부산을 삼 일 후에 떠나야 하는 것이 거의 불가능하게 느껴진다. 그동안 너무 바빠 시간 가는 줄 모르고 있었다. 고향에 갈 수 있다는 것이 정말 감사하다. 이번 임기 동안 돌보시고 보호하시고 인도하신 하나님께 감사드린다. 부모님이 살아 계셔서 우리 가족이 사랑하는 부산에서 그동안 해 온 일을 말씀드릴 수 있다는 사실에 감사한다. 새 병원 건물도 완공되었다. 직원들도 다 잘하고 있고 운영도 잘되고 있다. 나보다 더 능력 있는 손에 내 일을 맡기고 떠날 수 있어 그것도 안심이다.

나는 나의 일과 병원 가족과의 친교를 그리워할 것이다. 내가 시간이 좀 날 때 같이 놀 아이가 없다는 것도 그리울 것이다. 인덕이가 가장 많이 생각날 것 같다. 그녀는 나에게 온전한 기쁨이다. 그녀는 아마 '키 큰 엄마'를 다 잊어버리 겠지만 말이다.

헬렌이 나와 같이 가지 못해 아쉽다. 우리 둘 다 병원을 떠나는 것은 불가능하기에 같이 떠날 생각조차 못 하였다. 예전에 중국에서 첫 휴가를 떠났을 때 아픈 경험을 하였었다. '휴가 후에 돌아올 것'이라고 하고 호주로 갔지만, 금방 돌아올 수 없는 상황이란 것을 우리는 알고 있었다. 그러나 이번에는 다르다. 다시 돌아올 것을 확신한다. 앞으로 더 이루어야 할 과제를 준비하기 위한 휴가 일뿐이다.

호주에 가도 할 일이 많다. 여러분을 대표해서 이곳에서 일할 수 있어 기쁨이고 특권이다. 나는 매일 여러분의 기도를 느끼며 산다. 이제 나의 경험을 여러분과 나누어야 할 책임이 있다. 또한, 새 선교사를 찾아 한국에 함께 들어올 결심도 하고 있다. 전에는 40명의 선교사가 있었는데 이제는 10명뿐이다. 호주 장로교선교회가 이것보다 더 잘할 수 있다. 병원과 다른 선교 활동도 기도 속에 꼭 기억해 달라. 미션 박스를 계속 보내주고, 무엇보다도 여러분의 선교사를 은혜의 보좌 앞에서 기억해 달라.

처음부터 우리와 함께한 간호사 현 양과 김 양[14]을 데리고 멜버른에 갈 수 있어 기쁘다. 이들은 그곳에서 대학원 공부를 할 것이다. 여러분도 이들을 사랑하고 이들은 자신들의 나라와 교회의 좋은 대사임을 증명할 것이다. 왓킨스와 함께 우리는 6월 21일 부산을 떠나 6월 30일 일본 고베에 도착할 것이다. 멜버른에 7월 말에는 도착할 수 있기를 희망한다. 곧 만나기를 기대하며.

내 집 주소: 7 Gray Street, Balwyn, Victoria, Australia

부산 좌천동 471 호주장로교선교회
6월 18일.

<이 편지가 쓰인 두 주 후(7월 2일)에 노블 맥켄지 목사가 평화 속에 잠들어

---

14) 현정훈과 김금련

영원한 본향으로 돌아갔다. 캐스는 자신의 부친을 만나기 원하였지만 안타깝게 되었다. -여선교연합회>

('더 크로니클', 1956년 8월, 3-4)

37. 오직 육의 마음 판에

　감사: 한국에서의 활동 기간 중 우리를 훌륭하게 지원한 여선교연합회 회원들께 감사를 전한다. 맥켄지 박사와 나는 여러분의 기도를 항상 느끼며 살아왔다. 우리 일상의 일과 계획에 위기가 올 때마다 우리는 고향의 여러분을 생각했고, 여러분의 도움과 기도에 감사했다. 또한, 미션 박스나 소포를 통하여 많은 선물을 보내준 것도 기억한다. 이 선물이 우리와 우리 환자에게만 아니라 한국의 많은 사람에게 도움이 되었다. 그리고 우리 선임 간호사 두 명이 호주에 와 대학원 과정을 할 수 있도록 도와주어 감사하다. 한국교회와 한국인 그리고 자신들에게도 좋은 기회가 될 것이다. 이 두 명이 여기 우리 중에 선교사로 와 있다고 생각하고, 이들의 존재가 여러분에게도 의미가 클 것으로 나는 믿는다. (중략)

　작은 시작, 빠른 성장: 1952년 9월 17일 병원 개원식이 있었다. 우리에게는 병상도 없었고, 설비도 부족했다. 유엔구호단체의 약속만 있었을 뿐이다. 우리의 첫 환자 중 한 명은 태어난 지 이틀 된 남아였다. 높은 열과 발작이 있었다. 다행히 치료는 간단하였는데 열을 식히고 끓인 물을 좀 먹이면 되었다. 저녁이 되자 아기는 금방 좋아졌다.

　직원은 한국인 의사 한 명과 간호사 한 명으로 시작하였지만, 곧 2명의 의사와 5명의 간호사가 되었다. 오늘 우리와 함께한 현과 김 간호사가 그중 2인이다. 유엔으로부터 병상과 설비를 지원받으며 곧 20개의 병상이 있는 병원이 되었다. 이때부터 눈덩이가 구르는 것 같이 환자들이 쏟아져 들어 왔고, 그것을 어떻게 다 감당하였는지 모르겠다. 군대의 유아용 침대도 임시로 들여왔는데 곧 영구적으로 설치되었다. 각 산모 침대 옆에 유아 침대를 놓았다. 그러나 곧 유아 침대는 산모 침대의 머리나 발치로 옮겼다. 산모의 활동공간이 부족했던 것이다. 나중에는 그것도 모자라 유아를 산모 침대로 옮겼고, 유아 침대를 방에서 내보내기도 하였다.

한국인 직원: 어려운 시기에 한국인 직원들은 훌륭하다. 나는 이곳에서 그들을 칭찬하고 싶다. 우리 의사와 간호사들은 때로 시간 외 노동을 하면서도 불평이나 피곤해하지 않는다. 그 좁은 병동에서 전기나 수돗물 없이 일하였고, 침상 모서리에 부딪혀 정강이에 멍이 종종 든다. 이들은 화내는 일도 거의 없이 제 일을 묵묵히 한다. 병상 옆에서 일해본 적이 없었던 조산사 교육생 중 돌봄의 정신을 깨달아 놀랍도록 열심히 배우기도 한다. 산처럼 쌓이는 빨래를 매일 세탁하여 말리는 작업을 하는 일꾼이 있는데 물도 손으로 날라야 하였다. 거의 100명분의 요리를 처음에는 천막에서 그다음에는 작은 부엌에서 하는 일꾼도 있다. 한국인 산모는 밥과 미역국만 먹기에 요리는 복잡하지 않다. 그러나 직원들은 제대로 먹여야 하는데 그 작은 부엌에서 나오는 요리는 나를 항상 놀랍게 한다.

병원의 한 방이 수술실이자 분만실이자 자간경증 병동이다. 많은 경우 우리가 수술대에서 대수술을 진행할 때 분만대에서는 산모가 난산한다. 더군다나 그사이에 중증 환자가 누워있다. 모든 환자가 그 모습을 지켜보는 상황이 있기도 하였다. 그러나 아기가 태어나면 모두 자기 일처럼 기뻐한다. 남아던지 여아던지 상관없었다. 이렇게 3년 반을 우리는 견뎌냈다. 신실한 한국인 직원들 덕분이다.

서양인 간호사: 우리의 활동에 훌륭한 공헌을 한 두 명의 서양인 간호사에게도 감사를 표하고 싶다. 미국 성공회 봉사위원회의 에디스 골트 양은 지난 4년 동안 든든한 일꾼이자 충실한 복음 증거자였다. 캐나다 간호사인 캐서린 다이크 양은 메노나이트 중앙위원회 파송으로 일하였는데 두 달 전 비극적으로 익사하였다. 그녀는 영아부와 급식소를 책임 맡았었다. 그녀의 노력으로 지금 우유 보급소에서 매주 500명의 아기가 우유를 먹고 있다. 이 아기들은 이곳이 아니면 영양부족으로 사망할 수도 있는 환경이다. 그녀에게 왜 그런 불행이 닥쳤는지 알 수 없으나 그녀의 신앙은 그녀를 사랑했던 많은 엄마들의 마음속에 살아남을 것이다.

(우유급식소의 엄마와 아이들, 1956)

새 병원: 우리에게 새 병원 건축의 기회가 왔다. 재정적으로 물질적으로 많은 도움이 있었고, 여러 유엔의 기구에서 기술적인 자문을 해 주었다. 그리고 기적 위에 기적이 더하여 올해 3월 2일 새 병원을 개원하였다. 이제 넓은 산전 진료실, 밝은 병동, 수술실, 6개 침상의 분만실, 아프거나 미숙아를 위한 보육실 그리고 심지어 개인 병실도 있다. 세탁실에는 온수와 난수가 흐른다. 부엌에도 요리사들이 움직일 수 있는 공간이 있다. 완전한 설비를 갖추려면 더 오랜 시간이 필요하겠지만, 건물은 조화롭고 다른 것은 여러분의 도움으로 차례로 채비하면 된다. (중략)

편지: 미군이 지원한 설비 사용 감독으로 와 있던 한 병사는 우리에게 이렇게 묻곤 하였다. "선교사들이 여기서 뭐 하나요? 한국인들이 불교나 귀신을 믿게 놔두는 것이 그들을 더 행복하게 하는 것 아닌가요?" 여기에 대한 대답은 아마 바울이 고린도교회에 한 말이 될 것이다. "너희는 우리의 편지라. 우리 마음에 썼고 뭇 사람이 알고 읽는 바라. 너희는 우리로 말미암아 나타난 그리스도의 편지니 이는 먹으로 쓴 것이 아니요 오직 살아 계신 하나님의 영으로 쓴 것이며 또 돌 판에 쓴 것이 아니요 오직 육의 마음 판에 쓴 것이라."[15]

이 말씀이 우리 병원이 추구하는 것이다. 우리의 메시지를 돌 위에 쓰는 것이 아니라 환자들과 함께 일하는 직원들의 마음속에 쓰는 것이다. 그중 한 명이 바로 그 젊은 병사였다. 그는 우리와 이곳 기독교인을 만나고 일상생활 속에서

---

15) 고린도후서 3:2-3

우리가 무엇을 하는지 보았다. 그가 미국으로 귀환한 후 우리에게 편지 쓰기를 이곳에서의 경험으로 자신이 새 신앙을 찾았고, 교회에도 나가기 원한다고 하였다. (중략)

여러분은 고향에서 우리는 선교 현장에서 기도의 목회를 통하여 헌신의 활동을 통하여 하나님의 나라를 위하여 일하고 있다. 우리의 메시지가 "돌 위가 아닌 남녀의 삶 속에" 새겨지도록 계속 함께 일하자.

빅토리아여선교연합회 총회에서.
10월 11일. 목요일.
['더 크로니클', 1957년 2월, 3-5]

38. 1956년 조산사 훈련반 보고서

대학원 조산과 훈련 프로그램은 시작한 의도대로 1956년에도 계속되었다. 석 달에 한 번씩 새 반이 시작되었고, 지난 일 년 동안 네 반의 간호사 총 45명이 수료하였다. 새 건물의 여유 공간과 언덕으로 올라간 임시 기숙사로 인하여 약간 더 많은 학생을 받을 수 있었다. 그러나 우리는 조산사 학생 숫자를 만족스럽게 증가시키지 못하는데 충분한 실습을 위해서는 더 많은 입원과 분만이 있어야만 가능하기 때문이다. 1956년 말까지 13개 반을 운영하였고 총 129명의 간호사가 수료하였다.

우리의 조산사 반에 들어오기 원하는 간호사는 여전히 많다. 2월 1일에 개강하는 반에 32명이 입학 신청을 하였다. 그중에 우리는 12명만 선택해야 하였다. 서울대학교와 전주에 있는 전라북도 간호사학교는 계속 학생을 보내 4주에서 6주 산과 실습을 하게 하고 있다. 이 학생들은 열정적으로 배우며 시간 외에도 기회가 있을 때마다 출생 과정을 참관한다. 자신들의 학교에서 산과를 경험하면 제일 좋겠지만 그렇지 못하기에, 우리는 이들에게 약간의 모자 돌봄 체험을 돕고 있다. 이들 중에 나중에 우리 병원으로 다시 돌아와 우리의 정규 6개월 조산사 과정을 밟는 간호사도 있다.

지난 6월 16일, 캐시가 휴가를 떠나기 전 세 번째 졸업생을 위한 반이 열렸다. 모두 8명이 참여하였다. 이들은 6개월간의 훈련을 마치고 자신의 병원에서 1년 조산사로 일해 온 간호사들이다. 케어 인터네셔널[16]에서 조산사 용품이 담긴 가방을 후원하여 하나씩 받아갔다. 졸업생 수가 증가함에 따라 한국의 산모와 아기를 좀 더 잘 보살피는 일에 영향을 줄 것이다. 우리의 훈련반이 이들의 필요를 충족하기를 바라며, 조산 교육을 계속하여 발전시키기를 희망한다.

캐시의 휴가 동안 나의 부족한 한국어를 인내해준 환자와 직원 그리고 학생들에게 감사한다. 이들의 충직한 도움 없이는 훈련반을 운영하기 어려웠을 것이다. 특히 훈련반과 병원의 간호 행정에 최정자 양의 도움이 컸다.

에디스 골트
('더 크로니클', 1957년 5월, 11)

39. 각종 보고회

캐시 맥켄지는 휴가 동안 많은 곳을 다니며 보고회를 하였다. 의사는 그녀에게 휴식을 취하라고 권고하였고, 그녀는 이제 많이 회복되었다. 그녀의 한국 귀국이 연기되었지만, 8월에는 돌아가기를 희망하고 있다.

('더 크로니클', 1957년 7월, 3)

40. 비행기를 타다

부산으로 돌아온 지 4주가 되었다. 다시 일상생활로 적응하였고 휴가의 기억은 꿈과 같이 되었다. 매우 기분 좋은 꿈이었고 오래 기억될 것이다. 비행기로 이틀 만에 돌아와 정신적으로 적응하기 어려웠지만, 이전보다 고향이 그만

---

16)   Cooperative for Assistance and Relief Everywhere(CARE)

큼 가까이 있다는 느낌이었다.

이번에는 헬렌이 휴가를 떠날 차례이다. 시드니의 그레이스 워런 박사가 그녀를 대신하기 위하여 나와 함께 부산에 왔다. 다윈을 거쳐 마닐라, 오키나와, 도쿄 그리고 서울에 도착하였다. 부산도 비행기로 오려고 하였지만, 마지막 순간에 취소되어 기차로 내려왔다.

나는 기차로 온 것이 더 좋았는데 나의 작은 소녀 인덕이가 나를 빨리 기억할 수 있도록 도울 수 있었기 때문이다. 내가 기차를 타고 떠났기에 물론 기차로 다시 돌아온 것이다. 기차역에서 그녀는 매우 수줍어하였지만, 저녁이 되자 종알거리며 그동안의 일을 한꺼번에 나에게 말해 주려 하였다. 예전 관계를 다시 회복하는 데 오래 걸리지 않았다! 그 아이가 나를 알아보지 못하리라 생각했는데 참 다행이었다. 14개월을 떠나 있었으니 네 살배기 인생에는 긴 시간이다. 이제 이 아이는 작은 소녀이다. 입는 옷에 까다롭고, 유치원을 잘 다니고, 그곳에서 배운 노래를 지치지 않고 부른다. 인덕이에 관하여 너무 많이 쓴 것 같다.

(캐시와 인덕이, 1950년대 후반)

병원 일을 제외하더라도 이곳의 생활은 매우 분주하고 여유가 없다. 환영회가 몇 번 있었고, 우리 위원회 대표인 스터키[17]와 리체가 도착하였고, 헬렌과 골트가 휴가 떠날 때 환송회를 하였다. 또한, 다양한 모임도 이어졌다. 조산사 훈련반 17번째 반이 수료하였고, 19번째 반이 6개월의 과정을 시작할 것이다.

---

17)   제임스 스터키(서덕기선교사)

그중에서도 가장 흥미로웠던 모임은 우리 졸업생 모임이었다. 우리는 이 동창회를 매년 열어 참가자들에게 도움을 주려 하고 있다. 전국 각처에서 이곳까지 오는 일이 쉽지 않은데 총 174명의 졸업생 중 올해 55명이 참여하였다. 더 격려되는 사실은 모든 17개 반에서 한 명 이상씩 왔다는 것이다. 어려운 환경 속에서도 조산 발전을 위하여 힘쓰는 이들의 보고는 영감적이었다. 동시에 도움을 원하는 이들의 질문에 해결책을 제시하기에는 시간이 많이 모자랐다. 이제 두 번째 임기를 시작하면서 우리의 훈련반이 열매를 맺고 있어 크게 격려되었다.

또 다른 기쁨은 여러분의 소포가 계속 도착하고 있기 때문이다. 어떤 것은 오랜 친구들로부터 어떤 것은 이번 휴가 때 만난 친구들에게서 왔다. 오늘 50개의 소포를 풀었다. 내용물들이 최고로 다 좋다. 여러분에게 진심으로 감사드린다.

('더 크로니클', 1958년 2월, 4-5)

41. 성탄절의 난민촌

그동안 병원에 몇 가지 변화가 있었다. 헬렌과 골트가 휴가를 떠났고, 병원 시작부터 우리와 함께한 이 박사[18]가 헬렌이 떠나 있는 동안 임시 원장을 맡았다. 워런 박사와 다른 6명의 한국인 의사가 그녀를 돕고 있다. 내가 떠나 있는 동안 골트를 도와 훈련반에서 강의한 최 양은 지금 나를 돕고 있다. 그녀도 호주에서 대학원 공부를 하기 위해 준비하고 있다. 호주유학을 떠난 현과 김이 올해 후반기에는 돌아오기를 고대하고 있다. 간호와 훈련반을 위하여 함께 할 일이 많을 것이다.

즐거운 파티: 헬렌과 골트가 떠나고 성탄절이 두 주 후로 다가왔다. 파티는 먼저 우유 보급소의 300명 아기와 함께 시작되었다. 한 장소에서 300명의 아기가 동시에 우는 그 소란을 여러분은 상상할 수 있겠는가. 시계가 없는 대부분

---

18) 이홍주 박사로 그녀는 1960년부터 1962년까지 호주에서 의학 연수를 하였다.

여성은 일찍 와 기다렸고 그동안 아기들은 배고팠다. 아기가 배가 고프면 보통 젖을 물리겠지만, 이들은 이곳에서 분유를 받아 젖병이 있는 집으로 가야 한다. 그 소란 속에서도 여성들은 성탄 이야기를 들었고, 아기 겨울옷을 선물로 받아 돌아갔다. 시끄러웠지만 성공적인 모임이었다. 다음은 인덕이와 내가 엄마와 딸로 주최한 직원 아이들을 위한 파티가 있었다. 그리고 직원 파티도 이어졌다. 입원 환자들을 위한 성탄 예배도 있었다.

올해의 특별한 노력은 병원 뒤편 언덕 위에 사는 난민 엄마들을 위한 행사였다. 이곳에서 그동안 많은 환자가 왔기에 이들과 성탄의 기쁨을 함께 나눈 것이다. 먼저 마을의 촌장이 나와 우리를 모임 장소로 안내하였다. 작은 사무실 방에 50여 명의 엄마와 아기들이 기다리고 있었다. 우리가 들어가자 엄마들은 바닥에서 일어나 우리를 반겼다. 그때 갑자기 우리는 동시에 기침과 재채기를 하였다. 모두 다시 앉았고 우리는 프로그램을 시작하였다. 그리고 기침과 재채기를 한 이유가 곧 밝혀졌다. 방바닥에 고추를 담았던 포대를 깔았기 때문이었다. 방에서 사람들이 움직일 때마다 코와 목이 간질거렸다. 노래하기 어려운 분위기였지만 우리는 상관치 않고 노래를 부르고 성탄 이야기를 들려주었다. 이들 중 많은 여성이 이날 예수님 이야기를 처음 들었을 것이다. 값진 경험이었다.

미션 박스: 성탄절이 지나자마자 나는 소포를 풀기 시작하였다. 성탄에 맞추어 도착하지 못한 것들이지만 여전히 유용하다. 이 물품들은 필요한 곳에 잘 쓰일 것이다. 보온병을 좀 더 요청해도 되겠는가? 자주 사용하다 보니 뚜껑이 금방 닳아 고장이 난다.

새 경험: 베리 콜빈과 내가 새해 전날 마산에서 기차로 돌아오는데 누가 소리쳤다. 처음에는 "아기다 아기" 하더니 곧 "간호원 간호원" 부르는 것이었다. 내가 일어나 가보니 아기는 벌써 출생하였다. 내가 도울 일이 별로 없었다. 나는 나의 담요로 아기를 감싸 주었다. 그때 차장은 아기가 태어났음을 알리고, 모자를 돌렸다. 6,000환(약 6파운드) 정도 모였다. 엄마는 과부로 난민촌에서 산다고 한다. 그녀는 산에서 나무를 해 도시에 나와 팔고 돌아가려다 분만을 한 것이다.

나는 그녀에게 우리 병원으로 오라고 하였다. 그러나 그녀는 망설였다. 마침 우리 우유 보급소를 다니던 모친이 있어 그녀에게 설명하자 아기 엄마는 병원으로 가겠다고 하였다. 차장은 전화로 택시를 불러 부산진에서 기다리게 하였다. 역에서 내리니 택시가 기다리고 있었고, 구경꾼들도 모여 있었다. 우리는 병원으로 가 그녀에게 따뜻한 침상을 제공하였다. 그녀에게는 6,000환도 있었는데 땔감을 판 돈보다 더 큰 돈이었다.

인덕이 생일: 인덕이는 이제 5살이다. 3월 1일 우리는 그녀의 서양인과 한국인 친구를 불러 '서양식 생일 파티'를 하였다. 케이크와 촛불 등을 준비하였다. 진짜 생일날인 3일에는 그녀의 한국 집에서 한국식 잔치를 하였다. 밥과 국 그리고 불고기 등이 차려졌다. 그녀는 두 집에서 두 번의 생일 파티하는 것을 좋아하였다. 그녀는 정말 수다쟁이다. 오늘 아침밥을 먹을 때 그녀가 유일하게 조용했던 시간은 달걀을 먹을 때였다. 그녀는 달걀을 최고로 좋아한다. 그런 사치가 한국 집에는 별로 없기 때문이다.

('더 크로니클', 1958년 5월, 13-14)

42. 다리 밑에서 난 아이들

하루는 내가 외부에서 산전 진찰을 하고 있었다. 임산부의 진찰을 마치고 잠깐 이야기하는데 문이 갑자기 열렸다. 어떤 남자가 들어 와 담요 하나를 진찰대에 던져 놓고 나갔다. 나는 빨리 일어나 그 담요를 풀어 보았다. 그 속에 아기 둘이 있었다. 나는 그 남자가 아기를 버리고 도망가는 줄 알고 쫓아나갔는데 이번에 그 남자는 여자 한 명을 업고 올라왔다. 여자는 다 죽어가는 상태였다.

나는 그 여자를 눕혀놓고 치료하였다. 마침내 그 여자가 살아나서 나는 물었다. 그 남자는 남편이 아니고 모르는 사람이라 하였다. 길 가 다리 밑에서 그 여자가 아기를 낳았는데 지나가던 그 남자가 그 나쁜 상태의 모습을 보고 보건소까지 데리고 온 것이었다. 얼마나 고마운 일인가? 한 생명뿐 아니라 세 명의 생명을 구해 준 것이다.

('일신기독병원 40년사', 214)

43. 현정훈과 김금련

지난번 편지를 쓴 이후 많은 일이 발생하였다. 어떤 이야기부터 시작해야 할지 모르겠다. 아마 가장 중요한 소식은 김과 현 양이 호주에서 2년간의 공부를 마치고 돌아왔다는 것이다. 이들은 이미 나에게 매우 중요하게 되었고, 이들 없이 어떻게 할까 하는 정도이다. 유학을 다녀온 많은 사람이 이 땅에 다시 돌아와 마치 서양 사람 행세하고 있다. 이들은 자신의 나라에서 길을 잃어버리고 곧 환상이 깨지고 분노한다. 그래서 동족을 도우려는 생각을 포기하고 불행한 생활을 하기도 한다.

우리 두 명의 간호사가 배에서 내릴 때 나는 이들을 환영하고 집으로 데리고 왔다. 이들은 둘 다 같은 옷을 입고 왔는데 하얀 치마저고리였다. 세관원도 이들에게 말했다. "외국에서 돌아오면서 멋진 나일론 옷이 아니라 무명저고리라?" 이들은 대답했다. "왜 안 되나요?" 목소리에 자부심이 묻어 있었다. 짧은 휴식 후 김과 현 양은 이제 병원 일에 다시 적응하고 있다. 현 양이 간호 업무를 그리고 김 양이 훈련프로그램 지도를 각각 맡았다. 그런 막중한 일에 이들의 월급은 21파운드 정도이다. 호주의 학생 조산사 봉급이 32파운드인데 말이다. 이들은 잠도 작은 방 안의 군인 침대에서 잔다. 발라렛의 새 간호사 숙소처럼 아름답지 못한 곳이다.

호주에는 필수적인 의료 장비가 갖추어져 있지만, 이곳에는 있는 것으로 최선을 다해 적응하며 일한다. 나는 이들에게서 질투나 원망을 느끼지 못하였고, 오히려 호주에서의 경험을 매우 감사하고 있다. 한국을 향한 여러분의 사랑과 관심을 더 분명히 이해하고, 이들도 우리처럼 자신의 사람들에게 진정한 선교사가 되기를 원하고 있다.

6개월 전 몇 명의 한국인 간호사가 나에게 말하였다. "부산에 기독간호원회를 만들고 싶습니다. 어떻게 생각하세요?" 그 후 어느 날 저녁 40명의 간호사가 모였다. 대부분 시내의 3개 병원에서 왔는데 함께 계획을 의논하였다. 이들은 단체 이름을 '기독교간호원친교회'로 하였지만, 너무 친교 중심 모임 같다는 의견이 있었다. 이들의 목적은 이웃을 위한 봉사였다. 결국 '기독교간호원봉사회'[19]란 이름으로 정하였다. 매달 한 번씩 정기적으로 모이면서 그 중간의 일은 각 병원에서 하기로 하였다.

일신병원의 봉사회도 다양한 일을 한다. 우리 간호사들은 나환자 섬에 두 번 가 특별 음악과 성가를 하며 예배를 주관하였다. 양로원도 두 번 방문하여 그들과 친교를 나누며 특별한 시간을 가졌다. 병원 안에서는 주일 아침 간호사들이 환자 앞에서 특송을 30분씩 하고, 고아원을 방문하며 예방주사를 놓기도 하였다. 그리고 근처의 교회 청년회를 방문하여 보건과 예방에 관한 특강을 하였다. 간호사들은 또한 각종 바자회를 열었다. 그 수익을 과부들에게 나누어 주어 그 돈으로 시장에서 장사하도록 도왔다. 그 수입으로 그들은 생활을 이어 나갈 수 있었다. 회의하는 동안에는 손으로는 신발 자루를 만들었다. 가난한 마을의 야학교 학생들에게 주기 위함이다. (중략)

이곳 간호사들은 자신들이 '받은' 풍성한 축복을 주님의 이름으로 이웃에게 '돌려주기를' 원하고 있다.

11월 20일
('더 크로니클', 1956년 3월, 6-7)

44. 새 기숙사의 필요성

헬렌이 돌아오면 나에게 여유시간이 좀 생길 것이라는 기대가 산산이 깨졌다. 그녀가 병원으로 돌아온 것이 물론 좋지만, 하필 그때 독일적십자병원이 문을 닫았다. 이 병원은 전쟁 후 부산의 가난한 사람들에게 무료로 의료 봉사를 해왔다. 왜 문을 닫았는지는 잘 모르나 필요가 없어져서는 분명 아닐 것이다. 일반병원이었지만 산과와 부인과도 있었는데 아마 우리 병원이 갑자기 차고 넘치는 것이 그 이유일 것이다. 처음 시작하였을 때처럼 병동과 복도에 사람들로 넘쳐나고 있다.

출산의 수가 늘었고 수술의 경우도 배가 되었다. 병원의 일반 업무가 전체

---

19) Christian Nurses' Service Group

적으로 증가한 것이다. 그러나 한가지 늘지 않은 것이 있다. 의사와 간호사 수이다. 이들을 더 받지 못하는 이유는 이들이 거처할 숙소가 없기 때문이다. 우리에게 새 기숙사가 급히 필요하다. 땅은 있지만 지금 한국에서 건물을 짓는 비용이 많이 든다. 너무 늦지 않게 기금이 마련될 수 있도록 기도해 달라.

여러분이 보내주는 병원 물품을 잘 받고 있다. 지난번 내가 호소한 보온병도 많이 보내주어 아기들이 넉넉히 겨울을 보냈다. 소포를 보낼 때 호주장로교 선교회로 보내 달라. 선교라는 이름 없이 병원으로 보내면 세금을 많이 내야 한다. (중략)

지난달 한국간호원협회가 전쟁 후 처음으로 부산에서 열렸다. 전국에서 70명의 대표가 모였고, 간호사 150명도 모여 삼 일간의 회의를 하였다. 간호사 교육생들이 중간중간에 음악 발표를 하였고, 강의도 있었다. 그중 가장 흥미를 끈 강의는 최근에 법제화된 여성의 지위였다. 우리 분만실에서 한 여성이 다섯 번째 딸을 출생하였는데 한 간호사가 외쳤다. "이제 딸만 있어도 상관없습니다. 딸도 유산을 받을 수 있고 가족성도 쓸 수 있어요. 아들 없어도 돼요." 그러나 우리 집의 나이 많은 여성 요리사는 냉소적이었다. "아무리 법을 만들면 뭐해요. 관습을 바꿀 수는 없어요." 그런데도 이곳에 변화는 빨리 오고 있다.

한국간호원협회 참석자 중 호주에서 대학원 공부한 간호사 8명이 있었다. 모두가 이 나라 간호계의 지도자가 되어 자랑스럽게 생각이 되었다. 이들은 나에게 여러분의 안부를 물었고, 안부를 전해 달라고 하였다.

인덕이에 관한 언급 없이 내 편지를 마칠 수 없다. 그 아이는 이제 유치원을 졸업하고 보통학교 1학년이다. 열심히 공부하고 있다. 우리의 새 선교사 조이스 앤더슨도 1학년으로 '가나다라' 한글을 배운다고 하니 인덕이가 웃었다.

6월 6일. 캐시.

P.S. 이 편지를 써 놓은 지 일주일이 지났다. 새 선교사 조이스 앤더슨을 언급하였는데 아마 내가 틀렸다. 가장 최근의 선교사는 크리스토퍼 스튜어트이다. 이 아기는 태어난 지 이제 4주 되었고, 곧 선교사 경력을 시작할 것이다. 그의 부모[20]는 그가 일신병원이 배출한 인물 가운데 최고라고 생각한다. 다른 부

---

20) 알란과 리타 스튜어트(서두화 선교사 부부)

모들은 다르게 생각하겠지만, 우리는 똑같이 그가 매우 자랑스럽다. 사랑스러운 아기이다. 6월 15일.

('더 크로니클', 1959년 8월, 3-4)

45. 납작코 정순이

현 양과 내가 작은 산더미 같은 소포들을 막 정리하였다. 여러분이 보낸 이 물건들을 보면서 우리는 복을 많이 받았다고 생각하였다. 모두 이곳에 필요하고 유용한 물품이다. 겨울이 다가오니 옷가지는 금방 사용될 것이다. 설탕도 계속 필요하다. 이곳에서 구매하기에는 턱없이 비싸다. 만약 많은 양을 보내기 원한다면 등유 통에 담아 미션 박스를 보낼 때 함께 보내면 된다. 만약 어떤 물품을 보낼지 모른다면 멜버른의 여선교연합회 사무실 멘톤 양에게 문의하라. 내가 떠나올 때 그녀에게 목록을 남겼다.

지난번 편지를 썼을 때 매우 바쁘다는 소식을 전하였다. 지금은 더하다. 10월에 평균 85명의 환자가 입원하였다. 복도에 13개의 간이침대를 놓아 환자를 더 받았는데도 분만실에 2개의 침대만 비어있던 날도 있었다. 우리가 더 무엇을 할 수 있을까.

어제 27살의 여성과 10개월 된 아기가 병원에 왔다. 이들이 세 들어있는 집주인이 여성의 병세가 심해지자 데리고 온 것이다. 진료해 보니 그녀는 결핵에 걸려 있었고, 아기는 영양결핍이었다. 돈이 없는 이들을 돌려보내야 할까? 그리스도라면 어떻게 하셨을까. 집주인은 병원이 분유를 공급해 주면 자신이 당분간 아기를 돌보아 주겠다고 하였다. 우리는 그렇게 하기로 하고 여성을 입원시켰다.

그런가 하면 남 씨 부인도 있다. 7년 전 그녀는 아기를 낳으면서 과부가 되었다. 그동안 그녀의 병이 심해져 잘 걷지도 못하였다. 그녀는 서울에 '무료 병원'이 있다는 소식을 듣고 구걸하며 기차역까지 갔다. 그러다 그곳에서 부산에도 '무료 병원'이 있으니 가까운 부산으로 가라는 말을 들었다. 그녀는 부산의 그 병원 이름을 찾아 큰 천주교 외래병동으로 갔다. 그곳 병원 문에서 그녀는 줄을 서 3일 밤낮을 기다렸다. 음식은 오가는 사람에게 구걸하였다. 그 병원 간호사들은 가장 아파 보이는 사람들 먼저 입원시켰다. 그녀는 겉으로는 아파 보이지 않아 입원이 안 되었던 것이다.

남 씨는 그곳을 포기하고 돌아가려는데 누군가 다른 '무료 병원'을 말해 주었다. 그녀는 우리 병원으로 와 들어오려 하였지만, 돈이 없어 표를 못 구하고 있었다. 마침내 그녀는 어찌하여 병원 마당 안까지 들어올 수 있었다. 그러나 날이 저물어도 건물 안으로 들어오지 않고 계단에서 밤을 보냈다. 병원 문은 절대 잠겨 있지 않은데 말이다. 다음 날 아침 청소부가 그녀를 발견하였고 마침내 그녀는 안으로 들어왔다. 그녀는 수술을 받았고, 휴식을 취했고, 음식을 잘 섭취하여 몸이 많이 회복되어 집으로 돌아갔다. 3개월 후 또 한 번의 수술만 받으면 그녀는 완전히 회복될 것이다.

여러분은 내가 전에 이야기한 정순이를 기억하는가? 4년 전 미숙아로 태어났던 그 아이다. 모친은 그 아이를 기를 수 없어 우리에게 맡겼고, 우리는 그 아이를 입양시키려 노력하였다. 예쁘고 사랑스러운 아이지만 입양에 번번이 실패하였다. 왜인지 아는가? 그 아이의 납작코 때문이다. 여러분은 아마 물을 것이다. "한국인은 왜 코가 납작한가?" 이들의 대답은 한결같다. "당신들의 코는 왜 그렇게 높은가?" 그런데도 납작코는 한국인도 싫어하는 것 같다. 정순이는 다행히 한 살을 조금 넘기면서 양부모를 찾았다. (중략)

캐시 맥켄지

P.S. 여선교연합회 총회 헌금을 우리 기숙사를 위하여 기부할 것이라 멘톤 양에게 들었다. 여러분의 지원과 기도에 크게 감사한다.

['더 크로니클', 1960년 2월, 4-5]

46. 9개월 과정의 훈련

대학원 조산과 훈련프로그램을 시작한 지 이제 6년이 넘었다. 올해는 그 6

개월 과정이 9개월로 늘어나 한 단계 더 발전하였다. 우리의 목적은 감독하에 각 학생이 최소 20번의 분만을 경험하게 하는 것이다. 과거에는 이 숫자를 달성하기 어려웠다. 그러나 올해는 대부분 학생이 최소한 30번 실습을 하였고, 어떤 학생은 40번 이상도 경험하였다.

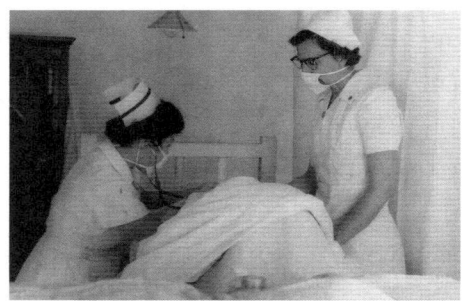

(캐시와 조산사 수료생, 1960년대)

전에는 두 개의 반에 12명씩 있었으나 지금은 두 개의 반에 16명씩 공부하고 있다. 기숙사가 더 준비되는 대로 각 반에 최소한 20명씩 받을 수 있을 것이다.

12월에 24회 수료식이 있었다. 이제 우리의 훈련반을 졸업한 간호사는 총 264명이다. 이들 모두가 조산사로 활동하는 것은 아니지만, 남한 전역에서 졸업생들이 지금 일하고 있다.

('더 크로니클', 1960년 4월, 9)

47. 나를 기억하시나요

여러분이 보내준 물품과 관심과 기도에 다시 한번 감사한다. 여러분 개인 개인에게 편지를 쓰고 싶지만, 어떻게 노력을 해도 가능치 않은 일이다. 호주의 교회도 새해를 시작하며 새 일을 구상할 텐데 헌신과 봉헌된 봉사도 새로워지기 바란다.

　이달로 우리가 구건물에서 지금의 새 건물로 이사한 지 5년째 되었다.

　저번에 산전 클리닉에서 한 여성이 나에게 물었다. "나를 기억하시나요? 내 아이가 이 병원에서 태어난 첫 아이입니다. 이제 걔는 유치원에 입학했어요." 그녀를 다시 보아 매우 반가웠다. 그녀는 그동안 부산을 떠나 있었고, 둘째 아이도 낳았다고 하였다. 그리고 이제 세 번째 아이를 가졌는데 이곳에서 낳고 싶어 왔다고 하였다.

　새 병원이 완공되어 벌써 5년이 지났는데 이제야 새 직원기숙사 건축 계약을 할 준비가 되었다. 아직 극복할 것이 남아있지만, 이 해가 가기 전에 우리의 의사와 간호사가 새 기숙사로 이사할 수 있기를 바란다. 지금보다 '집'으로 불릴 수 있는 가치 있는 곳이 되기를 희망한다.

('더 크로니클', 1961년 5월, 13)

48. 산전 클리닉

　지난 몇 개월 동안 우리는 특히 가난한 사람을 위한 봉사 계획을 진전시킬 수 있었다. 세이브더칠드런펀드와 함께 시내에서 가장 가난한 지역 세 곳[21]에서 산전 진료소를 운영하기로 하였다. 병원에서 멀리 떨어진 곳들이다. 그 지역에서 그동안 우리 병원과 우유급식소를 방문하는 환자가 많았다. 그들에게는 이곳까지 오는 전차 비용을 내기도 어렵거나 불가능하다. 그래서 그들은 반나절을 걸려 이곳까지 걸어온다. 한번은 한 여성이 이곳을 향하여 출발했지만, 길을 잃어 이곳까지 못 오고 모르는 사람 집에서 분만하였다. 다른 여성은 새벽에 전차 안에서 아기를 낳아 전차 기사가 우리를 불러 데리고 가라고 하였다. 고향에서는 택시 안에서 이런 일이 일어났다고 들었지만, 택시 안은 그래도 사적인 공간이 아닌가!

---

21)　괴정, 벽촌, 감천('일신기독병원 40년사', 62쪽)

(무의촌 진료 가는 직원들, 1950년대)

이런 이유로 우리는 세 곳에서 진료소를 시작하였다. 골트 양이 일주일에 한 번 그곳들을 방문한다. 그녀가 우리 조산과 교육생과 함께 가서 산전과 산후 진찰을 하고 있다. 나중에 그곳에 한국인 조산사 한 명씩 두어 가정 분만을 도울 수 있도록 할 생각이다. 이런 여성 대부분이 가정을 위하여 집집을 다니며 물건을 팔거나 심부름하는 사람들이다. 그들의 남편은 아프거나 군대에 갔거나 아니면 백수이다. 이런 사람들이 오히려 아이를 더 많이 낳는 것 같다. (중략) 두 번째 진료소도 곧 시작해야 하겠다. 도움이 필요할 때 산 넘어 멀리 오지 않도록 말이다.

('더 크로니클', 1961년 6월 11)

49. 골트 간호사의 죽음

일신병원의 간호사 자매 에디스 골트 양이 운명하므로 호주장로교선교회는 엄청난 손실을 입었다. 골트 양은 중국의 첫 선교사 중 한 명이었던 자신의 부모 발자취를 따라 중국선교사가 되었었다. 중국이 선교사에게 문을 닫자 그녀는 중국에서 만난 헬렌과 캐시 맥켄지가 일하는 한국을 생각하였다. 미국 회중교 여성회는 세계교회협의회의 세계기독교봉사회의 후원하에 있던 그녀를 한국선교사로 승인하였다.

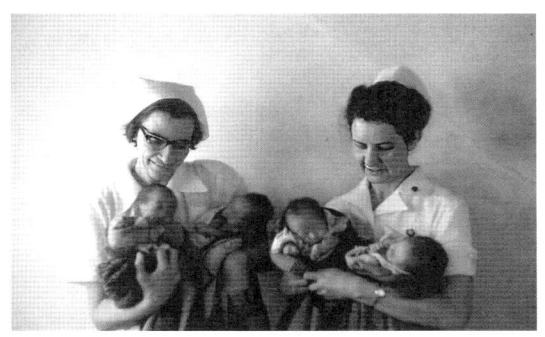

〈캐시와 골트 그리고 네쌍둥이, 1959〉

1953년부터 그녀는 훌륭한 의료기술을 아낌없이 그리고 희생적으로 봉사하기 시작하였다. 그녀의 분명하고 안정된 신앙은 그녀의 성격에 잘 드러났다. "그녀는 내가 안 사람 중에 가장 우아하고 품위 있는 여성이었다." 그녀와 가까이 지냈던 사람이라면 이 말에 모두 동의할 것이다. 그녀의 관심과 영향을 통하여 그녀의 위원회와 친구들은 우리 병원에 여러 방법으로 관대하게 공헌하였다. 선한 영향의 일생과 하나님의 자녀를 돌보는 봉사가 회백척수염[22]으로 빠르고 두렵게 막을 내렸다.

가족과 선교사 동료들과 병원 직원들, 그리고 미국과 세계의 많은 친구는 에디스 골트 양을 이 세상에서 잃어버려 매우 슬프다. 그러나 그녀의 영향은 그녀를 알던 모든 사람의 마음속에 살아있다는 것을 우리는 안다.

엘리자베스 던
('더 크로니클', 1961년 7월, 2)

50. 사랑의 영

영아부에 막 들어온 여아를 보고 오는 길이다. 그녀의 모친은 분만 시 사망

---

[22] 급성 회백척수염은 뇌와 척수의 회백질에 염증을 일으키는 급성 전염병이다.

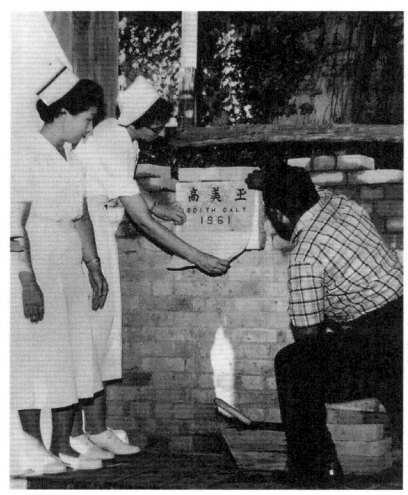

(고미옥 추모비, 1961)

하였고, 부친은 아기가 2개월 되었는지 3개월 되었는지도 확실히 몰랐다. 아기 무게는 5파운드 정도였고, 손과 발은 내 손가락보다 조금 더 굵었으며, 영양부족으로 배는 벌써 부풀기 시작하였다. 대조적으로 우리에게 버려진 한 아기가 양부모를 만났고, 오늘 우리는 그 집을 방문하였다. 잘 성장하며 잘 웃는 6개월 된 여아가 되어있었다. 자녀가 없던 부모와 함께 행복한 가정을 이룰 것이다.

오늘 또한 매우 행복한 엄마가 열흘 된 아기를 안고 집으로 돌아갔다. 가난한 가정이지만 아기는 사랑을 많이 받을 것이다. 그녀는 전에 11명의 아기를 낳았는데 이번 아이만 살아남았다. 다른 아이들은 모유가 안 나와 생후 두 주안에 다 죽었다. 이번에 그녀는 자기 마을의 우리가 운영하는 산전 진료소에서 분만하였고, 우리의 우유급식소에도 정기적으로 와 분유도 받아갔다.

아기 이야기는 그만하고 새 기숙사에 관하여 써야겠다. 5월 초 기초 작업을 하고 모래 공급이 안 되어 공사가 좀 연기되었다. 그 후 지난주까지 공사가 안정적으로 진행되었고, 건물의 주요 골조가 이제 완성되었다. 우리가 기공식 날짜를 막 정할 때 나의 동료 선교사 골트 양이 아프기 시작하였고, 서울 근교의 미군 병원에서 치료받았지만 5월 23일 숨을 거두었다. (중략)

우리 선교회의 각 회원과 병원의 직원들은 우리 병원에 국제적이고 초 교파적인 협력을 가져온 골트 양에게 진심으로 감사한다. 우리가 새 직원기숙사의 꿈을 그녀와 나누며, 그 기숙사를 왜 그녀를 기념하는 건물로 칭하게 되었는지 여러분은 이해할 것이다.

9월 9일 토요일, 현관문이 될 곳 바로 안에 그녀의 추모비를 세웠다. 영어 이름 위에 그녀의 한자 이름을 넣었고, 날짜 아래 간단히 '추모하며'라고 적었다. 이 행사에서 헬렌이 말하였다.

"추모의 돌을 놓는 것 자체는 중요하지 않습니다. 우리가 진정으로 그녀를 기억하려면 이곳을 드나들 때마다 그녀와 같은 사랑의 영을 가져야 합니다. 만약 우리 직원 모두 그 사랑의 영으로 일한다면 그것이 참된 추모이고 하나님께 영광을 돌리는 것입니다."

올해 말까지는 기숙사 건축이 완공되기를 희망한다. 만약 모든 것이 잘 진행되면 성탄절 전에 입주할 수 있을 것이다. 새 기숙사 건축을 위하여 격려해 주고 재정 지원을 한 여러분 모두에게 병원을 대신해서 감사드린다.

이 편지가 아마 성탄절 전까지 마지막 편지가 될 것이다. 고향에서 미션 박스를 준비하고 보내줄 텐데 미리 감사를 전한다. 그 선물은 이곳 사람들에게 큰 성탄의 기쁨과 위로를 줄 것이다. 성육신의 참된 의미가 무엇인지 이곳 사람들이 알 수 있도록 함께 기도하며 일하자.

('더 크로니클', 1961년 12월, 18-19)

51. 한 방에 한 명씩

새 기숙사가 어제 공식적으로 개원되었다. 날씨도 좋았고, 직원들이 개원식이 시작되는 순간까지 바쁘게 준비하였다. (중략) 모든 순서가 잘 진행되었다. 레이 페어서비스 회장이 선교부를 대신하여 연설하였고, 나는 여선교연합회를 대신하여 인사하였다. 레이가 리본을 잘랐다. 사진을 찍었는데 좋은 장면이 나오기를 바란다.

기숙사 건물은 훌륭하다. 지금의 직원 숙소는 오래되었고 한 방에 몇 명씩 생활한다. 빨래는 방 안에 줄을 매어 널은 모습이다. 그러나 새 기숙사에서는 각자 한 방씩 사용하고, 붙박이장이 있고, 세탁실도 잘 구비되어있고, 응접실도 넓다. 개인 손님을 위한 작은 공간도 준비되어 있다. 복도의 창문에는 알록달록한 예쁜 커튼이 드리워져 있다. 식당과 부엌은 아직 완공되지 않았으니 직원들은 다음 주 늦게나 이사할 수 있을 것이다.

4월 22일. 부산.

아이비 멘톤
빅토리아여선교연합회 총무
('더 크로니클', 1962년 6월, 2)

52. 새 기숙사 모습

1962년 4월 21일 일신병원의 새 기숙사가 빅토리아여선교연합회 회장 페어서비스 여사에 의하여 공식적으로 개원되었다. 그동안 우리 회원들이 큰 관심을 가지고 후원하였던 테라 멘톤 양이 촬영한 새 기숙사 사진을 여기에 싣는다. 기숙사는 L자로 된 3층 콘크리트 건물이며, 직원들을 위한 침실과 우유급식소 그리고 본관과는 떨어진 식당과 부엌이 있다.

우유급식소는 건물의 한 부분이지만, 길에서 바로 들어올 수 있는 별개의 문이 있다. 기숙사 입구에는 대문이 있고, 작은 마당을 지나면 현관이 있다. 현관 한쪽에는 관리자의 방이 있고 다른 쪽에는 손님과 만날 수 있는 공간도 있다. 현관을 지나면 공부방이 있는데 이곳에서 놀기도 하고 휴식을 취할 수 있다.

침실은 그 너머에 있다. 기숙사는 100명 정도의 교육생을 수용할 수 있는바 독방과 침대 두 개의 방들이 있다. 1층과 3층 각 방에는 호주 스타일의 침대, 붙박이장, 책상 그리고 책장이 있다. 2층에는 간호사들이 한국식으로 자는데 밤에는 이불을 펴고 낮에는 접을 수 있다. 이곳에는 온돌이 있고 방바닥은 전통적인 황금색의 기름종이로 발라져 있다.

목욕실은 좀 논쟁적이었다. 어떤 간호사는 한국식을 원하였고, 다른 간호사는 샤워를 원했다. 타협 안으로 각 층에 샤워실도 설치하였고 일본식 목욕실도 준비하였다. 목욕탕은 사각형으로 크고 높게 만들었다. 한 번에 4명이 들어갈 수 있다! 넓은 응접실도 있는데 매력적인 가구와 대나무로 만든 큰 의자에 편한

(초창기 직원 7명-김금지, 유경순, 헬렌, 캐시, 이홍주, 현정훈, 김금련, 1962)

쿠션이 깔려 있다.

　새 기숙사의 필요성은 분명하다. 병원에 직원이 116명가량 있다. 헬렌과 캐시는 병원 옆 사택에 살고, 나머지 직원들은 기숙사에서 생활한다. 이들은 7명의 의사와 21명의 간호사와 33명의 조산과 학생들과 13명의 간호보조사와 4명의 기술자와 8명의 사무원과 22명의 여성 일꾼과 8명의 남성 일꾼들이다. 여성 일꾼들은 빨래와 요리를 하고, 병원 식당에서는 매일 140명을 위하여 요리한다. 부엌에 미역국이 끓지 않는 날이 없다. 한국에서 출산한 산모는 이 국을 꼭 먹어야 한다! 남성 일꾼의 흥미로운 노동 한 가지는 석탄가루로 연탄을 만드는 일이다. 이것으로 겨울에 난방도 하고 요리도 한다.

('더 크로니클', 1962년 8월, 18-19)

53. 조산사 훈련 내용

　1953년 5월부터 시작하였다. 우리는 한 번에 34명의 학생을 수용하여 총

9개월 간의 조산사 훈련과정을 진행하고 있다. 그동안 제주도를 포함하여 한국의 모든 지방에서 참여한 총 339명의 조산사를 배출하였다. 학생들은 최소 150시간의 수업과 임상 훈련을 받는다. 산전 관리는 물론 진료소에서 7주간 분만에 직접 참여한다. 그 과정에서 이상 상태의 징후를 파악하여 의사에게 어떤 산모를 보내야 하는지도 배운다. 그리하여 정상적인 분만과 비정상적인 분만 둘 다 배우며, 최소 20명의 아기를 지도하에 받는 경험을 한다. 출산 후에 학생들은 모자를 직접 돌보며 산모가 모자동실에서 아기를 돌보는 방법을 가르친다.

그뿐만 아니라 조산 되거나 아픈 신생아를 돌보는 방법도 배우며 영양실조와 잘못된 돌봄으로 야기되는 병을 관찰하며 인공보육을 통하여 치료하는 기술도 배운다. 훈련을 수료했다고 해서 학생들이 완벽한 것은 아니지만, 기본적인 훈련은 이수하게 된다. 이들이 자신들의 지역으로 돌아가 그것 위에 경험을 더 쌓으며 활동하는 내용을 우리가 들을 때 격려가 된다. (후략)

('Korea Calling', 1962)

54. 강연회 초청

3월 30일 토요일, 저녁 지부들의 연례 모임에 모든 여선교연합회 회원이 초청되었다. 오후 2시 반 총회 회관에서 시작되는 모임에서 한국 일신병원의 캐시 맥켄지 양이 연설한다. 그 후 5시 30분 접견실에서 다과회가 있다.

('더 크로니클', 1963년 3월, 5)

55. 하루 일과

현재 캐시는 호주에서 휴가를 보내고 있다. 최근의 선교보고회에서 그녀는 일신병원에서 가지고 온 많은 사진을 우리에게 보여주었다. 그 사진을 통하여 그녀의 일과를 엿볼 수 있다.

오전 8시 45분: 경건회. 직원들이 인도한다. 의사, 간호사, 세탁실 직원, 누구나 참여할 수 있다. 환자들도 예배에 참석할 수 있도록 병동이 있는 두 개의 층에서 돌아가며 열린다. 보통 15분 정도 진행되지만, 금요일에는 초청받은 목사가 병원 채플에서 좀 더 길게 인도한다.

(아침 병실 예배, 1968)

9시: 의사 회진이 시작된다. 캐시의 특별한 책임은 아기들을 점검하는 것이다.

10시 30분 혹은 11시: 오전의 반은 수술실에서 보낸다. 매일 평균 2.5번의 수술이 있다. 작년에 385번의 대수술, 255번의 중수술, 그리고 231번의 작은 수술이 있었다. 총 871번이다. 수술이 필요한 환자가 예약하였을 경우는 약간의 비용을 내야 한다. 그러나 막상 수술 시간이 다가오면 겁을 내거나 돈이 아까워 안 오는 환자들이 있다. 그래서 수술 대부분은 응급 수술이다.

병원이 당면한 가장 큰 문제는 사람들이 가족계획을 하지 않는다는 것이다. 작년에 피임이 합법화되어 이 방면에 더 많은 도움이 요청되고 있다. 그러나 많은 여성은 나이가 많아도 계속 임신을 하여 난산 등 어려움에 빠진다. 이것을 대처하느라 병원이 바쁘다. 동시에 이 시간대에 캐시는 조산과 학생들을 지도하며 산전과 산후 여성들을 어떻게 진료해야 하는지 가르친다.

12시 30분: 점심시간

오후 2시: 산전진료실에서 일한다. 방문 시간이 2시부터 3시이기에 캐시는 두 곳을 다 돌본다. 방문 시간에 병동의 일도 최대한으로 돌본다.

3시: 강의. 어떤 때는 두 번, 어떤 때는 한 번 하는데 4시 반에 마친다. 일주일에 한 번의 오후에는 가장 가난한 마을을 방문하여 산전 진료를 한다.

5시 30분: 저녁 식사. 캐시는 식사 후에 현 양이나 김 양과 응급 야간 당직을 돌아가며 선다.

조산사 훈련반에는 현재 34명의 학생이 있다. 이들은 17명씩 두 반에 나뉘어 공부한다. 일신병원은 조산사 훈련 수준을 항상 높게 유지하여 왔다. 그동안 정부는 조산사에게 대학원 훈련을 전혀 요구하지 않았었다. 그러나 이제 1964년부터 새 법이 시행되는데 간호사가 조산사 자격증을 받으려면 12개월의 대학원 훈련을 받아야 한다.

병원의 수간호사가 당면한 문제 중의 하나는 대부분의 한국 사람은 서울에서 살기 원한다는 것이다. 서울에 사는 것을 '신분 상승'으로 여긴다. 특히 간호사라는 직업을 가진 여성은 지방에서 훈련은 받지만, 그 후에 그곳을 떠나려는 욕망이 강하다. 병원에서 일하다가 결혼하게 되면 그 병원을 떠나는 경우도 많다. 한곳에 오래 일하는 간호사가 많지 않은 상황이다. 그래서 호주와는 다르게 경력직 간호사를 찾기가 쉽지 않다.

많은 여선교연합회 회원은 호주를 방문하였던 현 양과 김 양을 기억할 것이다. 이 두 간호사는 캐시의 오른팔이다. 김은 조산사 훈련반 학생 입학과 실습 도구 관리 그리고 강의를 돕는다. 현은 간호 업무와 간호 설비를 책임 맡았다. 그리고 캐시와 함께 미션 박스 관리도 담당하고 있다.

캐시는 침대보와 베개보가 더 필요하다고 강조하였다. 지난해에는 그것이 모자랐다고 한다. 어떤 물품이든 병원에서는 모두 가치 있게 쓰인다.

앤 패더릭
('더 크로니클', 1963년 6월, 9-10)

56. 밤잠을 설친 보고회

이번 휴가도 매우 흥미로웠다. 나는 보고회를 하기 위하여 퀸즐랜드, 뉴 사우스 웨일스, 테즈메니아 그리고 남호주까지 다녔다. 물론 내 고향 주인 빅토리아의 여러 곳도 방문하였다. 교회 강단에서의 30분이 병원에서의 24시간보다 더 힘들었지만, 그리고 무슨 말을 할까 혹은 그 말을 왜 빼놓았을까 밤에 잠을 설쳤지만, 그리고 어떤 모임은 밤새도록 하는 수술보다 피곤하였지만, 나는 선교보고회를 즐겼다.

우리 교회의 여러 지부를 방문하는 기회를 가지면서 새 친구도 만나고 옛 친구와 재회할 수 있었다. 우리를 한국으로 파송한 사람들과 한국에서 매일 경험하는 기쁨과 만족 그리고 슬픔과 분노를 함께 나누었다. 매우 가치 있는 경험이었다. 이제 나는 여러분과 다시 하나 된 마음으로 선교 현장으로 떠날 것이다.

한국과 한국교회 그리고 여러분의 선교사들은 그 어느 때보다도 여러분의 기도와 지원이 필요하다. 올해 더욱 그러한데 매우 추운 겨울이 지나 봄에는 홍수가 나고, 태풍으로 보리농사를 망쳤으며, 콜레라가 발생하여 확산하고 있고, 10월과 11월에 선거가 있어 2년 반 동안의 군정 후 시민 정부가 들어섰다.

이 모든 것이 직접 혹은 간접적으로 우리 병원에 영향을 주어 물가는 오르는데 임금은 떨어지고, 직원 봉급을 올려야 하는데 재정은 부족하다. 한국은 여러분의 기도가 필요하다.

['더 크로니클', 1964년 2월, 2]

57. 바바라 마틴의 부임

병원의 일과에는 내가 휴가 떠가기 전과 같이 기쁨과 만족 그리고 문제와 어려움이 계속 있었다. 내가 돌아온 2주 후에 그리고 바바라 마틴 박사가 도착한 지 열흘 후에 헬렌이 호주로 떠났다. 처음부터 우리와 함께하였고, 호주에서 2년 동안 대학원 공부한 이홍주 박사가 헬렌이 없는 동안 의료 감독 책임을 맡기를 원하였지만, 개인 사정으로 7월까지만 짧게 일하고 사표를 내었다.

마틴 박사에게는 매우 어려운 과제였다. 이런 상황에서의 경험도 없고 언어도 안되었다. 그녀는 아직 의사로 등록하지 못하였는바 한국에 늦게 도착하여 연례 등록 시험 기간을 놓쳤기 때문이다. 그 이유로 원장으로 부를 순 없지만,

같은 과중한 책임을 떠맡아 일하게 되었다. 매주 24시간 일할 준비를 해야 하였고, 휴식은 중간에 잠깐씩 취하였다. 그런데도 그녀는 그 일을 즐겁고 효과적으로 수행하였다. 그녀 없이 병원의 일을 계속하기는 불가능하였다. 우리에게 그녀를 보내주어 하나님께 감사드렸다.

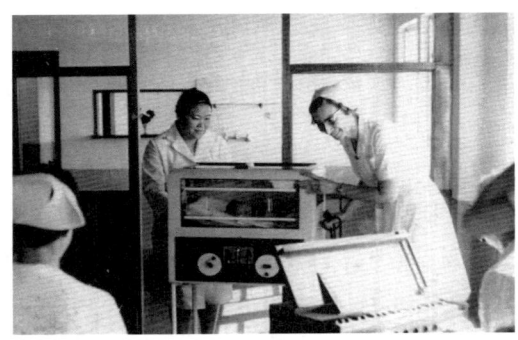

(박란희 박사와 캐시, 1965년경)

7월에 박란희 박사가 돌아왔다. 그녀는 1962년 우리 병원에서 사직하고 개인 병원을 운영하고 있다. 우리는 그녀를 설득하여 우리 병원으로 다시 오도록 하였다. 그녀는 큰 재정적인 희생을 감수하고 헬렌이 돌아올 때까지 우리의 원장이 되었다.

우리 병원은 이제 전보다 더 큰 책임을 지게 되었다. 레지던트들이 전문 산부인과 시험을 준비하기 위한 수련의 병원으로 인정받았기 때문이다. 조산과 훈련도 이제 공식적으로 1년의 대학원 과정이 되었고, 법적으로 인정받은 후 2번째 반이 최근 졸업하였다. 이 훈련프로그램은 여성 간호사들에게 좀 더 나은 산부인과 과목을 가르칠 기회를 줄 뿐 아니라 기독교 윤리와 참된 기독교 돌봄에 관하여 가르칠 수 있다. 이 모든 중요한 사업은 여러분의 기도가 필요하다. (중략)

돕는 손길: 나의 간호사 친구인 성공회의 마지 메슬리 양이 지난 9월에 이곳에 와 돕고 있다. 일 년간 이곳에 있을 것이다. 그녀는 선임 간호사가 부족했을 때 헬렌에게 큰 도움이 되었다. 그녀가 다시 돌아와 함께 일하니 일도 그렇고 개인적으로도 든든하다. 희생적으로 자신을 드리는 그녀에게 어떤 감사를 해도 모자랄 것이다. 불행하게도 지난 두 달 그녀는 간염으로 침상에 있었는데

곧 회복되기를 기도한다. 지난달에는 아이반호장로교회 교인이자 간호사인 케이 피디안 부인이 와 성탄절 전까지 우리와 함께하고 있다. 그녀는 큰 과제인 미션 박스를 맡아 도울 것이다.

상호협약서: 한국의 호주장로교회의 모든 활동을 위하여 계속 기도하자. 우리는 교회로서 한국장로교회와 다른 두 개의 협력 장로회 선교회[23]와 새로운 상호협약서를 체결하였다. 이 변화의 시기에는 많은 문제점이 떠오르는데 인간의 지혜나 이해보다 더 큰 것이 필요하다. 우리 병원은 현재 직접적으로 한국 교회 아래 속하지 않는다. 한국선교위원회는 하나님의 인도하심을 구하며 병원의 미래 행정과 지원을 계획하고 있다. 우리 병원의 사역을 위해서도 계속 기도해 달라. 우리 병원의 일을 통하여 이곳 사람들이 하나님의 사랑과 구원의 소식을 들을 수 있기를 기도한다.

('더 크로니클', 1965년 3월, 12-14)

58. 치료보다는 예방

환자: 우리 병원에 놀라울 정도의 발전은 없지만, 어느 정도의 진보가 있다. 치료를 받은 환자 수는 작년과 비슷할 것이다. 산과 병동에는 아직 다양한 비정상적인 상태의 환자들이 많이 있다. 그러나 우리에게는 점점 젊은 그리고 처음 임신한 여성들이 산전 진찰과 분만을 위하여 오고 있다.

동시에 지난 4년간 세이브더칠드런펀드 산전진료소를 부산의 가장 가난한 지역에 세워 활동한 결과를 지금 보는 것 같다. 이 지역 임산부들의 입원이 점점 줄어들고 있는데 비정상 임신이 줄어들었기 때문이다. 예방이 치료보다 좋다는 긍정적인 증거이다. 그런데도 아직 갈 길이 멀다. 극복해야 할 미신, 무지, 부정 요법이 여전히 많다. 어젯밤에 입원한 여성은 집에서 잘못된 치료로 오래 고생하다가 왔다. 우리가 아기를 분만은 시켰지만, 아기가 이미 받은 뇌출혈은 피할 수 없었다.

---

[23] Presbyterian Church of Korea and the other two associated Presbyterian Missions

산부인과: 산과 병동에도 다양한 환자가 있지만, 낙태 후 합병증 환자가 너무 많다. 재정적인 이유로 자초한 상황이다. 한국은 큰 인구 문제에 당면하고 있는데 우리는 가족계획을 도우므로 불법 낙태 비율을 줄이려고 노력하고 있다. 그러나 아직 갈 길이 멀다.

영아부: 미숙아를 돌보는 일은 여전히 주요 업무이다. 부산에서 우리가 이런 아기들을 돌보는 유일한 병원이다. 세 개의 보육기는 항상 차 있고, 그 필요가 매우 증가하고 있다. 보육기에는 지금 2파운드밖에 안 나가는 아기 세 명이 있다. 그리고 산모 한 명은 임신 7개월인데 지금 벌써 분만을 하고 있다. 더 약한 아기를 위하여 보육기에 있는 아기를 내보내야 할까? 보육기에서 나가면 살아날 확률이 높지 않은데 말이다. 어려운 결정이다.

7개월밖에 안 된 아프고 영양실조에 걸린 아이는 똑바로 앉지도 못하고 웃을 힘도 없다. 이런 아이들을 계속 돌보다가 마침내 음식에 반응하고 부드러운 손길에 웃는 모습을 보는 것처럼 보람된 일은 없다. 우리의 우유급식소에 오는 600~700명의 아기가 이런 돌봄을 못 받는다면 그런 단계까지 갈 수 없을 것이다.

훈련반: 산부인과 전문의가 되려는 4년 레지던트 훈련프로그램과 1년의 조산사 훈련프로그램은 아마 우리가 하는 일 중에 가장 중요한 일일 것이다. 좀 더 좋은 훈련과 경험의 기회를 가졌던 우리가 한국인 동료들이 사회에 나가 좀 더 나은 활동을 할 수 있도록 돕는 것은 특권이다. 의사와 간호사와 기술적인 지식 나눔은 물론 우리의 주님이자 구원자 되시는 예수 그리스도를 알게 하는 것도 우리의 책임이다. 비록 이들이 비기독교인이라 하더라도 하나님의 사랑과 이웃 사랑을 마음속에 담게 하는 것이다.

조이스 앤더슨이 휴가에서 돌아왔다. 그녀의 일을 통하여 병원에서 환자와 직원 모두에게 좀 더 효과적인 전도와 나눔이 있기를 기대한다. 우리 선교사와 한국인 직원들을 위해 똑같이 기도해 달라. 이 병원에서 그리고 이 병원을 통해서 일하는 우리가 하나님의 효과적인 증언자 될 수 있도록 말이다.

('더 크로니클', 1966년 2월, 8-9)

59. 처음 듣는 그 이야기

장로교여선교연합회 회원들에게 작년에 보여준 모든 노력에 감사를 전해 주기 바란다. 아마 여러분들은 우리 병원에서 몇 개의 선물을 준비하였는지 궁금할 것이다. 우유급식소 아기들을 위하여 700개의 선물을 포장하였다. 부산진교회 강당에서 성탄 예배를 먼저 드렸는데 많은 엄마가 처음으로 아기 예수 탄생에 관하여 들었다. 이들은 모두 아기를 위한 포대기와 옷을 선물로 받았다. 아마 어떤 아기들에게는 이것이 유일한 따뜻한 옷일 것이다.

우리 직원들의 15세 미만 아이를 위해서는 135개의 선물을 준비하였다. 작년에 15살이었던 아이들은 이제 16살이 되어 명단에서 누락시켰는데 올해 이들이 또 왔다. "용서하세요. 작년에 14살이었는데 큰 옷을 받기 위하여 15살이라 하였어요." 큰 치수의 옷은 별로 없기에 생긴 일이다. 이곳 노동자의 임금은 식비를 제외하면 옷과 교육 비용을 거의 쓸 수 없을 정도이다. 그래서 엄마들은 우리가 주는 선물을 매우 반가워한다.

직원들 선물도 있다. 11명의 의사, 28명의 간호사, 36명의 조산사 학생, 17명의 간호보조사, 14명의 사무원과 자원봉사자들, 그리고 29명의 여성과 10명의 남성 일꾼이 있다. 그 외에 우체부, 쓰레기 수거자, 석탄 운반자 등 직원은 아니지만, 우리와 협력하는 6명의 일꾼도 있다.

마지막으로 환자와 그들의 아기가 있다. 성탄절 아침 촛불 예배를 드린 후 정확히 기억은 못 하지만 50명 정도의 산모와 또 그만큼의 아이들에게 선물을 주었다.

그러나 여러분 보내준 선물을 성탄절에 다 쓰지는 않았다. 비누, 옥양목, 기저귀 등등은 일 년 내내 병원에 필요한 물품이다. 몇 주전 한 여성이 심한 젖 농양으로 병원에 왔다. 갓난아기도 또 그 아이의 작은 형도 영양실조에 걸려 잘 앉지도 못하였다. 이 아이들도 엄마와 같이 입원하였는데 몇 주가 지나자 큰아이는 뛰어다니면서 놀 정도로 건강이 좋아졌다. 퇴원할 때 아이 옷을 선물로 주었는데 여성은 매우 고마워하였다. 그 후에 그 여성이 다시 병원을 찾아왔다. 아이들은 우리가 준 옷을 입고 있었고 깨끗하고 건강한 모습이었다. 우리 직원들은 큰 보람을 느꼈다.

['더 크로니클', 1966년 5월, 11]

60. 김정순 이야기

　　병원에서의 의료와 전도 활동이 환자의 일생에 어떤 영향을 미치는지 평가하기 어렵다. 지난주 우유급식소 간호사가 받은 편지 한 통이 우리 모두를 놀라게 하였다. 병원에 왔던 한 가족이 어떻게 새 생명을 찾았는지 잘 보여주고 있기 때문이다.
　　약 3년 전에 8살 된 아이가 병원에 와 동생을 위하여 우유를 좀 달라고 하였다. 집에 3달 된 아기가 있다는 것이다. 그의 부친은 일을 찾아 떠나 소식이 없고, 엄마는 아기를 낳은 후 아파서 일어나지 못한다고 하였다. 우리 간호사 한 명이 그 아이를 따라 집으로 갔는데 집이라기보다 '동굴 같은 더러운 곳'에 엄마와 아기가 누워있었다. 이들 말고 아이가 셋 더 있어 모두 다섯 명이었다. 간호사는 집을 먼저 치우고, 아이들을 데리고 와 병원에서 먹였다. 그리고 아기에게는 분유를 주었다. 엄마도 병원에 데려오려 했지만, 그녀는 거부하였다. 죽게 놔두라는 것이었다. 간호사는 인근의 교회에 그 집 사정을 알리고, 방문하기 시작하였다. 엄마는 오지 말라고 하였지만, 아이들은 교회 주일학교에 다니기 시작하였다. 그렇게 점차로 그 집 사정을 알게 되었다.
　　이 가족은 남쪽의 한 포구에서 살다가 더 나은 기회를 찾아 부산에 왔다. 그러나 이곳에서 직장을 못 찾은 남편은 술을 먹기 시작하다가 어느 순간 없어졌다. 아내는 아기를 낳았지만 이미 있는 4명의 아이와 살아갈 희망을 버렸던 것이다. 인근 교회의 관심과 우리 간호사들의 돌봄으로 엄마는 점차로 힘을 되찾기 시작하였다. 마침내 그녀는 언니가 있는 고향으로 다시 돌아가 잘살아 보겠노라고 하였다. 우리는 얼마간의 돈과 배표를 사 그녀에게 주었고 우리 간호사가 도시락도 챙겨주었다. 그리고 시간이 지나 이런 편지가 온 것이다.
　　"오랜만입니다. 간호원님은 저를 잊어버렸을지 모르지만 저는 여러분의 사랑을 항상 기억하고 있습니다. 제가 자리를 잡으면 연락하려고 지금까지 기다렸습니다. 이곳에 돌아오고 처음에는 매우 힘들었습니다. (중략) 고구마를 캐면서 다시 시험을 보았고, 보통학교 교사가 되었습니다. 이렇게 할 수 있었던 용기는 여러분이 주셨습니다.
　　오늘 수업을 마치고 이 편지를 씁니다. 병원에서 주신 우유를 먹고 큰아이는 이제 5살이 되었습니다. 귀엽게 잘 자랐습니다. 아이들과 저는 매주 이곳 교회에 갑니다. 제가 좋아하는 찬송가는 "내가 연약할수록 더욱 귀히 여기사 높은 보좌 위에서 낮은 나를 보시네"입니다.

비록 우리는 서로 떨어져 있지만 행복하시고 건강하시길 바랍니다. 병원의 여러분에게도 안부 전해주세요. 이만 마칩니다. 김정순."

('더 크로니클', 1967년 9월, 16-17)

61. 이 병원에 오지 마세요

의료선교사들이 당면한 가장 안타까운 문제는 도우려고 하는 사람들의 무지이다. 어디에나 이런 상황이 있겠지만, 특히 '서양식 의료'가 처음 들어 온 곳이 더 그러하다. 부산의 일신병원에서 산부인과와 조산과와 소아과를 운영하는데 비정상적으로 응급환자 비율이 높다. 거의 매일 이런 경우가 발생한다. 이들이 우리의 상담을 받아들이고 따랐더라면 일어나지 않을 치명적 상황들이다.

한국에서 흔히 볼 수 있는 것은 환자가 여러 의사를 찾아다니는 '쇼핑'이다. 진찰을 여러 번 받는 결과로 그들은 고통을 더 받는데 나쁜 진료를 받기도 하기 때문이다. 미신과 옛 습관 등이 여전히 출산에 영향을 준다. 초기에 비교적 간단한 치료를 받았다면 문제없었을 경우도 마지막에는 큰돈을 쓰며 입원해야 한다. 그러나 그들에게 보통 그런 큰돈은 없다. 우리는 이들에게 이렇게 말하고 싶은 유혹에 빠진다. "우리의 충고를 받지 않으려면 이 병원에 다시 오지 마세요. 당신에게는 기회가 있었어요." 그러나 우리는 하나님의 사랑을 나누기 위하여 이곳에 있으므로 이런 경우가 오히려 그 사랑을 나누기에 좋은 기회가 된다. (중략)

이런 경우를 통하여 우리가 매일의 노동에서 당면하는 문제점과 좌절이 복음을 전할 기회가 될 뿐 아니라 우리에게도 은혜의 수단이 되는 것을 깨닫는다. 우리가 함께 일하는 동료들로부터 많은 것을 배우니 얼마나 감사한가.

('더 크로니클', 1968년 8월, 10-11)

62. 빅토리아인과의 연결

선교사의 가방 안에는 다양한 물건이 들어있다! 우리는 지금 바바라 마틴 박사의 가방이 한국에서 도착하기를 기다리고 있다. 그 안에는 경상남도 연합 여전도회가 선교회에 수여한 옻칠한 감사패가 들어있다.

(경남여전도회 감사패, 1968)

5월 10일 부산진교회당에서 그곳 여전도회의 총회가 있었는데 그때 그 감사패를 캐시 맥켄지에게 주었다. 감사패 위에는 호주와 한국 국기가 있고, 빅토리아여선교연합회, 빅토리안 여선교사들, 그리고 빅토리아주의 여성들에게 감사하는 내용이 들어있다. 아래에는 한국 지도가 있는데 경상남도가 복음으로 불타는 모습이다.

한국에서의 이날은 기억할만한 날이며, 감사패가 도착하는 대로 빅토리아여선교연합회 방에 전시될 것이다.

사진은 캐시 맥켄지 양이 부산진교회당 밖에서 감사패를 들고 서 있는 모습이다. 그녀와 함께 있는 사람들은 그곳 여전도회 회원들과 노회 임원들이다.

['더 크로니클', 1968년 11월, 11]

63. 복자 이야기

한 작은 아이 이름이 복자이다. 축복받은 아이라는 뜻이다. 두 살 생일 한 달 전에 우리 병원에 들어왔는데 9파운드 3온스였다. 그저 피부와 뼈만 있었다. 농부 집안의 7번째 아이인데 엄마의 젖이 마르자 쌀미음만 먹었다고 한다. 그 아이가 그저 영양부족인지 아니면 뇌병변인지 아니면 정신적으로 비정상인지 알기 어려웠다. 10개월 정도 그녀에게 영양을 공급하였더니 정신적으로는 문제가 없는 것으로 판명되었다. 그러나 뇌성마비였다.

이 농부 가족의 아이 장래는 어두워 보였다. 우리는 그녀의 엄마가 그 상황을 잘 극복할 수 있도록 도왔다. 복자를 통하여 그녀가 기독교 사랑을 경험하여 그 가정에 그리스도의 구원이 이루어지기를 간구한다.

또 바쁜 한 해였다. 2,000번에 조금 못 미친 수의 분만이 있었다. 1968년도 첫 9개월에 우리는 벌써 1,764번의 분만을 하였다. 올해 병원에 발전이 있어 우리는 매우 감사하다. 미숙아와 아픈 아기를 위한 보육 공간이 좀 더 넓어졌다. 우리가 이사한 후부터 이곳은 계속 붐벼왔다. 새로 조성한 개인 병실에 커튼과 침대를 놓으면 수입이 더 생길 것이고 그것으로 가난한 부모들을 더 도울 수 있다.

어제 한 여성은 자궁파열로 인하여 12병의 피와 응급 수술이 필요하였다. 그녀는 수술비 일부분밖에 낼 수 없는 형편인데 수술을 받지 못하면 살아서 돌아갈 수 없었다. 우리 병원에 잘 온 것이다.

겨울이 오기 전에 우리 병원에 새 스팀 보일러를 놓아야 한다. 병원이 더 따뜻해지는 것은 물론 운영 경비도 더 적게 들 것이다. 그러나 부엌과 세탁실에는 전기가 필요하다. 1969년의 과제이다. 우리를 후원하는 여러분을 기억하며 기도한다.

('더 크로니클', 1969년 2월, 16)

64. 돌아오지 않는 간호사

바바라 마틴과 나는 지난 8월 휴가에서 돌아왔다. 병원은 우리가 떠날 때보다 더 바빠져 있었고 지금까지 매우 분주히 돌아가고 있다. 작년에는 한 달에 200번보다 조금 더 많은 분만이 있었는데, 지금 8월 이후부터는 300번 이상이다. 산부인과와 소아과 환자도 증가하여 매일 입원 환자를 위한 침대를 찾는 일이 다반사이다. 심하지 않은 환자에게는 방이 없다고 말할 수밖에 없다.

침대를 더 놓을 수 있는 공간이 없는 것도 문제지만, 레지던트 의사와 간호사도 부족하다. 너무 많은 한국인 의사와 간호사가 대학원 공부나 연수를 위해 해외로 나가고 있다. 그리고 공부를 다 마쳐도 돌아오지 않는다. 3년 전에 서독에만 800명 이상의 간호사가 갔다. 그중 큰 숫자가 미국이나 캐나다 그리고 다른 나라로 갔다고 한다. 그래서 서독은 다시 800명의 인원을 모집하고 있다.

한국의 여성들이 해외로 나가 공부하고 경험을 쌓는 것은 좋은 일이지만, 다시 이곳으로 돌아와 그 배움을 나누지 않는 것은 슬픈 일이다. 우리 교회의 도움으로 호주에 간 사람들은 모두 돌아와 본인이 일하는 곳에서 중요한 공헌을 하고 있어 자랑스럽다.

이번에 다시 돌아와 나는 아직 수간호사직을 돌려받지 않았다. 유옥례가 수간호사로 김금년이 간호사 교사로 자기 역할을 훌륭하게 하고 있다. 이들은 나와 상의하며 일하지만, 자신의 직책을 온전히 책임 있게 감당하고 있다. 의사의 부족으로 나는 다시 가르치는 일을 전적으로 하고 있다. 그러나 이 일을 잠정적으로 하기 원하며 김 양이 조산사 훈련프로그램을 전적으로 책임 맡고 있다. 도로시 나이트[24]가 다음 여름 언어공부를 마치면 그녀는 우리 간호사로 합류할 것이다. 그녀의 여러 재능은 우리의 일과 전도 활동을 발전시키는 데 도움이 될 것이다. (중략)

한국은 분명히 발전하고 있다. 그러나 아직 갈 길이 멀고 우리가 도울 수 있는 일이 많다. 하나님의 사랑을 감사할 때 그 사랑을 다른 사람들과도 나누어야 하는 것을 기억해주기 바란다.

[더 크로니클, 1970년 2월, 13-14]

---

[24] Dorothy Knight(나명애 선교사)

65. 기념비적인 새 기록

누가 일신병원의 25,000번째 아기가 될 것인가? 직원들 사이에 추측이 난무하였다. (중략) 3월 6일 금요일 저녁 3명의 산모가 분만을 기다리고 있었다. 그중 먼저 나오는 아기가 바로 그 주인공이 될 것이었다. 토요일 아침 출근한 직원들이 매우 궁금해하였다. "아기 나왔어?" "누구야?" 그러나 지난 밤 태어난 아기는 없었다. 그때 산모는 4명이 되었고, 누가 그 경주에서 이기느냐가 초관심사였다. (중략)

점심때가 되자 전화가 울렸다. "빨리 오세요. 아기가 나오려고 합니다." 마침내 12시 15분 작은 여자 아기가 세상으로 나왔다. 한 간호사는 말하였다. "남자아이였으면 더 좋았을 것을." 그런데도 우리는 모두 즐거워하였다. 그 가정은 우리가 그동안 도와왔던 집이었다. 김 부인은 자신이 관심의 중심에 있다는 사실에 어리둥절하였다. 그러나 무슨 상황인지 이해하자 그녀는 그다음 날 사진도 찍고 기자의 인터뷰에도 응하였다.

우리는 그녀가 월요일 퇴원하기 전 작은 축하를 하기 위하여 산모의 침대로 모였다. 그녀의 남편은 공무원이다. 그 가정의 교회 목사와 부인도 함께 하였다. 산모는 우리 병원의 20% 기독교인 중 한 명이었던 것이다. 우리는 먼저 찬송가 "복의 근원 강림하사"를 불렀다. 그리고 시편 100편을 읽었다. 맥켄지 박사가 짧은 설교를 하였고, 병원 이사회 회장이 가족과 아기와 병원을 위하여 기도하였다. 예배를 마치고 우리의 부원장과 분만실 실장이 그녀에게 선물을 주었다. 호주 아기 옷 세트와 더불어 25,000원이 든 저금통장을 주었다. 아기가 20살이 될 때 그 돈은 2,870,000원이 될 것이다. 25살 때에는 9,000,000원이 될 것이다. 훌륭한 신부 지참금이 아니라면 학비로 쓸 수 있는 비용이다!

이렇게 일신병원에 기념비가 하나 더 세워졌다. 세계 여러 곳에 있는 친구들 특히 호주의 여러분께 감사를 전한다. 여러분의 기도와 후원으로 25,000명의 산모를 돌볼 수 있었다.

['더 크로니클', 1970년 6월, 6-7]

66. 일신의 아이들

빠르게 변하는 한국 사회 속에서 병원은 여전히 유용한 사역을 감당하고 있다. 개개인 환자를 돕는 것과 의사와 간호사를 훈련 시키는 것뿐만 아니라 인간 생활 가치의 기독교적인 개념을 보여주기 때문이다.

국가 예산 대부분이 국방비로 지출되고 보건비는 적을 때, 거의 매일 새 빌딩과 길이 생기는데 제대로 된 의료 지원이 없어 고생하는 사람들을 볼 때, 이런 작은 일을 할 수 있는 것조차 특권이다. (중략)

(일신병원 출신들, 1977)

최근에 나는 한 교회 잡지를 읽었다. 그 내용은 우리의 일이 왜 중요한지를 나보다 더 잘 말해 주고 있었다. "하나님이 무엇인가 이루시기 원할 때 세상에 아기를 보낸다... 새로운 진리를 빛 가운데 나게 하신다... 인류의 더 나은 삶을 위하여... 하나님은 아기를 보내신다."

우리의 일신 아이들은 아마 자신들의 세대에 큰 공헌을 할 것이다. 2천 년 전 태어난 아기로 인하여 우리가 감사할 때 그는 자기의 사랑을 증거하기 위하여 희생하였다는 것을 기억하자.

['더 크로니클', 1971년 6월, 10]

67. 여러분의 이름으로

지난번 나의 편지에 미션 박스에 관하여 적었다. 한 가지 제안을 하였는데 이제부터 물건을 보내기보다 돈을 모금하여 보내는 것이 더 좋겠다고 하였다. 어떤 지부는 이미 그렇게 하고 있고, 올해 초 '미션 박스 머니'를 보내준 여러분께 감사한다.

빅토리아에서 온 1,000달러로 우리 병원 210명의 직원을 위한 성탄 선물을 샀다. 의사, 간호사, 간호보조사, 기술자, 사무원과 세탁실, 부엌, 보일러실, 미화원 직원들, 그리고 기타 일꾼들이다. 지금까지 이들에게 이곳에서 만든 좋은 선물을 하나씩 주었다. 여러분의 이름으로 이들이 선물을 받았고, 매우 감사해하였다. 우리 병원에 이제 너무 많은 직원이 있어 파티를 자주 못 하지만, 성탄절에는 모두 모인다. 먼저 예배를 드리고 뷔페 식사를 한다. 그리고 직원들이 프로그램을 진행한다.

작년에는 헬렌이 백설 공주였고 의사들이 일곱 난쟁이를 하였다. 의사들이 주로 1등 선물을 받아간다. 저녁에 헬렌이 여러분의 이름으로 선물을 나누어 주었다. 파티의 최고점이다. 매년 이 기회는 우리 직원들에게 우리 병원이 그저 하나의 직장이 아니라 기독교인의 공동체라는 것을 상기시킨다. 한 명 한 명에게 관심이 있고 가치가 있다는 메시지다.

['더 크로니클', 1971년 8월, 7]

68. 20년의 변화

현대 시대에 변화는 빠르게 온다. 지난 20년 한국에도 큰 변화가 있었다. 그러나 각 세대는 아마 같은 것을 상상할지도 모른다. 나는 나의 어머니의 한국 생활 20년(1905-1925)을 생각해 보았다. 그녀도 많은 변화를 보았을 것이다. 나귀 등에서 기차로 갈아타면서 생활이 더 빠르게 진행되었을 것이다. 오늘날 비행기를 타는 것보다 그것이 아마 더 기적적이었을 같다.

1940년 내가 한국에 오기 위하여 옷을 준비할 때 한가지 충고를 들었다. 아무리 더워도 한국에서는 짧은 소매 셔츠를 입지 말라는 것이었다. 나의 어머니는 30년 전 뜨거운 햇볕 아래 긴 목에 허리를 조이고 발목까지 오는 가운을 입고 나귀를 탔다. 30년이 지난 지금은 민소매에 짧은 치마를 입은 모습을 곳곳에서 볼 수 있다. 물론 시골보다는 도시에서 말이다. 이것은 물론 외적인 모양을 말하지만, 태도도 또한 변하고 있다.

우리가 20년 전 병원을 시작하였을 때 아기를 낳는 것은 여성만의 일이라 생각했다. 남편은 거의 나타나지 않았다. 산모가 퇴원할 때 만약 남편이 데리러 오면 남편은 앞서 휘휘 걷고 그녀는 아기를 안고 짐까지 들고 갔다. 요즘은 아내를 위하여 꽃이나 과일이나 음료수를 사 오는 남편도 많고, 남편이 아기를 안고 아내를 택시에 태우는 모습도 종종 본다.

이러한 발전에도 불구하고 우리 병원이 당면한 가장 큰 문제는 여전히 무지와 미신이다. 작년 우리 병원에서 출산한 경우의 50%가 응급환자였다. 산전 돌봄을 받지 못한 결과로 교과서에 있는 모든 종류의 비정상 임신이 있었다. 우리 병원의 설비나 직원에 비하여 이런 경우가 너무 많다. 그 숫자를 줄이는 것이 우리의 딜레마이다. 2월 1일, 22명이 출산하였다. 우리에게는 간이침대까지 포함해 42개의 침대가 있는데 말할 필요도 없이 모두 찼다.

1971년 여러분이 우리를 위해 한 모든 일에 감사하다. 돈을 지원하고, 침대보를 보내주고, 기도해 주고, 우리 일신병원은 큰 축복을 받았다. 그러나 그것에 만족하지 말라! 1972년에도 이 세 가지가 더 필요하면 하였지 덜 필요하지는 않다.

['더 크로니클', 1972년 5월, 3]

69. 20주년 축하 행사

우리의 기념식에 인사를 보내주어 매우 감사하다. 그날 먼 곳에 있는 친구들의 마음이 우리와 함께 기념식장에 있다는 것을 느꼈다. 올해 여름비가 많이 왔고 한 주 전에도 홍수가 나 부산 인근에서 적지 않은 사람이 죽었다. 그러나 그 행사 날에는 날씨가 좋았다.

(개원 20주년 기념식, 1972)

우리의 직원이 모두 모일 큰 방이 병원에 없기에 우리는 옥상에 모였다. 중요 인사들을 위하여 작은 천막을 세웠고 나머지는 야외에 앉아야 하였다. 그래서 구름이 조금 낀 좋은 날씨가 우리에게 꼭 필요한 것이었다. 축하 순서는 간단하였다. '주님을 찬양하라' 찬송으로 시작하였고 이사회 회원 한 명이 기도를 인도하였다. 헬렌 맥켄지 박사가 병원 약사를 읽었고, 10년 이상 근속한 28명의 직원에게 상을 주었다. 우리 병원에서 태어난 18살 된 청년과 보육기에서 자랐던 11살 되는 아이가 37,000명의 일신 출신 아기를 대신하여 꽃을 수여하였다. 그리고 병원 성가대가 '너 주의 사람아'를 찬양하였다.

성가대의 찬양 후 새 원장 취임식이 있었다. 그리고 우리는 모두 일어나 일신 노래를 불렀다. 축도는 이사회 직전 회장이 하였다.

축하 행사 후 오후 다과는 채플실과 외래병동에서 열렸다. 다과회 후 대부분의 비의료인 손님은 떠났고, 우리는 옥상으로 다시 올라가 세미나에 참석하였다. 과거의 의사와 간호사들도 참석하였기에 우리에게 이 시간은 교육적인 시간이었다.

　이날은 정말 기억할만할 날이다. 빅토리아여선교연합회 회원들께 감사를 전한다. 여러분이 지금의 일신병원을 만들었다. 이번에 선물로 보내준 냉장고도 감사하다. 잘 작동하고 있다.

('더 크로니클', 1972년 11월, 15)

70. 베이비 미션 밴드[25]

　한국의 캐시 맥켄지 봉급을 위하여 130달러를 기부하다. 베이비 미션 밴드(영유아선교회) 총무께 감사하다.

('더 크로니클', 1973년 9월, vii)

71. 낡은 의료 기구

　먼저 병원과 개인 활동을 위한 선물을 보내준 여선교연합회 여러분께 감사를 드린다. 여러분의 편지가 시간에 맞추어 도착하였다. 우리의 건물 프로그램은 좋지 않은 시기에 합의되었는데 환율이 떨어지고 물가가 크게 오른 시점이다. 새 건물에 맞는 시설 구비를 위하여 우리에게 남아있는 자금을 다 사용하고 있다. 외국에서 구매하는 물품을 일시적으로 중지하라고 벤이 우리에게 최후 통첩하였다. 바바라는 그때 필요한 설비를 주문하려는 도중에 있었다.

　여러분의 편지가 이때 도착하였다. 우리는 이것을 주제로 논의하여 마침내 주문서를 발주하였다. 의사와 간호사가 쓰는 의료 기구들이 낡고 마모되었기에 꼭 필요한 주문이다. 여러분의 적절한 후원에 크게 감사한다.

('더 크로니클', 1974년 6월, 5)

---

25)　Baby Mission Band

72. 호랑이띠

1974년은 호랑이띠 해이다. (중략) 어려움이 많음에도 불구하고 감사할 일도 많다. 작년 우리 병원에서 4,402번의 출산이 있었다. 623번의 대수술이 있었고, 70,491명의 외래환자가 방문하였다. 작년에 또한 시골의 정부보건소 두 곳에서 산전 진찰과 가족계획 자문을 시작하였다.

새 건물: 우리 병원의 설비로 그렇게 많은 환자를 돌볼 수 없는데 다행히 독일교회에서 새 건축 비용을 지원하기로 하였다. 새 외래병실, 수술실, 도서실, 강의실 그리고 선임 직원을 위한 숙소 건물이다. 우리의 옛 선교관과 사무실을 무너뜨리고 그 땅 위에 새 건물을 올리는데 1974년 중반에는 완공될 것이다.

원목실: 원목실에서는 1973년 총 3,951명의 여성을 만났다. 우리의 원목 활동은 호주와 다른데 우리는 온종일 병원에 있고 종교와 상관없이 환자를 만난다. 환자 모두가 여성이며 병원에 3~4일 정도 머문다. 우리는 아기를 도우면서 자유롭게 상담한다. 이 중 2,696명이 종교가 있다고 대답하였다. 대부분 정령이나 조상 숭배이다.

지난주 조이스와 한국인 전도사가 시골을 방문하였다. 작년에 소녀들과 상담하였는바 책이 필요하다고 하여 준비하여 간 것이다. 그러나 집안에 들어갈 수 없었다. 대문에 대나무 가지를 매달아 놓았는데 제사를 할 때 외부인을 들이지 않는다는 경고였다. 소녀가 나와 집안으로 들어오면 안 된다고 하였다. 특히 기독교인이 들어오면 좋은 영이 도망간다는 것이었다. 이런 사람들이 우리 병원에 와 전도를 받는다고 생각해 보라. 감사하게도 지난해 20명이 그리스도를 받아들인다고 하였고, 수백 명이 기독교를 배우고 싶다고 하였다.

헬렌의 은퇴: 헬렌의 은퇴가 가까워져 오고 있다. 내년 초에 호주로 돌아갈 것 같다. 그런데도 아직 그 자리를 대신할 호주선교사를 못 찾고 있다. 우리 병원의 복잡한 상황에 대처할 한국인 의사도 부족하다. 새 의사가 올 수 있도록 기도를 요청한다.

〔더 크로니클, 1974년 8월, 8-9〕

73. 나이팅게일장

(캐시의 나이팅게일장 수상, 1975)

(1975년)

74. 훈장증

부산시 일신부인병원
간호과장 매혜영
귀하는 우리나라 사회 분야발전에 진력하여 국민복지향상에 이바지한 바 크므로 대한민국헌법의 규정에 의하여 다음 훈장을 수여함.
국민훈장 목련장
1976년 1월 27일
대통령 박정희

(1976년, 1월 27일)

75. 명예 권사

매혜영 선교사가 (부산진교회) 명예 권사로 취임하다.

(매혜영 부산진교회 명예 권사 취임, 1977)

[1977년]

76. 귀국하다

(매혜영 귀국 환송회, 1978)

(1978년)

77. 간호조산학 교재 출간

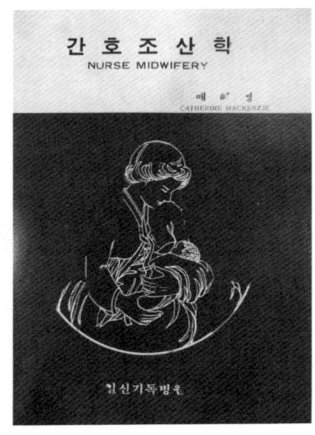

('간호조산학', 1978)

이 교재는 앞으로의 교육생들에게 도움을 주기 위하여 이론적으로는 아무리 잘 알아도 실습 없이는 잘할 수 없기에 임상적인 면을 중심으로 꾸몄다. 간호조산원은 여성 해부 생리에 대하여 기초적인 지식을 가져야 하고 정상적인 임신, 분만과 산욕기에 일단 책임을 맡아야 하므로 이것들은 더욱 강의식으로 상세히 꾸몄다.

비정상적인 면은 더 간단하게 하면서 문제가 있기 전의 예방과 발생 후의 조기 발견으로 의사에게 보내면서 응급처치하는 면을 중점적으로 다루었다. (중략) 신생아의 관리도 산모의 관리만큼 중요하다. 왜냐하면, 건강한 아이를 낳고 기르는 것이 분만의 근본 목적이기 때문이다.

(1978년)

78. 노년의 캐시

(노년의 캐시, 2002)

캐시는 딥딥교회 장로로 선교위원회 책임을 맡아 일했다. 또한 그 지역 초교파적 복지 단체에서 혼자 사는 노인들, 도움이 필요한 아이들, 병간호가 필요한 환자들, 대신 운전이 필요한 사람들 등의 일을 찾아다니며 도와주는 일을 했다.

동시에 일주일에 한 번씩은 아프거나 혼자서 식사를 못 해 먹는 사람들을 위해 한 곳에서 식사를 만들어 각자 집으로 실비로 배달해 주는 일을 도왔다. 그녀는 항상 한국을 그리워하며 추억하였다. 2005년 2월 10일 지병으로 소천하였다.

['맥켄지가의 딸들, 107]

79. 장례예식

일시: 2005년 2월 15일(화) 오후 2시 30분
장소: 딥딘연합교회(호주 멜버른)
장지: 포크너 묘원

집례: 질리안 크로이저 목사(딥딘연합교회 담임)
조사: 존 브라운 목사, 바바라 마틴 박사, 박숙자 원장, 마가렛 양과 레이 군
조가: 정 교수(바이올린), 황경혜(소프라노)
성경: 마가복음 16장 1~8절
제목: 하나님께 감사하라
설교: 질리안 크로이저 목사
축도: 조이스 앤더슨(안덕희) 목사(일신병원 초대 원목)

(딥딘연합교회, 2005년 2월 15일)

80. 추모예배

일시: 2005년 2월 14일(월) 오전 8시
장소: 일신기독병원 맥켄지홀

집례: 신기조 목사(일신기독병원 원목)
기도: 조겸순 과장(간호과장, 간호조산사))
추모사: 정미혜 부장(간호부장, 간호조산사)
조가: 이송자 실장(의무기록실), 조정희 사무원(의무기록실)
성경: 마태복음 26:6-16
제목: 받은 은혜에 보답한 여인
설교: 정연승 목사(일신기독병원 이사)
축도: 이종윤 목사(부산진교회 담임)

(일신기독병원, 2005년 2월 14일)

---

81. 맥켄지 가족 묘비

(부산진교회 맥켄지 가족 묘비, 아래 왼쪽부터 캐시, 헬렌, 메리, 노블 맥켄지)